香港返還と移民問題

愛　みち子 著

汲古書院

1997年6月30日から7月1日　政権交代式典
　0時を境に、英国国旗と英領香港旗（右）が降ろされ、中国国旗と香港特区旗（左）が揚げられた。返還が英中主体であることを象徴している。

（提供／香港特別行政区政府）

1997年7月1日　香港特別行政区政府宣誓式典での司法の宣誓
　司法官は英領期と同じ服装と言語で宣誓した。
　代表者は李國能最終裁判所首席判事（中央）。

（提供／香港特別行政区政府）

1997年7月1日（返還当日）発行の香港の新聞
(提供／香港特別行政区政府)

1997年7月4日「東方日報」一面
「蛇童」「小人蛇」(不法児童移民)の出現を大きく報じる。返還の影響が最初に現れた事件となった。

(提供／東方日報)

1997年7月3日　政府入境處
児童移民と親たち約500人が集まり、基本法に記された居留権を求める。
（提供／South China Morning Post）

1997年7月14日　政府法律援助署
児童移民の居留権は、入境條例の改定で行使できないため、親たちは法律援助を申請して條例に対抗する。
（提供／South China Morning Post）

1900年頃　厦門または汕頭からマラッカ海峡に向かう船の甲板
中国南部から働き盛りの男性が海外に移出する、歴史的特徴を示す。
(提供／FormAsia Books, HongKong)

1962年　身分証明書の発行を待つ不法移民
1950〜70年代、寛容な政策によって中国からの不法移民も香港の居住権を得た。
(提供／香港歴史博物館)

序　文

香港研究の新たな段階を切り拓く
―返還後の児童移民研究を契機として―

濱下　武志

　21世紀に入り、香港は中国との関係において注目されているのみならず、東アジア・東南アジア・北アメリカなどの諸地域との関係においても新たな香港ネットワークの動きが注目されている。さらに香港は、グローバル都市として、今後国際関係において重要な役割を果たすことになると思われる「アジア環海都市連携」を考える上で、きわめて重要な「環節」となることがより一層明らかになりつつある。

　その契機は、1997年の香港の「中国返還」・「中国復帰」という歴史的な画期を経たことによっている。しかも香港特別行政区の設置に基づいた一国二制度という統治・経営方式は、多様な地域主義の時代を迎えている今日の世界にあって、極めて大きな"実験"であるといえよう。ただしこの制度は1997年に始まったとはいえ、香港の歴史のなかですなわち同時代のいわゆる「国家」の時代のなかにあって、香港が一貫して体現してきた重層構造内容でもあったといえよう。すなわち、（1）地域コミュニティとしての香港、（2）広域地域における環地域ネットワーク環節としての香港、（3）グローバル都市としての香港、という異なるレベルにおける都市機能が重層することによって当該地域経略の重要性を保持し続けて来たということである。このような複合性を背景に持っている香港に対してわれわれはよりいっそう視野を広げ、香港の動態から現代アジアの、また現代世界の課題を見透していくことが求められている。

従来の香港研究について特徴的なところをみるならば、香港が経済的に重要であることが前提とされ、香港は交易センターとして絶えず注目され続けてきた。日本でも明治初期以来「香港事情」として大学における講義にも登場している。しかし、この香港への関心は、貿易や金融センターとしての香港の経済的な役割に対するものであり、その点に限られていたともいえる。

　また、これに関連した香港の経済地理的な位置づけに関しては、香港は南中国の出口であるとして広東省を背景に持ち広州に代替するという後背地論から検討されてきた。これは、陸からの位置づけであり、環シナ海の海域ネットワークセンターとしての香港を必ずしも的確に視野の下に置いてきたとはいえない。また、イギリスの植民地として、ヨーロッパの東アジアにおける「窓」として、東南アジアにおけるシンガポールと対応させた「自由貿易港」としての香港という位置づけもおこなわれてきた。しかしながら、これらはいずれも香港にとっては"他者"から規定された研究視覚であり、他者を表す函数のひとつとしての香港の位置づけに止まってきたといえる。すなわち香港そのものに軸足を置いた、香港を研究対象とした香港研究ではなかったといえる。

　このように見ると、香港そのものを対象とした香港研究が独自の位置と役割を持ち始めた時期は、必ずしも古くには遡らない。その出発点は逆説的ではあるが、1984年にサッチャー・鄧小平会談が香港の"頭越し"におこなわれ、香港の中国への返還が議論されたことをきっかけとしている。この時期を前後して直ちに「香港アイデンティティ」「香港からの香港史」「香港人」「香港性」など内面からの香港研究が強調され、多くの議論がなされてきたことは記憶に新しく、多くの注目すべき調査・研究・出版が蓄積されてきた。このように、1980年代から1997年前後までは、香港研究のいわば第二段階とも呼べる時期である。そしてこの"香港における香港研究"の開始から1997年までの20年近くの間に、香港研究は歴史、経済史、政治経済などの分野において、またとりわけ社会史・文化史・文芸史研究の分野において目覚しい成果を挙げ、現在まで20有余年を経てきた。

返還以降、一国二制度としての香港は、中国の下で経済的には50年間これまでの資本主義経済を維持するという独自の制度運営を進めることとなり、1979年に始まる中国の改革開放政策の進展という文脈の中での経済的な発展方向が主として議論され、その中での香港の役割と位置付けがなされてきた。例えば、1997年からのアジアの金融危機の下で"中国化"する香港の側面が強調され、その競争力が上海と比較され上海との交替論が議論されたり、あるいは香港が珠江デルタ開発や華南地域開発の中にむしろ埋め込まれてしまうという傾向にあった。

このような状況に対して、改めて新たな香港研究の独自性が求められ、それは一国二制度という制度設定の下でどのような研究課題として設定されるべきか、という問いとして投げかけられてきた。すなわち、みずからの香港社会に注目し、そこにおける問題性と課題性を確認しながらおこなう香港研究は何かという問いであり、総じて、一国二制度としての香港・香港特別行政区の成立という政治的、制度的な香港の特質をどのように位置付け展望することが出来るかという問いであった。その意味で香港研究の第三段階とも呼ぶべき新たな香港研究の開拓が求められてきた。

愛みち子さんは、この新しい香港研究の最前線に立って、一貫して一国二制度下の香港社会を分析する課題に精力的に取り組んできた。とりわけ返還直後から、香港社会において児童移民問題が登場し、内外においてさまざまに議論されたことに見られるように、それが新たな制度下における香港の社会問題を凝縮して表わしている主題であるとし、香港社会の対応と児童移民問題に焦点を合わせてきた。現実に日々動く問題のなかから、どのように新たな香港の動向を見極めまたその特徴を検討吟味し、さらにそれを研究対象として作り上げていくか、という課題への挑戦であった。

そこにおいて愛さんは、（1）返還を機に始まった香港への児童移民問題の全過程を詳細に追跡しながら、（2）同時にそこに新たな香港における社会問題が集約的に体現されているという課題設定をおこない、（3）さらにその問題が一国二制度という制度設定を吟味検討する試金石であるという特徴を導き

出すことによって、これまでの香港研究とは異なる新たな香港社会と香港政策にまたがる歴史＝現代的な課題を提起した。すなわち、児童移民問題は、これまでの香港からの移民ではなく、大陸から香港へといういわば外から中への方向を持った移民であり、また、移民の身分保証の訴えが、香港基本法という法律制度の規定に基づいて行われているという、香港社会における個人と国家制度との関係をめぐって提示された社会問題であるという位置づけを示した。そしてこの問題に対して、香港を覆う上位政治関係と底流にある人の移動が作用している点が歴史的に示され、1997年前後のまた返還後の中国との関係における重層的関係も指摘されている。さらに香港と中国との関係の中で出された課題であるのみならず、総体として香港における動向が現代世界における移民をめぐる新たな特徴を体現しているという主題を導き出している。これらの一連の課題を総合することによって、本書は第三段階としてのあらたな香港研究のあり方を提示したものであるといえよう。

本書の構成において、この現代香港をめぐる移民問題は、まずイギリスの香港移民政策の検討による歴史的な背景分析にはじまり、次いで1997年の香港返還時期前後の居住権や国籍をめぐる外交交渉、返還後の香港基本法に基づく居住権の制度的規定をめぐり発生した居住権を保有する移民（児童移民）の法的措置に関する請求・裁判・判決・中国側の対応、さらにそれに対する香港社会の反応という総過程として検討されている。そして、なによりも特徴的なことは、これらが官から民にまたがるさまざまな領域の具体的な原資料に基づいて、とりわけ膨大な裁判記録に基づいて検討されているという地道かつ丹念な資料研究に基づいていることである。児童移民問題の発生当初から、5年を越えた裁判の全過程が注意深く追跡され、一連の裁判とそれに対する反応に関する膨大な記録に基づいた分析がおこなわれている。それによって、裁判過程には香港内外の各階層・各社会グループの議論と利害が交錯していることを明らかにし、児童移民問題は一国二制度の運用の試金石であるという基本的な主題とその位置付けを導き出している。

以上に見てきたように、本書において愛みち子さんが、1997年を契機として香港社会に継起的に現象する児童移民の権利をめぐる諸課題を長期の歴史的背景に基づいて分析したことは、今後の香港研究、とりわけ返還以後の香港—中国関係研究とそれに密接に関連した香港社会研究についての新たな研究段階を画したものであり、斯界初の研究業績としてきわめて高く評価される。ここに博士論文の研究を基礎として、長期の研究成果の全体像が本書にまとめられて刊行されることは、著者自身の研究における大きなコーナーストーンであることを意味するのみではなく、香港研究ならびに中国圏研究における延いては現代世界における新たな移民問題研究に対する重要な貢献であり、第三期香港研究ともいうべき香港社会研究の新たな段階を切り拓くものである。

　2008年12月17日

香港返還と移民問題

目　次

口絵
序文 ……………………………………………………………… i
序章 ……………………………………………………………… 7
  問題意識と課題　　　　　　　　　7
  返還式典　　　　　　　　　　　　8
  児童の移民　　　　　　　　　　　20
  基本法　　　　　　　　　　　　　23
  論文の構成と要点　　　　　　　　24
  研究史と論点　　　　　　　　　　29
  資料について　　　　　　　　　　41
  「移民社会」について　　　　　　　44
  「植民地」について　　　　　　　　45

第1章　イギリスの香港移民政策の経緯 ……………… 49
 第1節　イギリス国籍の変遷　　　　　　　　　　　　49
  第1項　英帝国の国籍　　　　　　　　　　　　　50
  第2項　移民法による入国制限：1960年代　　　　53
  第3項　「欧州統合」の潮流：1960〜70年代　　　56
  第4項　イギリス国籍の分割：1981年　　　　　　58
 第2節　中英による香港返還への布石　　　　　　　　66
  第1項　中国憲法および国籍法の改定：1980〜82年　66
  第2項　香港移民政策の変更：1980〜84年　　　　70
  第3項　中英交渉：1982〜1984年　　　　　　　　73
  第4項　香港居留権の決定：1987年　　　　　　　77
 小結　　　　　　　　　　　　　　　　　　　　　　　81

第2章　香港返還前後の展開 …………………87
第1節　香港返還前の変動　87
- 第1項　天安門事件の影響：1989年　88
- 第2項　香港基本法の制定：1990年　92
- 第3項　香港住民の外国籍の取得：1980〜90年代　95
- 第4項　返還前の国籍措置：1995〜97年　98

第2節　児童移民の出現　102
- 第1項　返還前の不安：1997年　102
- 第2項　返還後最初の衝撃：1997年　107

小結　112

第3章　児童移民の背景 …………………117
第1節　中国からの入境　117
- 第1項　中国からの移民　118
- 第2項　入境方法　123
- 第3項　密入境　125

第2節　移民ルートとしての大陸子女　129
- 第1項　大陸子女のタイプの変化　130
- 第2項　移民の故郷、福建省の地域性　133

第3節　児童移民の諸相　138
- 第1項　問題の背景　138
- 第2項　数の把握　142

小結　145

第4章　児童移民問題をめぐる利害対立の構造 …………149
第1節　香港政府の対応　152
- 第1項　居留権の規定と香港永久性居民の定義　153
- 第2項　政府の最初の措置：入境法の改定　156

　　　　第3項　行政部門の対応：入境處の役割　　　159
　　第2節　中国の干渉　　　162
　　　　第1項　判決の反響と問題提起　　　164
　　　　第2項　最終裁判所の説明　　　169
　　　　第3項　中国全人代の解釈　　　171
　　　　第4項　中国政府の強制力：ラウ・コンユン・ケース　　　175
　　小結　　　184

第5章　香港社会からの対応……187
　　第1節　法曹界の挑戦　　　187
　　　　第1項　訴訟の開始：法律援助署の役割　　　188
　　　　第2項　居留権裁判の構成　　　191
　　　　第3項　画期的な判決：ン・カーリン・ケース　　　195
　　第2節　人権団体の要求　　　209
　　　　第1項　返還前後の児童移民支援者　　　210
　　　　第2項　移民問題顕在化後の支援　　　214
　　　　第3項　ラウ・コンユン・ケース後の失望　　　222
　　小結　　　227

結論……233
参考文献一覧……245
図表一覧……257
略語一覧……258
用語一覧……259
あとがき……269
英文提要……273
中文提要……277

資料編 …………………………………………………… 283
　報道記事翻訳 ………………………………………… 287
　判決要約 ……………………………………………… 304
　児童移民問題関係年表 ……………………………… 332
索引 ……………………………………………………… 341

序　章

　本書は、香港の現代史において重要で、地域性において象徴的な問題として、1997年前後の児童移民問題を取り上げ、その背景とともに明らかにしようとしたものである。

　児童移民問題は、返還によって生じる香港社会の不安定な点を映しているのみならず、香港と中国との関係の歴史的なありようも体現していた。またイギリス統治時代の背景を考えながら、移民問題への、中国と香港、および香港の中の各グループの対応を通して、返還後の香港の基本的な状況とともに、香港社会がもつ移民社会としての特徴を明らかにした。

問題関心と課題

　香港は、155年間にわたるイギリス領の歴史を経て、1984年の中英共同声明によって、その主権が1997年にイギリスから中国に返還された。主権の返還は、宗主国であったイギリスと、中国の間で、いわば香港の頭越しに決定されたものであった。

　返還決定の過程に代表されるような歴史的事実と平行して、香港は、中英関係など外部の要因によって歴史が形成され展開していく、専ら影響を被る様な、依存的な地域像が主に描かれてきた経緯がある。果たして、香港のそのような地域像は、再検討するべき余地はないであろうか。

　本書が検討の対象とするのは、香港の返還を契機に発生した児童移民問題とそれに続く居留権問題である。この問題は、移民が絶えず流れ込んでくるという香港の歴史的地政的事情と、返還という歴史的転換点が重なって発生した。

　発生当初「小人蛇」問題と呼ばれ、返還直後の香港社会に衝撃を与えた。問

題への対応を見ていくと、香港内部からの主体的で積極的な反応が見られた。それは香港の自己主張といえるものではないだろうか。これまで描かれてきた香港像とは異なるものである。さらにこれをひとつの手がかりとして、香港の将来を見通すこともできるのではないかと考える。

　また移民問題はそれ自体が、地域の政治、経済、社会など広域分野に横断的に影響を及ぼすものである。したがって移民問題を重点的に分析するには、多角的な視覚を要するけれども、本書では児童移民問題を、歴史的要因を多く含んだ現代史のマイルストーンと捉え、分析の対象とした。

　以上のような関心から、本書は大きく分けて3つの部分からなる。
　1つは、香港における移民政策など制度の変遷とその背景である。イギリス、中国、香港の政府が制定してきた、「公的な」、「表に見える」制度やその経緯を論じた。これは序章、第1章、第2章が相当する。
　2つめは、返還後に現れた児童移民の背景についてである。児童移民は多くが「不法」移入をしていた。彼らが利用した、いわば「非公式な」「裏の」制度について考察を試みた。第3章にまとめる。
　3つめは、児童移民問題の展開と問題に対する香港と中国における対応である。ここでは、1つめに論じた「表の」制度と、2つめに指摘した「裏の」制度が、返還を機に合わさった問題としての児童移民問題と、それに続く居留権問題を細かく見ていく。第4章、第5章で論じる。
　結論部分では、香港地域と移民の関係についても検討する。香港を「フロー型移民社会」と捉えることによって、児童移民問題の全体像、ひいては歴史的地政的な香港の位置づけの理解にもつながるものと考える。

返還式典

　1997年7月1日、香港の主権は中国に返還された。香港は正式には「中華人民共和国香港特別行政区（Hong Kong Special Administrative Region; HKSAR）」

となった。返還前後は、本論が扱う問題が凝縮された時期であり、決定的な政治過程が連続する政治的節目であった。この経緯を見ながら、そこにおける特徴を捉えておきたい。つづいて、返還後の香港の憲法に相当する基本法についてみていく。

　返還式典には46の国家と44の国際機関から4,000人を超える代表が出席し（*FEER*, 1997/7/3）、政治的な盛典であった。（口絵参照）式典そのものが、どのように演出され推移したかについても、主権の返還という政治的節目が、当時どのような雰囲気をもって香港と周囲の社会に受け取られたかを示す重要な情報である。返還の日を挟んで1997年の6月30日から7月2日までが公休日となった。一般的には7月3日まで休みとする場合も多かった。6月29日の日曜日と続けて連休となり、雑踏が予想される香港を離れる人々も少なくなかった。演出されたお祭りムード、祝賀ムードは必ずしも全ての住民に共有されたものではない。しかし、この時期の香港が、むしろ世界的には注目を集めたことは、香港返還を取材するために集まったジャーナリストが700以上の機関から8,000人以上いたことからもわかる（『蘋果日報』、1997/7/1）。

　中英の主権の移行がもっとも顕著に印象付けられる、政権交代の式典に、両国の代表として出席したのは、イギリス側が王室のチャールズ皇太子、トニー・ブレア首相、ロビン・クック外相、クリス・パッテン香港総督、香港のイギリス軍指揮官ブライアン・ダットン将軍であり、中国側が江沢民国家主席、李鵬国務院総理、銭其琛国務院副総理兼外相、張萬年中央軍事委員会副主席、董建華新香港行政長官である。

　香港の新しいトップである行政長官の中心的役割など、返還前にすでに返還後の政治的受け皿が完全に用意されていた、という特徴が見られる。代表者からみても、中英にとっての香港の重要性が示されるとともに、香港の頭越しに返還交渉が行われたことが、ここに端的に表れているだろう。

　主な式典のスケジュールは以下である。6月30日午後2時、ブレア首相とパッテン総督が住宅地の広場で市民と交流、チャールズ皇太子はブリティッシュ・

カウンシルなどイギリス文化に関連する機関を訪ねた。午後4時過ぎにパッテン総督が香港総督府を離れるにあたり、国旗を降ろす式典を挙げ、沿道を数千人の住民が埋め尽くす中、総督は総督府を離れた。午後6時すぎに香港島のプリンス・オブ・ウェールズ基地にて、イギリス側の告別式典が盛大に行われた。式典の中でチャールズ皇太子がエリザベスⅡ世女王のお言葉を代理として宣読し、英国旗の降下と中国旗の掲揚を許可し、正式にイギリスの管轄を終了した。スピーチの中でチャールズ皇太子は、香港の成功物語にイギリスが参与したことに誇りと栄誉を感じ、その理由としてイギリスの価値観と各種制度が香港の成功の枠組みを提供し、香港人が各種の権利と自由を享有できたことを挙げた。スピーチの中で再三強調されたのは、香港とイギリスのつながりは久しく衰えることなく、発展していき、イギリスは香港の発展を今後も注意深く見ていくことであった（『蘋果日報』、1997/7/1）。

午後9時過ぎに中国人民解放軍の先頭部隊509人が中国との境界から入境した。香港に駐留する中国人民解放軍の軍備は軽装備であるが、中国国内に比して最新の装備を集めている（『蘋果日報』、1997/7/1）。

午後11時45分から12時15分まで、深夜12時を挟んで前後30分の中英政権交代式典が開かれた。平行して11時45分より全出の基地にて防衛任務の交代式典が行われ、これらの式典の合間に、主要な代表間の短い会合が数回もたれている。

返還のメインイベントである政権交代式典はわずか30分間であったが、会場には中英両国の高官300人と香港駐留3軍が居並び、4,000人の招待客を前にして行われた。壇上には中英のディスプレイが左右対称に同じ権威で飾られ、スピーチや国旗の昇降が返還の瞬間を境に秒単位で規定、実行され、視覚的にも政権交代を確認できるような厳粛な儀式であった。式次第は11時45分に儀仗隊が入場、11時48分に軍楽隊の演奏、11時49分に中英の主要な代表者が正面の席に着き、11時50分にイギリスのチャールズ皇太子がスピーチを行い、11時56分に国旗掲揚式の開始、11時59分にイギリス国歌が演奏され、英国旗と香港旗が降下され、0時ちょうどに中国国歌が演奏され、中国旗と特区旗が掲揚され、0時3分に中国の江沢民主席がスピーチを行い、0時10分に代表者が退場し、

0時12分に儀仗隊が退場して、式典は終了した。(『蘋果日報』、97/7/1)

式典でのスピーチを、以下に全文引用する。

エリザベス女王の代理である、チャールズ皇太子のスピーチは以下である。

　　江沢民総理、李鵬首相、ご来賓の方々、皆様。

　この重要かつ特別な式典は、香港史における変化と継続の両方を記念するものです。

　最初に記念するのは、香港が、1984年の中英共同声明にしたがって、150年以上のイギリス統治を終えて、中華人民共和国へ返還されることです。

　それと同時にこの式典が記念するのは、香港の継続です。なぜなら、その同じ条約とその条文を実現するために結んだ多くの合意によって、香港特別行政区は独自の政府と、独自の社会と、独自の経済と、独自の生活様式を持ちます。

　私は今夜、「一国二制度」構想を共同声明の中に実現した人々と、過去13年間に共同声明の実行のために細部の取り決めに尽力した人々の献身と関与に対し、賛辞を捧げます。

　しかし、私が最も賛辞を捧げたいと思いますのは、香港の人々が過去1世紀半において達成したすべてに対してです。香港が求め、もちろんそれに値するものである勝利に満ちた成功は、今後も維持されることでしょう。

　香港は、成功した社会の特徴が、活力と安定によって説明できるということを世界に向かって示しました。その二つによって、世界が羨む優れた経済機構が作り出されました。香港はまた、東洋と西洋が共に生活し働くことができるということも、世界に向かって示しました。繁栄した商業と文化の交差点として、我々を共存させ、我々すべての生活を豊かにしました。

　13年前、連合王国と中華人民共和国の政府は、香港の成功を支える決定的条件のもととなるこれらの特別な要素は持続させるべきだということを、共同声明の中で認めました。その成功を維持するため、香港は独自の貿易と財政のシステムを持つべきであること、自治と選挙による立法機関を持

つべきであること、自らの法律と自由を整備すべきであること、そして香港の人々によって営まれ、責任を負うべきであることに、合意しました。

　それらの特別な要素によって、過去20年間、香港は良好に保たれました。香港は大きな経済的、社会的、政治的変化の挑戦にもうまく対応し、世界の他の地域だったら、このような大転換の際にはしばしば見られるような騒動や混乱も起こりませんでした。

　連合王国は、このような香港の人々に責任を持ったこと、香港が著しく成功するような枠組みを提供したこと、香港の人々が自らの機会を作る成功の一部分となったことに対し、誇りと光栄を感じるものであります。

　まもなく、連合王国の責任は中華人民共和国に手渡されます。香港はそれによって中国に返還されますが、「一国二制度」の枠組みの中で自身のアイデンティティを強く持ち続け、世界の多くの国家にとっての重要な国際的パートナーとなるでしょう。

　皆様、中国は今夜、我々すべてにとってはなはだ重要な土地と人々に対し、責任を負います。1984年の共同声明の中で、世界に対して交わされた厳粛な公約が、香港の生活様式の持続を保証しています。その一方の当事者として、連合王国は共同声明を確固として支持し続けます。我々の関与と香港との強いつながりは持続し、さらに盛んになると自信をもって言えます。香港と香港の人々が繁栄し続けるようにです。

　ご来賓の方々、皆様、イギリスの女王とすべてのイギリス人を代表して、何代にも亘って信頼できる特別な友達であった、すべての香港の人々に、感謝と称賛と愛情と好意を表します。我々はあなたがたを決して忘れず、最も身近に関心をもって、あなた方がその非凡な歴史における新時代に乗り出していくのを見守っています。（香港政府資訊中心）

このようにイギリス側は、今後については1984年の中英共同声明によって、香港が不変であること、とりわけ独自の政府（its own government）や社会を持ち続けることで、香港の発展が続き、イギリスとの関係も継続することを強調している。また過去については、香港が著しく成功する枠組みを提供したこ

と、成功の一要素がイギリス統治にあったことを自賛している。香港そのものに関しては、「特別な要素 (special elements)」として、経済発展の元としての活力 (dynamism) と安定 (stability)、東西の共存 (East and West can live and work together) を挙げている。また変化に際しても混乱がなかったことを評価している。その結果として、香港は「世界が羨む優れた経済機構」と「繁栄した商業と文化の交差点」となったとしている。しかしこれらは、いずれも結果の評価、外から見た香港像を表現しているに過ぎない。経済活動に専心する香港像しか取り上げられず、香港の内面的、理念的特徴が示されていない。このようなイギリスからの香港への最終評価は、香港がどう捉えられ、扱われてきたかが表れているものと考える。

江沢民国家主席のスピーチは以下である。

　チャールズ皇太子、ブレア首相、尊敬する賓客の皆様：

　中華人民共和国の国旗と中華人民共和国香港特別行政区の区旗が、すでに香港に荘厳に掲揚されました。この一瞬に、世界各国の人々の目が注がれました。中英の香港問題に関する共同声明に基づいて、両国政府は香港引継ぎの儀式を挙行し、中国が香港の主権行使を回復したことを宣言します。中華人民共和国香港特別行政区は正式に成立しました。これは中華民族の盛事であり、世界平和と正義の事業の勝利です。

　1997年7月1日のこの日は、永遠に記念とするにふさわしい日として、歴史に刻まれるでしょう。百年の千変万化を経て香港が祖国に帰ったことは、香港の同胞が祖国の土の真の主人となったことを示し、香港の発展は次の斬新な時代に入ります。

　歴史には、「一国二制度」という創造的構想を提案した鄧小平氏が記されることでしょう。我々は「一国二制度」の偉大な構想が指し示す方向に従って、外交交渉を経て、成功裏に香港問題を解決し、香港の祖国回帰を実現しました。

　この荘厳な一時に、私は中英両国のあらゆる香港問題の解決に貢献した人々に対し、また世界中のあらゆる香港回帰に関心と支持を寄せた人々に

対し、感謝を表明いたします。

　この荘厳な一時に、祖国の懐に帰ってくる六百数万の香港同胞に対し、親しくご挨拶とお祝いを申し上げます。

　香港が回帰した後、中国政府は確固として、「一国二制度」「港人治港」「高度自治」の基本方針を実行し、香港の元来の社会を保持し、経済制度と生活様式を変えず、法律を基本的には変えません。

　香港が回帰した後、中央人民政府は、香港の外交事務と防衛の管理に責任を負います。香港特別行政区は基本法に則って、行政管理権、立法権、独立した司法権と終審権を持ちます。香港住民は法に則って、各種の権利と自由を持ち、香港特別行政区は、香港の実際状況に適合するよう、将来徐々に民主制度を発展させていきます。

　香港回帰後、自由港の地位を継続して保持し、国際金融、貿易、運輸の中心としての機能を継続し、各国、各地区および国際組織と経済文化関係の進展を継続し、あらゆる国家と地区の香港における正当な経済利益は、法律の保護を受けます。

　私は、香港で投資と利益を有する世界中のすべての国家と地区が、香港の繁栄と安定を促進するよう続けて力を注ぐことを希望します。

　香港同胞には、栄光ある愛国主義の伝統があります。香港の今日の繁栄は、元より香港の同胞が創造したものであり、祖国内地の発展と支持と不可分のものです。私は、全国の人民の堅牢な後ろ盾を得て、香港特別行政区と香港同胞が必ず、よい香港を管理、建設し、香港の長期的繁栄と安定を維持し、香港のすばらしい未来を想像できることを信じます。

　皆様、ありがとうございます。(『蘋果日報』、97/7/1)

中国側は、「一国二制度」「港人治港」「高度の自治」の遵守と、香港社会や人々の権利が基本的に不変であることを約束した。また民主主義については、香港の現実に即したステップを踏むことを述べている。また返還によって、海外からの投資が減ることも懸念し、一層の投資を呼びかけている。つまり中国側は自らの立場の表明に終始し、香港評価は、イギリスのものよりも少なく、

ほとんど欠落している。唯一「香港同胞の愛国主義の伝統」としているのは、「中国人」一般への政府のメッセージと考えてよいであろう。「香港のすばらしい未来」とは、内地の発展と「不可分」である、香港の経済発展をさしているのだろうか、やはり経済力に終始している感がある。最後の部分で、香港が「全国の人民の堅牢な後ろ盾を得て」いくことに言及しているが、この点も注意したい。中国中央にとって、香港は基本的にひとつの地方として扱われ、中国の他の地域への配慮を欠かないことを述べていると見られる。

　このような短い儀式を終えて、イギリスの香港統治は正式に終了した。ちなみにこの式典への内外の注目度は高く、約6,000人の記者が取材に訪れ、内半数が海外45ヶ国からの記者で残りが香港の記者であった(『蘋果日報』、1997/7/1)。

　夜半過ぎの政権の正式交代後、速やかに12時15分には、チャールズ皇太子、パッテン総督と3軍の司令官が、基地から王室の船舶であるブリタニア号で香港を出港する。これらはイギリスの撤退を象徴する儀式として注目された。新聞やテレビの報道メディアは、植民地におけるイギリスの政治的形式的式典の様子を伝えながら、パッテン総督と家族が涙を流しながら香港を去る場面を取り上げた。

　続いて深夜の1時半から2時過ぎまで香港特別行政区成立に伴う政府宣誓式典が行われ、李鵬総理に対して董建華新行政長官と官僚を代表して陳方安生政務司司長が宣誓をした。続いて董建華に対して、行政、立法、司法の代表者として行政會議召集人である鍾士元と、臨時立法會主席の范徐麗泰と、終審法院(最終裁判所)首席判事の李國能が宣誓を行った。この中で司法代表の宣誓が注目を浴びた。他の代表者たちは普通語と呼ばれる北京語で宣誓したのに対し、司法代表は一度北京語で内容を読んだ上で英語で宣誓した。代表に従う判事たちの服装も目を引き、英領植民地期と同じ法衣と鬘を着けていた。(口絵参照)それぞれの宣誓文は以下である。

　　董建華「私、董建華はここに宣誓する。私は中華人民共和国香港特別行政区行政長官に就任し、中華人民共和国香港特別行政区基本法の擁護にあたり、中華人民共和国香港特別行政区に忠節を尽くし、職務に忠実を尽く

し、法律を遵守し、廉潔に公に奉じ、香港特別行政区のために仕え、中華人民共和国中央人民政府と香港特別行政区に対し責任を負う。」

陳方安生「ここに宣誓する。私は中華人民共和国香港特別行政区政府政務司司長に就任し、中華人民共和国香港特別行政区基本法の擁護にあたり、中華人民共和国香港特別行政区に忠節を尽くし、職務に忠実を尽くし、法律を遵守し、廉潔に公に奉じ、香港特別行政区のために仕える。」

鍾士元「ここに宣誓する。私は中華人民共和国香港特別行政区政府行政會議議員に就任し、中華人民共和国香港特別行政区基本法の擁護にあたり、中華人民共和国香港特別行政区に忠節を尽くし、職務に忠実を尽くし、法律を遵守し、廉潔に公に奉じ、香港特別行政区のために仕える。」

范徐麗泰「ここに宣誓する。私は中華人民共和国香港特別行政区政府臨時立法會議員に就任し、中華人民共和国香港特別行政区基本法の擁護にあたり、中華人民共和国香港特別行政区に忠節を尽くし、職務に忠実を尽くし、法律を遵守し、廉潔に公に奉じ、香港特別行政区のために仕える。」

李國能「ここに宣誓する。私は中華人民共和国香港特別行政区政府最終裁判所判事に就任し、中華人民共和国香港特別行政区基本法の擁護にあたり、中華人民共和国香港特別行政区に忠節を尽くし、職務に忠実を尽くし、法律を遵守し、廉潔に公に奉じ、恐れず偏らず無私で欺かない精神で法制を維持し、正義を堅持し、香港特別行政区のために仕える。」

以上の宣誓から次の2つのことが見てとれる。1)香港政府のトップである行政長官が中国中央政府に対し責任を負う立場にあること、2)司法の代表者の服装、言語、文言が目を引くこと、である。1)の点は、明らかに香港が中国の一部となったことを印象付ける。さらに香港の長が中国中央政府への誓いをたてることで、イギリス－香港関係が、そのまま中国－香港関係となったのではないか、香港は植民地時代と変わらない「被支配」的な位置づけとなるのではないか、との懸念を抱かせる。2)の点に関しては、代表者の李國能の宣誓の文言が、他の代表者よりやや長く、「法制の維持」と「正義」を強調しており、植民地時代の服装と言語を用いたことから、返還後の香港司法、法曹界が、立法

や行政とはやや異なる立場にいることを感じさせる。司法代表者たちのイギリス法官の法衣と英語は、イギリス法と慣習法などその哲理を踏襲する表れと見ることができる。しかし返還後は、法哲学や法をめぐる環境が異なる中国に対して法の遵守を誓うという、一貫しない矛盾した立場におかれる。返還後の香港の新体制において、旧態を保とうとする法曹界は、香港そのものが孕む問題を代表している。返還後に何らかの軋轢が生じることは予想できる。本書においても、返還後の問題に対する法曹界の対処は重点的に取り上げる。

　返還当日の『サウス・チャイナ・モーニング・ポスト』紙の一面に掲載された、江沢民主席のメッセージは以下である。ここには中国から、香港とイギリスに対する最低限の公約と期待がまとめられている。返還式典でのスピーチより、さらに踏み込んだ内容が書かれているので取り上げる。

　「世界が21世紀に入ろうとする今、中国の一部である香港の地は、100年の苦難を経てやっと祖国の懐に戻った。全ての中国人民とその子孫たちは、歓喜し至上の誇りを感じる。中国政府が香港の主権を回復することは、中国人民の長期的で不断の戦いの結果であり、また人類平和と正義の勝利である。

　香港返還後、鄧小平氏が提言した「一国二制度」方針に従い、「港人治港」と高度な自治の新紀元が始まる。香港は元からの社会を維持し、経済制度、生活方式、法律は基本的に不変である。香港は引続き自由港であり、国際金融、貿易、輸送の中心として作用し、引き続き我が国と世界各国の間の経済、科学技術、文化交流の重要な架け橋となる。香港を通じてさらに資金と先進的な技術と管理経験を導入することは、内地の改革開放と現代化建設の促進に貢献するだろう。我が国は日進月歩で発展し、香港にも経済の増長と強大なエネルギーをもたらすだろう。

　中央人民政府は香港特別行政区政府が基本法に基づいて、行政管理権、立法権、独立した司法権と終審権を含む、高度な自治権を行使することを堅く支持する。中央人民政府が何度も強調してきたように、香港基本法は全国規模の法律の一部であり、香港が遵守するのみでなく、中央各部署と

各省、自治区、直轄市もまた遵守するべきである。中央人民政府は、法に則って香港特別行政区の外交事務と防衛を管理する。中央の各部署と香港特別行政区の該当部門は隷属関係ではなく、中央政府は、香港特別行政区が基本法に基づいて自ら管理する事務に干渉することはできないし許されない。この一点は必ず実現すべきであり必ず実現可能である。

香港基本法は広範な香港住民に、言論、新聞、出版の自由や結社、集会、デモの自由を含めた、各種の権利と自由を十分に保障している。香港の長期的繁栄と安定の維持は、香港住民の共同の願いであり、香港同胞の根本利益と符合する。あらゆる人と組織は、皆、基本法に背き香港の繁栄と安定と国家の安全な活動を損なうことはできない。

今日、香港は一つの新しい歴史的起点に立つ。「一国二制度」の方針と基本法の貫徹実施は、香港の長期的繁栄と安定の確かな保証となるだろう。中央人民政府と全国人民の支持があり、特別行政区政府と香港同胞の共同努力がある限り、香港には必ずさらに素晴らしい未来があるだろう。」
(SCMP, 1997/7/1)

このメッセージでは、香港の資金と技術が内地の発展に貢献するだろう、という点と、中国中央政府と香港政府は隷属関係ではない、という点が、先のスピーチよりも明確である。前者は香港への期待が経済面であることをはっきり示している。後者にはやや矛盾がある。返還準備の委員会や臨時立法會の創設、基本法の起草はいずれも中央政府の主導で行われた。それらは新香港の根本に影響するものである。新香港との間に隷属関係を生じないとしても、新香港準備の段階で中央政府が計画実行している事実がある。

また「基本法」への言及が6回ある。香港基本法は、香港返還が中英の間で決定した後の1985年から、中英の合意内容に沿って、中国側が主導権をもって起草し、1990年に公布した香港返還後の憲法にあたる法律である。「一国二制度」と「港人治港」は、基本法理念の中心的なもので、返還後の中国香港がこれまでと変わらぬ制度を維持することと、香港人が香港を治める、つまり香港のトップには香港人をすえることを意味する。中国にとっても香港政府にとっ

ても基本法が香港統治の土台である。返還後の香港には、香港政府と、その長が責任を誓う中国中央政府という2重の統治機構ができるが、基本法には2重の政府機構が管轄範囲を速やかに分割するための条文も盛り込まれている。

　ところで、香港の民主主義の発展においては無視できない展開が、中国による臨時立法會の創設である。返還前日の6月30日夜、イギリス統治時代の立法府である立法評議會を刷新するため、香港と境界を接する深圳で、臨時立法会が召集された。ここでは「香港回帰條例」と返還前に臨時立法会を通過していた13の法案について改めて確認した。一方、0時過ぎの香港立法局ビルのバルコニーには、返還前に直接選挙で選ばれながらも、臨時立法会議員にはなれなかった、民主党を中心とした返還前の立法評議会議員21名が終結し、宣言文を読み上げた。臨時立法会への反対と公平な選挙の実施を訴え、「…我々は香港人の支持に支えられ、必ず議会に戻ってくる。…」と結んだ（『蘋果日報』、1997/7/1）。バルコニー下の広場には多くの記者や観衆と警官がいたが、混乱はなかった。

　観衆の中に一般香港住民の数は多くなかったように見られる。住民の多くは、臨時立法会の問題や、民主党議員への期待は、すでに過去のものとされていたのではないだろうか。新しい香港は、式典によって印象づけられたように、中国の一部であり、中国との新たな関係が求められていることを感じているのではないだろうか。

　政府式典後の午前2時45分、香港で改めて第一回臨時立法會が開かれた。臨時立法會の宣誓式典には、イギリスとアメリカの外務大臣級の出席はボイコット（boycott；杯葛）があらかじめ発表されており、主権交代式典に出席していたイギリスのクック外相とアメリカのオルブライト国務長官は欠席した。臨時立法會が民主的な選挙を経ずに選出されたことが、その理由である。両国は、なるべく早急な立法會の選挙を望むとする声明を発表している（『蘋果日報』、1997/7/1）。

翌7月1日、午前6時に4,000人の中国人民解放軍が陸路、海路、空路で入境した。昨夜の主権交代は、外交上の華やかな儀式であったが、解放軍の入境か

らは、主権の交代とはすなわち中国の軍事的圧力下に入るということを、改めて印象付けられた。

午前10時、香港特別行政区成立式典が行われた。午後2時、中国の外務省にあたる外交部の建物のオープニングセレモニーが行われた。返還後は新政府などにより、一般市民向けの催しや市中の装飾なども行われ、お祭りムードが演出される。商店なども他の休日祝日と同じように、商業的好機と捉えたようである。しかしながら、概して香港一般住民においては、この時期になって主権の移行を特別意識する雰囲気は感じられなかった。江沢民がスピーチで繰り返したような、「祖国の懐へ」帰る感激や、政府や内地の「祖国回帰」お祝いの演出に共感する様子は感じられなかった。

香港史においては、1997年6月30日から7月1日は、大きな変換点となった日である。政治的国際的行事は以上のようなものだった。これらの行事には、香港の現状を映し出して様々な波乱を予感させる要素があった。中英から香港への専ら経済的な期待、香港特別行政区成立式典における司法代表者の宣誓にみられた矛盾、旧立法評議会から臨時立法会への強引な移行、臨時立法会への英米の非民主的であるとの評価と宣誓式ボイコットという反応、それにもかかわらず中国国家主席、江沢民は「香港の変わらぬ制度」や「高度の自治」を強調している。返還式典の前後に現れたこれらの不調和は、これまでのイギリス統治下の香港と、これからの中国特別行政区としての香港との間に、「変わらぬ」ことの合意以外に、未調整部分を残していることを示す。この不調和は返還後の具体的現実的問題に対処するとき、解消されていくのだろうか。それとも香港のありようとして、残っていくのだろうか。本書では、児童移民への対応を通して、具体的に検討する。

児童の移民

返還の祝日が7月1日、2日と続き、7月3日、新しい香港特別行政区政府が業務開始した。事件はこの日の朝、湾仔にある入境處ビル前に、大勢の子供と保護者が集まったことである。（口絵参照）その数は500人以上とみられた。

彼らは香港に住む親と中国から来た子供たちであり、子供たちの不法滞在を当局に申し出て、居留権を得るために集まったのである。入境處は、急遽、臨時対応をして、この日一日で700の案件を受け付けた　(『蘋果日報』、1997/7/5)。

それは衝撃的な出現であった。さまざまな予測や憶測があるなかで、返還を迎え、新香港社会がスタートしたのだが、いざ幕を開けてみると、返還効果と思われる最初の現象として、児童の移民が現れたのである。

衝撃の大きさは、翌日以降の新聞報道に表れている。発行部数の多い新聞のうち、4日または5日に報道したのは、『東方日報』(口絵参照)が一面トップ記事と特集記事と社説を、『明報』が一面トップ記事を、『蘋果日報』がやはり一面トップと特集記事で入境處に集まった人々を取り上げ、『香港経済日報』がレポートと具体的ケースの紹介を、『サウス・チャイナ・モーニング・ポスト』が社説と複数の周辺問題の記事を、『ホンコン・スタンダード』がレポートを、『信報』が記事を載せている。

児童は、正確に呼ぶならば、「不法に入境および超過滞在している、香港人の大陸における子供」である。しかし報道の多くは、子供の密航者という意味で「小人蛇」や「蛇童」や「child IIs」と呼んだ。それには次のような背景がある。香港では非合法移民の就労問題が、密航問題とともに根深くある。彼等は毎日のように就労場所などで摘発され、新聞などでは密航者を意味する「人蛇」や「illegal immigrants」や「IIs」と呼ばれ、香港ではほとんど日常的な事件と捉えられる。しかし今回の移民は児童であったため、それらの密航者を意味する呼び名に、子供を意味する字や単語をつけて、「小人蛇」や「child IIs」などと呼ばれたのである。香港では、通常は大人である密航者は珍しいものではなかったが、それが子供であった点が、社会にショックを与え、ニュース性を帯び、さらに問題化して発展していくのである。本書が、中心的な問題を「児童移民問題」としたのは、そのためである。

さらに、本書ではこれらの児童が、不法であるかどうかについては、保留し、再考の余地を残した上で、議論を進めていきたいと考える。実際に問題の推移とともに、彼等の合法性を主張する団体や人々も多く出てくるのである。ただ

し、よく使われる「小人蛇」の訳語として、便宜的に「不法児童移民」を多く用いた。しかしそれは、香港社会での議論がそのような過程をたどったことを示すものであり、筆者が不法性を認めているというものではない。

　ところで、問題の推移についても注意しておきたい点がある。本書が中心的に扱うのは、「児童移民問題に始まる居留権問題」である。二つの問題は連続しており、対象者の枠を広げながら問題が推移していった。本書ではその周辺にある議論なども見ながら論点ごとに論じていくので、ここでまず問題の時系列的な変化について説明しておきたい。1997年の香港返還直後、最初にこの移民問題が顕在化したとき、移民の当事者は不法に香港入境した児童であった。そのため、前述のように、当初新聞などでは次のように称された。英字新聞が「illegal child immigrants」「illegal immigrant children」または「child IIs」とし、中国語新聞の表現は幅広く、密航した児童であることを表現する「小人蛇」「蛇童」「偸渡児童」や、無資格であることから「無証児童」、説明的な表現としては「在港的非法入境内地児童（香港にいる不法入境した内地の児童）」などとした。ところが、その後事態が推移して、第3章で述べるように、移民の当事者のタイプが変わっていく。問題顕在化の1年半後に、居留権を争う裁判で、移民を受け入れる判決が下されると、大陸から当初の児童と同じ目的でやってきたのは、児童ではなく、概ね20歳代以上の大人であった。彼らは英字新聞では「abode seekers」「abode claimants」、過激な要求行動を伴う場合は「abode protesters」と称された。中国語新聞では「港人内地子女」「有居権的内地人士」などと称された。彼らも当初の児童と同じ、香港永住民の子女であり、同じ根拠で香港居留権を要求している。そのため、問題は返還直後の問題顕在化後から連続しており、一連の問題は「居留権問題」と呼ぶことにする。一連の問題の最中には、香港の最終裁判所の権限などが議論の中心になった時期があり、その時は「終審権風波（終審権問題）」と呼ばれるなど、着目点がシフトすると問題の呼び方も変わる。それはこの居留権問題が、新香港のあり方に関わる広い問題群に関わっていることを示している。本書では、状況に応じて、これらの言葉を用いた。

基本法

返還後の香港の法律上の規定となるのは、中華人民共和国香港特別行政区基本法（以下「基本法」とする）であり、他の国の憲法に相当するものである。

憲法の前文には、その国と憲法の特徴が表現されるといわれる。国や民族の由来や伝説を盛り込む場合や、憲法制定時の理念や状況が反映されるのである。たとえば1946年に公布された日本国憲法には、敗戦後の状況を映して「平和」を強調し、主権が国民にあることを謳った前文がある。1982年に公布された中華人民共和国憲法は、「中国は世界でも歴史が最も悠久な国のひとつである」から始まる長い前文を持ち、近代以降の歴史と共和国成立以降の思想方針が詳しく盛り込まれている。ちなみにイギリスは、ひとまとまりに成文化した憲法をもたず、判例主義の法制である。

香港が憲法にあたる基本法をもつことは、国家ではないものの独自の理念や価値観を明文化する機会をもったことであるから、前文にあたる「序言」部分を見てみる。

序言

香港は古来中国の領土であり、1840年のアヘン戦争以降イギリスに占領された。1984年12月19日、中英両国政府は香港問題に関する共同声明に調印し、中華人民共和国政府が1997年7月1日から香港に対する主権行使を回復することを確認した。これによって、長期にわたった香港の祖国復帰という中国人民の共通の願いが実現した。

国家の統一と領土の保全を擁護し、香港の繁栄と安定を保持するため、また香港の歴史と現実の状況を考慮して、国は香港に対し主権行使を回復するにあたり、中華人民共和国憲法第31条の規定に基づいて、香港特別行政区を設立し、また「一国二制度」の方針に基づいて、香港で社会主義の制度と政策を実施しないことを決定した。香港に対する国の基本的な方針、政策については、中国政府はすでに中英共同声明のなかで明らかにしている。香港に対する国の基本的な方針、政策の実施を保障するため、全国人

民代表大会は中華人民共和国憲法に基づいて、中華人民共和国香港特別行政区基本法を特に制定し、香港特別行政区の実施する制度を規定する。

ここには、香港を表現するものとして、「中国の領土」、「イギリスに占領された」とあるだけである。政治的方針については、「『一国二制度』の方針」、「社会主義の制度と政策を実施しない」という、あくまで中国から見たときの香港の位置づけ、香港と中国の距離が示されているのみである。香港の具体的なありようについては、「繁栄と安定を保持する」、「歴史と現実の状況を考慮して」といい、具体的にどのような「現実の状況」を考慮するのか、香港がもつ価値や保持しようとする理念の内容、香港の理想像などは示されていない。

つまり基本法前文を見る限り、基本法が解決できるのは現行制度の維持や中国との関係性ばかりであり、返還後の香港が新しい問題に直面したとき、中英や新旧の価値観の不調和に出会ったときの対処は、考慮、優先するべき価値の認定も含めて、返還後の裁量であり解釈の問題とされたのである。本書が取り上げようとする返還直後の移民問題は、その部分の議論が、法曹界のみならず、社会レベルで行われた最初の機会であったと考える。

本書の出発点となる問題意識は、新香港がこのような限界と可能性をもってスタートしたという時期的状況とともに、歴史的香港の地域的状況にもある。またこの地域が移民によって構成された移動性の高い社会であることも忘れてはならない。本書が取り上げる移民問題は、返還とともに表れた新しい問題であるが、ヒトの移動そのものは英領香港の開始よりも早くからこの地域にあるものである。その意味でも、返還後の移民問題は、香港がもつ新しい問題と伝統的な問題が交差した、香港地域を分析する格好の検討素材であると考える。

論文の構成と要点

構成は、序章、本文5章、結論である。序章では本書の問題関心と関連する研究や資料について述べる。第1章「イギリスの香港移民政策の経緯」では、第二次大戦後から返還決定後までの、香港住民の法的身分と移動に関わる制度について述べる。第2章「香港返還前後の展開」では、1997年の返還前の中英

の措置と、返還を迎えた香港に児童移民が現れ、社会に衝撃を与えるまでを論じる。第3章「児童移民の背景」では、中国から香港への移民の一般的状況を述べ、中でも華南地域に顕著な移民行動について述べ、最後に返還後に現れた児童移民の背景と特徴について述べる。第4章と第5章は、児童移民問題への、香港政府、中国政府、香港社会の対応を述べる。第4章「児童移民をめぐる利害対立の構造」では、児童移民を制限するべく反応した香港政府と中国政府の対応について述べる。第5章「香港社会からの対応」では、第4章で述べた政府からの移民制限の動きに対する、社会の反応を述べる。結論では児童移民問題への対応経過を見ることによって、返還後の香港社会の基本的状況が示されたことを分析し、移民と香港の関係についても改めて論じる。

　なお、本来なら、まず研究史をふまえるという考え方にたって、研究史をまず紹介し、本書の説明に入るべきであると思われるが、ここでは後ろに置いた。本書で直接対象とするもの以外にも、その背景を広く整理して研究史としたためである。論文上では後で説明することになるが、考え方のうえでは、研究史を検討したうえで、本書はなりたっている。

　各章の内容については以下である。香港の大量移民の現象は制度に拠っていると考え、香港住民の国籍など法的身分や出入境の仕組みを調べた（第1章）。すると確かに自由な移動が保障される中英両方の制度が含まれていた。イギリスの制度では、帝国内を自由移動できる香港成立当初の大英帝国の臣民としての身分であり、それを受け継ぐ国籍身分である（第1章第1節）。中国の制度では、中国と香港の間の自由往来が許される中国人「香港同胞」としての身分である（第1章第2節）。香港にとって歴史的転換点となる、主権のイギリスから中国への返還が、1980年代の初めに決まる。中英の間の合意に基づいて、香港人に新たな法的身分が作られ、香港の居留権が初めて明確に決められる（第1章第2節）。

　主権の返還が決定した後の1989年、北京で天安門事件が起こる。それをきっかけにイギリスの側でも香港住民への配慮がなされ、返還を前にいくつかの措置が採られた。中国側も香港返還後の「憲法」にあたる香港基本法が起草され

る。返還を大きな節目として、制度に大幅な変更が繰り返された。主権国の入れ替わりが複雑な状況と混乱をもたらしたのである（第2章第1節）。その結果、香港住民は一様な制度を保持するのではなく、個人の判断と事情によって国籍、居留権、旅券を多岐多種に取得するか、逆に全く持たないこともあった。多くの場合、移動が最大限保証される身分を選ぶのが香港の価値観である。香港は「移動」に高い価値をおく個人からなる社会である。香港では、「国籍」のような近代国家の集団的、典型的概念さえ、個人の選択の対象であり、香港住民は制度によって一律に統合されてはいないことがわかった。また、制度上、香港はイギリスと中国の両方から影響を受けていることも、国籍付与の過程から明らかになった（第1章と第2章第1節）。

　香港は移民によって形成されてきた地域であり、中国からの移民が絶えたことは無い。公式には中国から香港への入境は、1970年代から制限的な方向になり、80年代からは定数割り当て制になった。公式な入境が制限された後は、非公式な入境方法つまり密入境がしばしば用いられ、もはやひとつの選択肢となっている（第2章第1節）。

　イギリス統治下の香港社会の住民にとって、返還は先の見えない閉塞感を伴っており、現状の維持を考えると、一種の切迫感があったように思われる。返還はどのように捉えられたのか。返還を前にした議論は、「主権の返還が香港を変える」、「香港は中国の一地方都市となる」、「香港の中国化」、「香港人は香港を捨てて移住する」、というものが目立った。そのような依存的で退行的な香港像をめぐる議論の応酬を経て、返還を迎えた。

　香港の返還直後に現れたのは、中国からの移入民であった。「小人蛇」と呼ばれる彼らは子供の密航者である。香港の主権がイギリスから中国へと移る、その制度の変換時に、制度のギャップに乗じて香港へ移住しようとする移民である（第2章第2節）。

　中国の中でも、特に移出傾向の高い地域は華南であり、福建省や広東省が華僑の故郷として知られている。児童移民問題の終盤にも、この問題をひとつの移住機会と捉えて香港入境した人々がいた。実際に彼らの故郷の人々には、あ

らゆるチャンスを捉えて移出しようとする傾向があった（第3章第2節）。

　児童移民を生む背景には、香港の移動の便宜性から、大陸からの移民が、移民の形態のまま、中港の境界を跨ぐ家族を形成していることなどがある。問題はそれらの家族の子女、大陸子女の数が膨大であろうと予測されることである。数については実態をつかむのが難しく、予想値が数十万から数百万まで開きがある（第3章第3節）。

　この移民現象に対して、返還後の香港社会はどのように反応したのか。結果として脆弱な反応ではなかったといえるだろう。移民への対応は、利害関係から二つの方向性が見出せる。一つは香港政府や中国政府が法律を制定して児童移民を制限する方向、もう一つは法曹界や人権団体が、基本法などを根拠に児童移民の居留権取得を応援する方向である。本書では、前者の移民を制限する動き（第4章）と、後者の政府に対抗した動き（第5章）に分けて論じる。

　児童移民出現は、当初香港住民から歓迎されず、政府は急遽入境法を改定して、児童移民の香港居住を難しくする。中国側の手続きを経ないと入境ができないしくみにして、児童であっても密航者や超過滞在者には居留権を与えないようにした（第4章第1節）。

　その後、最初の裁判（ン・カーリン・ケース）で児童移民は勝訴する。しかし判決が示した「香港の独立的立場」に、大陸側の法律専門家が異議を唱える。続いて香港政府が追従し、香港最終裁判所に判決の再説明を求める。最終裁判所判事は、香港裁判所は中国全人代の権限を侵さない、と説明する。説明に香港法曹界は司法が政府の意図に従ったと嘆き、香港の法治に限界を感じる。香港政府は、裁判の核心である基本法条文の再解釈案を、全人代に依頼する。全人代は香港政府案をそのまま通過させる。香港では新たな裁判ケースが係争中であったが、全人代が再解釈した後は、その再解釈に沿った判決が下された。ン・カーリン・ケースで一旦認められた移民の居留権も大幅に否認され、香港裁判所の独立も潰えた形となった。移民にとっても基本法と法治による居留権獲得ができなくなった（第4章第2節）。

　香港政府と中国政府のこれらの措置に対し、香港社会はある理念をもって対

抗する。新香港は基本法によって法治されるべきだとする法曹界が、最初に深く関与してくる。政府の一部門である法律援助處も積極的役割を果たし、児童移民の基本法上の権利を法廷で争う段階となる。最初の裁判ケース（ン・カーリン・ケース）の最終審判決によって、彼らの権利が最大限認められた。また香港法廷の中国からの完全な独立も判決に盛り込まれた。判決で香港の独立がはっきりと示されたことは、児童の居留権という直接の収穫のほかに、新体制である一国二制度が、香港にとって拘束的なものにならないという大きな収穫となった。それは香港社会一般と法曹界が歓迎する結果であった（第5章第1節）。

最後に居留権問題と移民に関わったのは、人権団体や宗教系運動組織や学生団体などのNGOである。移民の居留権は、人権の見地から守られるべきだという主張がなされ、社会福祉的な様相を帯びてくる。しかし暴徒化する一部の移民によって、人権的要求も効果が無くなっていく（第5章第2節）。

もっとも、このころはすでに当初の広東省出身者中心の児童移民とは異なるタイプの移民が居留権を要求していた。香港移住を窺う福建省出身の大人が大勢を占めていた。香港の「不法児童移民」問題に移住のルートを見いだした、香港住民子女移民なのである（第3章第2節）。

香港社会が移民問題において交わした議論は、表面は居留権問題であったけれども、根底には香港が返還後に守るべき社会価値についての議論があったと考える。返還前の懸念は、中国とイギリスが政治イデオロギーを異にすることから、「民主主義」や「自由な」文化習慣に関わるものだった。しかし実際には、移民問題を通して吟味された命題は、「香港の人口増加にどう対処するか」、「香港は独立した法治システムを維持できるか」、「香港と中国の間には統治被統治関係が生じるのか」、「香港では人権は配慮されるのか」といったものだった。児童移民と居留権をめぐる議論は、それらの返還前に提示された問題に対して、答えないしは方向性を示していったといえよう。議論は香港の主権や統治の問題と深くかかわるものであった。言い換えれば、返還にかかわる社会の不安や不確実性が、移民問題への対応を通して浮かび出たものだといえるだろ

う。

　児童移民問題は、香港の歴史からみれば、ひとつの移民パターンに過ぎない。この問題が仮に解決されても、中国あるいは海外からの移民が止まることはない。移民は常に政府によって制限されるものであるが、香港においては移民と移民問題への対応が、社会に議論を促し、新しい香港への活力になり、さらに新たな移民を生み出していく。香港社会がもつ制度と活力と移り変わりの速さが移動を促している。このように本書は、地域と移民の相互関係性、移民の新たな捉え方も提示できたものと考える（結論）。

研究史と論点

　本論と関心が重なる研究領域について、これまでの研究を整理して論点について説明し、本論が補充するところを述べる。研究領域は次のように分けて論じた。①児童移民問題について、②イギリスの国籍制度史研究について、③香港の制度の研究について、④香港社会研究について、⑤香港返還について、⑥移民研究について、⑦香港の移民研究について、である。

①児童移民問題について

　児童移民の問題が、法律や中国と香港の関係などさまざまな問題要素を含んでいたため、法律、政治の分野にはこの問題を取り扱った研究がある。

　法律では香港大学法学部の教授陣であるヨハネス・チャン、HLフー、ヤシュ・ガイ編による *Hong Kong's Constitutional Debate- Conflict over interpretation* (Chan et al. eds., 2000) がある。法律解釈を専門的に行ったうえで、香港政府の対応などには、声明文の添付などとして言及している。中国政府に近い法学者から民主派弁護士まで、方向性の異なる香港法専門家たちの議論を網羅している。廣江倫子は基本法の議論が行われた事例として児童移民問題を取り上げている（廣江、2005）。いずれも基本法とその扱いについての議論であり、法律論に終始したものである。新制度における香港基本法解釈のあり方が、議論の中心的な関心となっている。

政治の分野では、香港大学政治と公共行政学部のソニー・ロ副教授の論文 "The politics of the debate over the Court of Final Appeal in Hong Kong" と同大学同学部の修士論文であるウィリアム・プーンの "A study of the immigration policy towards Mainland children seeking right of abode in Hong Kong" がある。前者は香港における裁判の終審権の問題を中心に取り上げて、児童移民問題をきっかけに起こった政治的議論の展開を論じている。後者は香港の移民法の流れをたどった上で、児童移民問題がどう処理されていったかを、香港政府の政策を中心に論じている。

いずれも、児童移民問題がもつ多様な問題群の各側面を細かく論じたものである。移民社会香港における児童移民現象や居留権といった背景分析への関心はうすい。したがって児童移民問題の全体像はつかめない。本論では香港の移民の存在を軸にして、その周辺に現出した問題を順次論じていき、そこに返還後の香港のあらゆる状況が凝縮していることを示すものである。

②イギリスの国籍制度史研究について

本書では、第1章で香港人の法的身分を説明する上で、イギリスの国籍政策をやや大きく扱っている。国籍が移民と非常に関係が深いことに加えて、香港人の国籍、及び香港の位置づけは、ある時期まで、イギリスの帝国的枠組みのなかで捉えられてきた経緯があるからである。しかしイギリス帝国史研究では、香港が中心的に取り上げられることは少なかった。香港地域研究においても、日本では中国の政治や社会との関連を重視した分析が多く、イギリスとの繋がりを分析する視角が不足していた。

イギリスの対香港国籍政策は、これまで二方向から検討されてきた。一つはイギリスの対香港政策のなかで、国籍政策を取り上げる研究である。マーク・ロベルティは、国籍問題を含めた中英および香港内の議論、関係者の細かいスケッチを行っている（Roberti, 1994）。ロバート・コットレルは返還問題の解説の中で国籍問題を扱っている（Cottrell, 1993）。中園和仁は中英交渉の研究の中で国籍問題の重要性を指摘している（中園、1998）。

もう一つは法律研究からのものである。イギリスの国籍および市民権の歴史については、ジャス、ダメットとニコル、フラスマン、マクドナルドとブレークなど充実した実績があり、部分的に香港のケースにも触れている（Juss, 1993; Dummett and Nicol, 1990; Fransman, 1982; Macdonald and Blake, 1991）。シャーは英国の国籍法と移民法に関する政策を時代を追って分析している（Shah, 1995）。他方ホワイトは香港人の国籍に焦点をしぼり、香港の返還をめぐる中英交渉の進展と国籍の関係について論じ、主に国際法上の問題点を指摘する（White, 1987; White, 1989）。

　前者のイギリスの対香港政策の研究では、国籍問題は中心問題ではないので、イギリス独特の国籍制度への理解に乏しい。香港にとって国籍問題が重要だと認めながらも、言及が部分的であり、国籍法改定に到る過程などを見落す傾向が強い。後者の法律系の研究では、政策の過程よりも法律上の解釈に重点がおかれがちである。本書ではイギリス側の事情背景とともに香港側への影響を詳述する。それによって、香港がイギリスの帝国的レベル、中国大のレベル、さらにEU統合の流れの影響までを受けていることがわかる。香港問題は小地域の議論ではなく、極めてグローバルな背景をもっていることがわかる。

③香港の制度の研究について

　香港の制度を扱う研究の中で、本書の問題関心に関わるものとしては、2点ある。蘇亦工の『中法西用－中国伝統法律及習慣在香港』（中国法を西洋式に用いる－香港における中国の伝統的法律と習慣、蘇、2002）と、呉志森・李正儀・曲阿陽の『香港居民的國籍和居留權－1997年前後的延續與轉變』（香港住民の国籍と居留権－1997年前後の連続と変化、呉等、1997）である。

　蘇の研究は、香港の一部の法律が、中国の伝統習慣をイギリス法の手法で整えたものであることを論じた法律研究であり、中英の法概念や運用の違いに対し、香港がどのように折り合いをつけてきたかを述べた地域研究である。『中法西用』のタイトルは、19世紀末中国清朝末期の近代化である洋務運動の思想、「中体西用」から借用したものであろう。「中体西用」思想は、中国の文化や制

度を守りながら、機械化や技術の面で西洋文明を取り入れようというものである。よってこの著書の主題は、香港の法律が「中法西用」の特徴を持っているということ、つまり香港の法と制度には、中国の伝統的な法や習慣にイギリス法哲学の解釈と敷衍がなされたものがある、ということだ。

蘇は、まず中英の法律概念の違いを、香港開港前の中国における治外法権（化外人有犯）をめぐる衝突に見出し、アヘン戦争を導くひとつの原因となったと見る。香港開港後については、統治側であるイギリスは慣習法（common law; 普通法）、つまり明文化できる制定法ではなく、習慣や判例が法規範となっていく制度を採用するため、香港統治においても、当初から婚姻や相続に関する一部の中国伝統の習慣と法が維持されてきた。中国伝統の婚姻や相続といった家族血統にかかわる営みには、中国独特の概念が色濃く反映されている。その習慣は中国が共和国になった後も、香港で守られ、香港の法律体系の中に組み込まれていった。それらが香港においてどのように変化し体系化されてきたかを説明する研究である。

具体的には、まず婚姻制度に関して、中英の相違点を検討した。香港では、中国の伝統的な一夫多妻制、特に「納妾」をどのように扱ったか、などを取り上げた。例えば、香港で相続の問題が挙がった際には、妾としての正式な成立があったかどうかが検討されたなど、香港独自の対応が見られるという。

次に遺言相続、法定相続、香港新界の土地問題については、権利や義務を規定する実体法のなかで見る限り、中国の伝統法制とイギリスの法原理が結合し、香港のイギリス人裁判官の解釈を経て、中国伝統継承法は明確に変化した、とする。変化とは、固定化、順序化、権利化したことだという。固定化とは、変化や地方差が大きい散漫なオリジナルを、具体的厳格に一致した規律性ある規範体系に変えたことをさす。順序化とは、順序を定めない習慣継承制度のオリジナルを、イギリス法の影響で、形式を強調し厳格に順序をコントロールする操作システムに変化させたことをさす。権利化とは、オリジナルではどちらでもよいような習慣や慣行を、イギリスの裁判官の解釈を経て、明確で執行可能な権利に変化したことをさす。蘇はこれらの変化を「香港色（香港風味）」の内

包だと結論づけた。

　呉・李・曲の研究『香港居民的國籍和居留權』は、香港人の法的身分がどのように決定されてきたかを分析した香港をめぐる国際政治と香港がもつ固有性についての研究である。国籍や居留権が政治の産物であり、香港のそれらは地域史、特に中英の国際関係史から生まれたものであることを論じた。香港人は、一般に国籍や旅券を香港外へ移動するための道具として捉える傾向を批判しながら、国籍や居留権決定の背後にある政治性を強調する。

　歴史的変遷の大筋は、以下のように述べられている。香港の居留権は、1987年までイギリスの国籍政策とリンクしたものであり、イギリス国籍を得たものが、香港の居留権を得ており、それは住民の約60%だった。1982年から中国とイギリスの間で香港問題が交渉され、1984年に合意する。合意内容である中英共同声明を実施するために、香港政庁は香港での国籍政策を変える。「香港永久性居民」という市民権を作り、居留権を保証し、国籍と分離させた。この権利は香港居住7年間という条件を満たせば取得できることになる。

　また香港独自の市民権である「香港永久性居民」は、他の主権国家の国民の権利とは異なることを指摘する。返還前は選挙権などの政治的権利を伴うものではなく、返還後に伴うものになる。「香港永久性居民」は居留権、入境権、排除されない権利を伴う。非永久性居民はそれらの権利をもたないため、犯罪などの理由で当局から出境を命じられることになる可能性にも言及する。

　香港の「回流移民」についても香港独特の問題として注目している。これは返還前に一旦外国籍を取得してから香港に戻ってくる移民をさし、彼らの居留権をどうするかが問題となった。その人数は把握されておらず、政府は約6万人と見ているが、この研究では70万人に達する可能性を指摘している。「回流移民」はいわば多重「国籍」保持者であるが、香港、中国における領事保護権はどのようになるのか、中国では多重国籍を認めない以上、保護権も認められない可能性があるなど、不透明な問題が残されていることを指摘している。

　蘇の研究は法律のレベルでの議論であり、呉等の研究は法的身分の政治性がメッセージとなっている。両方とも、歴史的背景を重視し、また呉らの研究で

は関係者のインタビューも多用しているので、香港の事情に配慮した地域研究である。しかし両方に共通するのは、香港の社会のありようが、歴史的に主に中国とイギリスの間で決定されてきたとする指摘である。これらの研究において、香港社会や香港人は受動的存在とみなされ、主体性や自発性ある対応は無視されがちである。確かに中英の間の法概念や政治感覚の違いは、香港にユニークな結果をもたらしたと思われる。そのような違いを乗り越える工夫や運用は、香港地域の智恵であり、移民すること自体が香港人の積極的な選択行動であったとみるとき、専ら与えられた環境を享受する以上の、香港社会の役割を考えてみる必要がある。

本書では、児童移民問題から居留権問題への推移とともに、香港社会の新しい移民問題への対応を分析する。そこでは香港社会が移民問題を通して、返還後の社会のありようについて、いくつかの価値観を提起しながら暗中模索する、主動的な社会対応が見られる。

④香港社会研究について

香港社会についての議論が活発になるのは、1980年代以降である。その中で香港社会への評価は、着目のしかたから2種類のものがあった。ひとつは香港社会の内部の自発性や社会変化の内在性に注目し、香港中国人内部から生まれ内部に構築しようとする動きを重視するもので、もう一つは香港社会の外側の要因に注目して、香港の外側から流入したり外側へ流出したりする要素要因を重視し、外向きの香港像を強調するものである。

前者はエリザベス・シンの著作、*Power and Charity: The early history of the Tung Wah Hospital, Hong Kong* に代表される。植民地初期の香港において、中国人社会内部からの主体的社会活動を取り上げたものである。

後者を代表するのは、浜下武志の『香港－アジアのネットワーク都市』（浜下、1996）、黄紹倫の *Emigrant Entrepreneurs: Shanghai industrialists in Hong Kong*（Wong, 1988）、ロナルド・スケルドン編の *Reluctant Exiles?: Migration from Hong Kong and the new overseas Chinese*（Skeldon ed., 1994）である。浜

下は、香港が海外とつながる金融網とその利用者である華僑の経済行動を分析解明することによって、中国と海外とりわけ東南アジアとの間の結節点であった、香港の歴史的役割を明らかにした。金融システムや華僑のネットワークが香港の命脈であり、外に向かって繋がっていこうとする香港の社会地理的特徴を強調する。黄は中国が共産主義化する際に上海から逃れてきた移民難民が、香港で綿紡績業を起こして成長させ、上海人の独占的産業でありながら、香港製造業のひとつの基礎になったことを論じた。スケルドンは、1980年代から返還前に香港からの移出を目指す社会的現象であった「移民ブーム」の時期に、主に欧米への居留権取得を目指した香港人の、海外への移動を調査分析した。

前者の研究が香港人の動機や力の根源を地域内部に見出すのに対し、後者の研究は香港人の活動が、外から入ったり外へ出て行く外部とのつながりを重視して、香港地域や香港人の意識が外側に開かれていることを論証する。本論の見方は、そのどちらかではなく、外側にも内側にもダイナミズムをもった地域像とする。香港地域が移民という外からのエネルギーを常に吸収し、高い移動の自由度を保って外側とのつながりを維持しながら、社会内部にも自主的で自助的な活動が見られることを論じる。

⑤香港返還について

1997年の香港の返還を取り扱った研究は、返還の前に多くなされたのが特徴であった。返還という香港史の節目にあたって、ジャーナリスティックな捉え方で今後の香港を予測する、主権の返還をやや過大に捉えたセンセーショナルな面を強調したものが目立った。それは香港通のジャーナリストによる議論が先行したこともあり、『フィナンシャルタイムズ』紙や『インディペンデント』紙の元記者ロバート・コットレルの *The End of Hong Kong: The secret diplomacy of imperial retreat*（Cottrell, 1993）や、タイム社の『アジアウィーク』誌の元記者で、イギリスの国籍制度史で挙げたマーク・ロベルティの *The Fall of Hong Kong: China's triumph and Britain's betrayal*（Roberti, 1994）が代表的なものである。これらは香港の返還をもたらした「中国の政治的勝利とイギリス

の敗北」を結論として、将来を悲観的に見据えている点はタイトルにも表れている。専らイギリスの統治によって香港が維持されるという前提による香港評価は、やや近視眼的な見方といわざるを得ない。

　返還という政治問題に対して、香港人の移出問題が資本の流出などとともに関連付けて論じられたのも、ひとつの特徴である。確かに返還を理由に移出するエリートクラスの香港人は目立ち、社会問題化した。この現象を返還に対する住民の悲観の表れと分析する研究には、アジア法の専門家であるワーナー・メンスキ編の *Coping With 1997: The reaction of the Hong Kong people to the power*（Menski ed. 1995）がある。イギリスの国籍法や移民法が香港に及ぼした影響を大きく捉える点は、本論とも重なるが、香港に伝統的継続的に移民現象があったことを見落としている。香港史において返還が大きな衝撃であることは間違いないが、返還だけが移民促進原因であるとは思えない。返還に際して、社会エリートというすでに力を持った人々が真っ先に移出を考えること自体、むしろ香港社会の移動性が現れたものだと思う。

　香港政治の専門家によって編まれた返還研究が、ジョゼフ・チェンとソニー・ロの *From Colony to SAR: Hong Kong's Challenges ahead*（Cheng and Lo eds., 1996）である。香港返還後の懸念材料と考えられる問題について分けて論じている。この項目の立て方は、返還以前に予測した不安材料を列記している。それは、政治環境、社会福祉、法治、経済環境、報道の自由などである。いずれも中国の統治下にはいる香港が直面する思想的、制度的ギャップを取り上げ、議論する機会を提供している。このなかに移民問題を正面から扱う議論が含まれていない。一旦移民問題が起これば、あらゆる分野に影響を及ぼすことになるのであるが、返還研究の段階において、各分野の問題に横断的に切り込んでくる移民現象を、直接的には予測できなかったことがうかがえる。

　本書では、返還以前には見落としがちであったにもかかわらず、返還直後に顕在化した移民問題を取り上げて、返還後の香港社会がどのように対処していくのかを見ていく。それはまた同時に、返還前に多く描かれた香港にとって不都合な予測材料の議論に対して、新制度下で実際に検討していく作業にもなっ

⑥移民研究について

「20世紀は移民の世紀である」といわれるほど、ヒトの移動は増加し続ける。学問研究の分野でも、19世紀以来の移民研究には多くの蓄積がある。夥しい数の移民事例紹介や事例研究のほかに、背景や原因や効果や影響といった移民行動の前後関係に対する研究や理論的考察もおろそかにされてはいない。研究対象としての移民現象や移民問題は、広い研究分野において、極めて興味深いものであったことがわかる。全体としては、歴史的世界的に分布する多くの移民を分類したり、新しい傾向を指摘したりすることで、移民研究が蓄積されてきた。代表的な議論としては、スティーブン・カースルズとマーク・ミラーの研究である (Castles and Miller, 1993)。ここでは20世紀末の国際移民の4つの傾向、移民の地球規模化、移民の加速化（移民数の増加）、移民の多様化、移民の女性化、が示されている。国際移民の分類の代表としては、ロビン・コーエンの研究がある (Cohen, 1997)。コーエンは海外に住む人々を「ディアスポラ」と呼び、歴史と世界に見られる移民パターンを移住の性格、理由から分類した。被害者ディアスポラ、労働ディアスポラ、帝国ディアスポラ、交易ディアスポラ、文化ディアスポラである。これらは移民研究において議論の土台となっている分析である。本書で扱う移民の事例は、これらの議論にも新しい視点を提供できるものと考える。

移民行動そのものは、ある地点から他の地点への生活拠点の移動というシンプルなものである。個別の移民を扱う研究においては、問題意識の焦点は集約されてきたといえるだろう。それは大きく2つに分けられる。1)他の土地から移ってきた人々、多くは労働移民が、やがて定住し、ホスト社会に統合されるか、または（エスニック）マイノリティ社会を形成していく、原因や過程の研究である。この視点では、移民が定住民になっていく傾向を重視し、定着を常態と見ている。2)移民が送り出し元の土地を何らかの理由で出て、何らかのつながりを頼って別の土地に移っていく、その周辺環境を含めた民族誌的な考察

である。この視点においては、むしろ移動していくことを積極的に捉える移民が視界の中心に入っており、移動を促す紐帯や動機が重視される。中国からの移出民である華僑研究はこちらの視点が多く見られる。2つの異なる視点は、移民研究を2分するのではなく、同時に据えられることも多い。

移民研究の対象地域として香港をみるとき、やはりこれらの視点が適当だろうか。香港には一過性の移動行動では説明しきれないヒトの移動がある。常にヒトの移入がある地域であり、ホスト社会と移民の境界線を見つけにくい。仮にその関係性を見つけたとしても、あまりにも多くの移入民とのバランスは、「通常の」移民研究からすれば、「変形した」ものであるだろう。「通常」では定着民と見られる永住権をもった住民も、必ずしも永住意思が固まっているわけではなく、時には地域外に生活の拠点をもっていたり、状況に応じて香港を離れることにやぶさかではない。つまり上記の1)の視点からすれば、定着民と移民の2項分立が描きにくく、2)の視点からすると、香港は移民の最終目的地とは言い切れない。よって別の視点が必要になる。ヒトの移入と移出が頻繁かつ広範に繰り返される地域として、香港地域を見る必要があると考える。

⑦香港の移民研究について

香港地域も移民研究に多くの研究対象や材料を提供してきた。しかし香港社会が多様な移民によってあらゆる面で力を与えられてきたことを考えると、まだ紹介されていない事例が多く考察の可能性が広がっている。

ホスト社会香港に対し、移民が重要な役割を果たした過程を取り上げたものには以下がある。香港初期のイギリスによる統治の開始時に、経済、政治、教育などの組織構築にスタッフとして加わったポルトガル人とポルトガル系の血を引く混血のマカニーズに関する研究は、フレデリック・シルバの *All Our Yesterdays: The sons of Macao, Their history and heritage*（Silva, 1996）がある。前述の黄の研究（Wong, 1988）では、中国の共産主義化によって上海から香港に逃れてきた移民難民が、その後の香港の中心的産業となる製造業の基礎的ノウハウを提供したことを論じた。中国の経済開放が進み、製造業の拠点となっ

た香港に進出してきた日本の流通企業と企業内コミュニティについては、王向華の研究「香港の一日系スーパーマーケットの組織文化」（王、1997）がある。返還後の香港社会の新しいエネルギーとなっていくであろう大陸からの中国人移入民については、今後調査がまとまっていくとみられる。返還後に始まった香港政府による中国大陸からの一種のヘッドハンティングである「輸入專才計画」や「優秀人材入境計画」にかかわる人材移入についても注目していく。

香港における、移入民のまたはマイノリティのコミュニティについては、以下の研究があげられる。漁業に密着した生活様式とコミュニティをもつ「水上居民」については、可児弘明の研究『香港の水上居民：中国社会史の断面』（可児、1970）がある。イギリス統治下の植民地のつながりを利用して定着したインド系移民については、バーバラ・スー・ホワイトの *Turbans and Traders: Hong Kong's Indian communities*（White, 1994）、沼崎一郎の研究「香港のインド人企業家」（沼崎、1997）と、富永智津子の研究「香港のインド人移民：歴史と現状」（富永、1995）がある。香港で住み込み家政婦として働くフィリピン女性については、ニコール・コンスタブルの *Maid to Order in Hong Kong: Stories of Filipina workers*（Constable, 1997）がある。中国からの移民が入境枠制度によって固定的に入境してくるようになってから、香港での数が増した「新移民」と呼ばれる中国大陸人については *A Study on the Chinese New Immigrants in Hong Kong*（International Social Service HK Branch, 1997）がある。

香港が送り出し地域となった移民の研究については、以下がある。1960年代初めに香港新界の村落からロンドンに出稼ぎ移住した中国人の、原因やプロセスを人類学的観察を通して詳述した、ジェームス・ワトソンの研究、*Emigration and the Chinese Lineage*（Watson, 1975）がある。ここでは華僑の送り出し地域としての村落の分析に重点が置かれ、村落は香港内にあるものの、宗族紐帯が強い華僑母村と捉えられている。その上で、安価な農業産物の流入が農村経済に打撃となったことが、移住のプッシュ要因となり、ロンドンの中華料理店での労働力需要が、移住のプル要因となっていることを分析している。

香港からカナダへの移民については、森川眞規雄の研究「隔離された少数民

族から中国系移民へ：トロントの香港『新移民』」と「カナダにおける香港移民のアイデンティティ：トロントにおける事例」がある。香港人にとってカナダは1960年代以降最大の移民先であり、1980年代以降は年間2万人前後が移住する先である。トロントは戦後にカナダ最大の中国人コミュニティを持つ都市となった。香港人がそのコミュニティに新しいエリートタイプの移民として移入し、古いタイプの大陸からの移民との相違を自覚するにつけ、自分たちを「中国人」よりは「香港人」として認識するようになったとする（森川、1990；1996）。森川は香港人が自分たちを規定するときは、出身地よりはむしろ身に着けた能力によって、すなわち高等な教育や職業経験、都市機能への習熟に拠っていて、カナダの都市部への移住後も、現地住民との間に能力的ギャップを感じることなく、適応能力に自信を持ちつつ香港の生活習慣を変えずに暮らすことを指摘する。こうした香港人の移動と広がりは、「香港（的）社会」が地理上の小地域に限定して維持されているというより、香港人の適応能力によって世界に「拡大」することを示唆する。河口充勇も森川の研究の流れにあって、香港からの移出は返還前は北米とオセアニアへ、返還後は大陸沿岸部にも範囲を広げており、一方向的な移動というより「回遊」的なパターンをとっていると指摘している（河口、2004）。

　1980年代から返還前に香港から移出することを目指す移民ブームに注目し、主に欧米への居留権取得を目指した移動に関する研究に、前述のスケルドン等の研究（Skeldon ed., 1994）がある。スケルドンは、香港中国人の返還前の移民行動を、華僑の移民の系譜に位置づけつつ、大陸中国人とは異なる「流浪者」としての感覚を持って、新しいタイプの移動を続けているとする。新しさは家族形態、投資方法、適応形態に見られるという。例えば、家族を海外に残したまま香港で経済活動を続ける「太空人」と呼ばれる人々は、香港式の長距離通勤だと分析する。香港は移民によって形成されてきたため、住民は伝統的に高い移動性を持っている。そのため外部の需要に合わせてさまざまな労働力が移出する。しかしこの傾向は東アジアの他の地域にも見られるものであるから、香港はそれらの移出香港人のネットワークの中心にあることによって、重要度

が高まるとしている。この研究では、移動の裏づけとなる数字、特に移民先別の移民数が、共著者によって明らかになっている点が優れている。多重国籍や多重居留権を住民が有する状況下では、どれくらいの人数が第二第三の権利を取得しているかは不明だからである。返還の1997年までではなく、1992年前後までの数字であることが残念であるが、返還前の移出ブームに具体性を与えた。例えば、香港への合法的移住者、カナダ、アメリカ、オーストラリアへの移住者数（Skeldon, 1994）、カナダへのビジネス移民数（Smart, 1994）、ニュージーランドへの永住許可申請数（Ho and Farmer, 1994）などである。

　返還を前にイギリス政府が香港住民に対し、選択的にイギリス国籍を付与した「英国国籍選抜計画（British Nationality selection Scheme）」の調査（愛, 1999）もある。返還前の移民ブームによって、主に専門職など高度な知識と経験を有する香港人が移民志向を高め、香港からの頭脳流出が危惧された。イギリス政府は、高い能力を持った香港住民に、イギリスの国籍、居留権である「BC」を、香港居留継続を条件に付与することによって、香港からの頭脳流出を防ごうとした。合計5万世帯、最大25万人に対して、選択的に国籍を付与する計画である。イギリス政府が個人の能力を測り、選択によって国籍を付与したのは歴史上初めてのことである。香港人にとって、国籍が必ずしも居留を伴わず、将来への「保険」として、また国際移動の際の身分保証として機能していることを如実に示している。

　まだ研究の形になっていないが、統計があるため具体的研究成果が待たれるものについては、香港から中国大陸、主に香港近郊と沿海都市への移民の研究である。

　本書が取り上げる返還直後の児童移民については、本書執筆時点で中心的に捉えた研究は見当たらない。

資料について

　本稿が最も重要視した資料は、裁判の判決文、香港発行の新聞、雑誌、大陸子女とその関係者、関係機関へのインタビューである。特に重要な裁判の判決

文はすべて追跡し、検討した。判決文が、移民研究や香港史研究に使われたのは初めてであり、資料としての有効性を証明できたと考える。また、研究対象の当事者である大陸子女に関しては、彼らの香港での微妙な立場を考えると、接触することすら難しい。しかしわずかな人数ながら、質疑応答を行い、一部については故郷の家族に直接聞き取り調査できたことは、問題の新しさ、経過から考えて画期的であった。

以下に全般的な資料について述べる。序論の返還前後の把握には、その時期に多く出版された雑誌や新聞社の臨時増刊号が役立った。

第1章、第2章では、イギリスの国籍および関連する法については、イギリスにおける豊富な研究成果を参考にした。香港住民の国籍状況、天安門事件後のイギリス政府の国籍措置などは、イギリス政府および香港政庁発行の白書、統計、政策の要綱、年鑑などの一次資料を用いた。イギリス世論に関しては、イギリスで発行される新聞を用いた。中国の政策については、北京政府発行の雑誌、香港で発行する大陸系新聞などの一次資料と、香港と大陸の研究者による二次資料を用いた。香港における移民政策、居留権政策については、香港政府の新聞発表などの一次資料と香港研究者による二次資料を用いた。中英交渉については外交文書がまだ公開されていないため、当時の新聞、雑誌、中英の関係者の回顧録が事実把握の主な情報源となった。公式な数字が出ていないイギリス国籍取得者数などは、弁護士で移民法研究者である香港浸會大学の劉冠倫副教授から情報を得た。返還直前直後の香港の状況については、新聞、雑誌などの一次資料のほか、テレビ報道や著者自ら現場を見聞して得た印象も参考とした。

第3章の中国からの移民に関しては、NGOによる調査結果、香港政府の統計、中国行政部門、とくに入境處が印刷配布するパンフレット類、新聞、雑誌を用いた。密航やその組織については、新聞記事とわずかな二次資料を参照した。移民の故郷については、香港で居留権要求する福建省出身者からの聞き取り調査、福建省石獅市、福州市での現地調査から、関係者のインタビュー、関係当局での配布資料を用いた。移民の故郷に関しては中国政府による統計など

序　章　43

の一次資料と研究者による二次資料を用いた。児童移民の背景については、新聞雑誌の記事を用いた。法律援助署や移民の弁護士を通じて、児童移民の一般的な事情を聞き、参考にした。

　第4章、第5章では、香港および中国発行の新聞、雑誌の報道で、主な事実把握を行った。世論調査の結果は、新聞社によるものと、香港大学社会科学研究中心、中文大学亞太研究所、ヒューマンライツ・モニターが実施した結果を利用した。入境條例などは香港大学ルイ・チェウー法律図書館で読んだ。入境處に関しては、政府入境事務處から、移民を取り締まる側の公的立場、公式発表内容について、説明と資料提供を受けた。中国の一連の関与については、中国政府発行の新聞雑誌、香港の中国寄り新聞を一次資料とした。中国政府の法律アドバイザーである、陳弘毅香港大学教授のインタビューも参考とした。法律上の議論、特に裁判での議論に関しては、各裁判ケースの判決時に出される判決文を用いた。香港政府法律援助署のトーマス・クオン弁護士からは、法律援助署の役割と香港の法制度について広範囲に説明を受けた。一貫して移民の弁護にあたったパム・ベーカー弁護士とそのオフィススタッフには、原告側の解釈や裁判資料について直接うかがい、公開しているものについては直接いただいた。人権団体の活動については、多くの関係者にインタビューを行った。移民たちをサポートする中心的存在であった社区組織協会では、児童移民問題発覚以前からの活動について説明を受けた。フランコ・メラ神父からは、サポートの方法やこれまでの経緯の説明を受けた。天主教正義和平委員会の担当者からは、居留権を要求しながら香港に残留する大陸子女の現状を聞いた。担当者の取次ぎで大陸子女4人のインタビューができ、当事者の肉声を直接聞くことができた。他のNGOの活動については、ウェブページ、配布パンフレット、看板などを参考にした。

　政府の担当者など、数回接触し、資料の提供を受けた人々に関しては、児童移民対応において、主だった立場や主張を代表する人々であり、偏った情報収集の恐れはないと考える。

　政府の資料に関しては、政府発行の文書を用いた。極力保存が可能な印刷物

を用いたが、場合によっては政府のインターネットサイトを参照した。

　新聞雑誌記事、および未公刊資料は、中文大学亞太研究所、香港大学メイン図書館、香港天主教社會傳播處、香港大学亞洲研究中心で読むことができた。

　なお、本書の中心的題材である、児童移民問題から居留権問題を報道した、重要な報道記事と、重要な裁判であるン・カーリン・ケースとラウ・コンユン・ケースの判決文については、全訳または抄訳し、本書の末尾に添付する。

「移民社会」について

　本書の出発点のひとつである、香港の「移民社会」について簡単に説明する。

　香港を移民の社会だと認定するには二つの理由がある。一つは、香港が移入民によって構成された社会だということである。当初わずか数千人の住民しかいない土地を基に、イギリス植民地として発展してきた経緯から、住民のほとんどが移入民としてのルーツを持ち、原住民と呼べる住民はほとんどいない。

　もう一つの理由は香港において特徴的なものである。香港は歴史的持続的にヒトの移入と移出があり、移動の激しい社会だということである。住民の定着志向が一概に濃厚とは言えず、周辺地域や社会内部の変動に遭遇したとき、香港から移出していくという選択をしやすい志向が認められる。香港の様々な制度も、移動や移民行動を促進こそすれ、妨げとなるものではないと見られる。移動をバックアップする制度、設備、社会的雰囲気が整っているのである。

　また、いわゆる「移民」には、移動と定住との関係で言えば2種類のパターンがある。一つはある土地を最終目的地として移動し、その移民先に定住する一回的な移動である。定着後、場合によっては先住のホスト社会に統合したり、あるいは統合せずにコロニーを作ったりしていく、これは移住先に蓄積していく移民である。移民が蓄積する社会では、往々にして先に来た移民が定住し既得権を得て、後に来た移民を差別するような繰り返し作用が起こる。

　もう一つは、移動をしてもその土地には必ずしも定住志向を示さず、その土地を基盤にして出入りを繰り返したり、さらに他の土地へ移るステップ・マイグレーションの形をとるなど、複数回の移動、または循環的に移動する、その

土地を流れていく移民である。

　仮に前者の蓄積する移民をストックの移民、後者の流れていく移民をフローの移民とする[1]。

　香港社会は明らかに後者の特徴が強い、フロー型移民社会である。後の章で改めて説明するが、香港は移動志向の強い華南地域にあって、香港社会自体に移民を促す装置が豊富である。結果的に、循環していく移民を押し出すポンプのような役割をしている。

　通常「移民社会」と認識されることが多いのは、アメリカやオーストラリアなど、前者のストック型移民タイプが多く、定着志向が強いため、ホスト社会との関係などが問題となっていく。

　本書では、香港を後者のタイプの移民が多い社会として、香港を「移民社会」だと考えた。詳しくは、制度的な裏づけについては第1，2章で、ヒトの動きの実態については第3章で述べる。

「植民地」について

　香港地域について考えていくとき、植民地の定義、呼び方、認定についても整理しておく必要があると思う。「植民地」という言葉が歴史的経緯を引きずりつつ、いくつかの異なる意味やイメージをぶら下げて、重要な文脈であいまいに使われることがある。香港についても、成立から155年間にわたって英領であった経緯から、地域のありようを「植民地の様相」だとして認識されてしまうことがある。「植民地」とは一体どのような場所を指しているのか、「植民地」と呼ばれる場所はどこも一様だろうか。ごく簡単に史的変遷を見ながら、「植民地」について最初に考えておきたい。

　元来は紀元前のローマ帝国の「植民市」がラテン語でcoloniaと呼ばれていたところから、英語のcolonyとなった。「植民市」とは古代ギリシャ、ローマ

---

[1] 古賀と中村は、インドにおける移民状況について、過去の移民の蓄積（ストック）と海外に送り出す移民労働者（フロー）がともに多いと説明する（古賀・内藤・浜口，2000：5）。ここでは、定着するかどうかに注目して区分した。

で、主として新たな農地や貿易拠点の獲得のため、政治的な空白地域などに集団的な移住を行ったものである。ここでの意味は「移住地」や「開拓地」であった。日本語の「殖民地」「植民地」はここからつけられた。植民市と元の居住地であった母市との関係は、最初は独立的であった。しかし植民市建設の目的が軍事拠点の獲得となるにつれ、植民市は母市に従属的な位置づけとなっていく。

Colony が世界に広がるのは、16世紀以降、ヨーロッパ諸国がヨーロッパの外へ出て土地を「発見」するようになってからである。そこで政治的な支配や経済的な収奪を行い、集団移住を行わなくてもそこを colony と呼んだ。これは「支配地域」「征服地域」「従属領土」という意味になる。18世紀以降はヨーロッパ、殊にイギリスの工業技術の飛躍によって、強国は領土の膨張と商品流通を同時に行おうとする。海外領土の維持には経営の考えが加わる。法的概念も発達し、新たな獲得領土は「保護国」「委任統治領」「租借地」「特殊会社領」「海外領」など様々な法的形態をもった。これらの概念の多様さは、第1章で扱うイギリスの国籍概念にも表れている。

以上のような、多様な名前と構成員と対外関係をもつ、多くは軍事力によって後に獲得した拡大志向の国の海外領土は、集団的組織的移住があってもなくても、依然として colony と呼ばれ、日本語では「植民地」という言葉があてられたままであった。

19世紀はこれらの従属的な領土の存在を正当化する「植民地主義」が強まり、反発を生む。日本も、独自の理念を掲げてアジアへ領土を広げ、その過程でいくつもの「植民地」を作っていった。20世紀、特に第二次大戦後は、「植民地」の多くが、搾取や人種差別を伴う「異民族による支配」を嫌って、「反植民地主義」を掲げ、「脱植民地」化を進めた。1960～70年代、アジアとアフリカで独立した新しい国の多くが同様の経緯をもつ。近現代の国家の時代を作った大きな流れである。

「植民地」は紀元前から、あらゆる国家の拡張と変化を説明するとき不可欠なものであり、実際の内部構成も様々だが、とりわけアジアの近現代史にこの

ような経験があることによって、一般的には強国の被害者というネガティブな含意を否定できない。

しかし実際には、「植民地」とは「集団移住地」から「従属的属領」までを指し、組織的な移住と階級構造の有無を考慮していない。

香港の現代史を考えるときも、この点に留意したい。香港には集団的組織的な移住は行われなかった。1842年にアヘン戦争に勝って香港を手に入れた「支配民」のイギリス人の内訳は、統治するための役人や軍人よりも、アヘン戦争以前から商売をしていた商人が多かった。しかも彼らの多くは、イギリス本国では周辺に位置づけられたスコットランドの出身者が多かった。香港成立後は仕事を求めて周辺地域から夥しい移民の流入があった。大多数は清国からの中国人だったが、英領インド人やマカオから来たヨーロッパ人などもいた。

成立時から現在まで、戦時中などの例外を除き、概ね周囲からの人口を引き寄せて、社会的経済的に飛躍的成長を続けた。その間、政府による直接的な福祉など保護の手薄さは指摘できる。同時に住民のほとんどが他所からの移入民で、さらに第3の地に移ることもできたから、香港住民はイギリス属領としての香港の社会/制度/インフラストラクチャーを利用活用していたと捉えることができる。

香港の返還は、確かに「英領香港」が脱「英領」したのであるが、仮に返還を「イギリスの利益を優先する植民地権力の抑圧や不自由からの解放」といった解釈をするとかなり違和感がある。むしろ英領でなくなることの不利益が大声で叫ばれ、英統治でなくなることが惜しまれた。返還は、イギリスの制度のもとで様々な発展を遂げた社会の、ひとつの転換と捉えたほうが実情に沿っている。したがって、近現代の「植民地」が背後に背負っているイメージと、返還前の「英領香港」とは異なっていると思う。

第1章　イギリスの香港移民政策の経緯

　本章では香港の移民現象に影響を与えてきた制度について述べる。移民や移動する人々に直接関連する制度は、移動の自由を定めることが多い国籍と移民法であろう。
　そこで本章では、香港における国籍の付与、入境法の制定および居留権について述べる。
　第1節ではイギリス国籍についてみる。20世紀にイギリス国籍が生まれ変化する過程と、最も特徴的な展開をみせた1980年前後を詳しくみていく。第2節では香港における国籍その他の制度をみる。特に返還問題と中英双方の香港への国籍を含めた制度的措置についてみていく。

第1節　イギリス国籍の変遷

　本節では香港人に対する国籍付与の変遷を述べる。なぜ国籍から説明を始めるのかについては次のように考える。国籍は個人と国家との関係を定めたものであり、国家の中での法的権利を伴うものである。同時に、国外では国家間条約によって結ばれた出入国の権利や制限を受ける対象となる。つまり国籍は国家への帰属と共に、個人の移動の範囲を定めてきたともいえるのである。
　香港は1997年の返還までイギリスの統治下にあり、植民地香港に住む人々の国籍は、宗主国イギリスの政府によって決定されてきた。最初に香港を含むイギリス領の住民の国籍が、歴史的にどのように扱われてきたかを見ておきたい。
　イギリスの国籍は極めて特異な発展の経緯をたどってきた。歴史的変化が激しい事も大きな特徴である。イギリス国籍付与の経緯を大雑把にたどると、最初にそれぞれの英国領地域住民の入国や居住の権利が定められ、それを国籍と

いう形で後からあてはめてきた。したがって出入国管理との兼ね合いが強いため、出入国の制限を定める外国人法（Aliens Act）や移民法（Immigration Act）と、国籍身分を定める国籍法（Nationality Act）は深く関連している。イギリスの国籍、市民権、居住権等を定める規定は、イギリス本国以外、世界十数ヵ所の属領、旧植民地の住民を個別に対象にした規定もあり、複雑を極める。またその改定も頻繁に行われてきた。

第1節では大英帝国から始まって、1981年にそれまで一つであったイギリス国籍が分割されるまでを、国籍をめぐる制度の変遷と、変化を余儀なくされたそれぞれの時代の社会環境に注目して論じる。以下、第1項では大英帝国の広範囲な領土に適用された国籍が、第二次大戦後に分割されるまでを、第2項では1960年代、イギリスへの移民流入をきっかけに移民法が改定され、居住地によってイギリスへの入国の権利が定められるまで、第3項ではイギリスの国籍、移民法に影響を与えた欧州統合の流れについて、第4項ではイギリス移民法のカテゴリーに沿って、1981年にイギリス国籍が分割される時点までを扱う。

第1項　英帝国の国籍

歴史的にイギリスの国籍付与制度を概観すると、まず付与原則の変更が指摘できる。その土地で生まれたものに国籍を付与する生地主義（jus soli）から、生まれた土地と関係なく血縁に基づき国籍を付与する血統主義（jus sanguinis）への変更である。当初イギリスの帝国内臣民を規定する原則は生地主義であり、世界に広がる英領土内で生まれたものは本国（連合国）へも自由に移動し居住することができた。この時英領内の住民間に法的区別はなかったが、この原則を切り崩し、移民法で旧植民地住民に対し本国への移入制限をし、ついでその区別に基づき国籍を分割していった。それがイギリス国籍の大きな流れである。他に小さな分離や統合がある。

イギリスが初めて移民の制限を定めたのは、1905年の外国人法（Aliens Act）によってである（Fransman, 1982：2）。もっともこの法は、外国人とは誰か、言い換えればイギリス国民に属さない者は誰かを定めたものであった。領土内

の臣民に対し、法的に同等の権利を持つ一つのまとまりと規定したことになる。別の見方をすれば、領土内の人々には一定の要件のもと「市民階級」と称して平等を謳いつつ、それ以外の人々、つまり外国人にはその入国を制限するという一段下の身分を定めたともいえるのである (Dummett and Nicol, 1990 : 11)。自国民を定めるのではなく外国人を規定し、権利を制限するという措置が最初にとられたのである。ある一団の人々が国民としてのまとまりを持ち、国家の枠組みを作っていくといった国民国家の文脈では、先に自国民が定義されるはずである。しかし単に逆説的であったとしても、イギリスでは外国人を規定するという国民国家とは原則的に出発点の異なる国民の確定が行われたのである。

　ちなみに香港については、1841年英国が香港の住民を英国臣民であると公告したとき、彼らの国籍については、何ら議論がなされなかった（呉等、1997：52）。領土の領有の宣言は、住民の国籍への言及にはすぐに繋がらなかったとみることができる。香港住民の身分や国籍を見る限り、それからも長年にわたって、住民の法的身分は棚上げにされていたといえよう。

　区別が外国人のみならず自国民の中にまでもちこまれるようになったのは、第二次世界大戦後、インドを始めとした、かつての帝国領土のいくつかが独立を達成した後である。独立国が独自の市民権を設定するにあたり、英国国籍との調整が1947年のコモンウェルス会議で話し合われた。その結果、従来の唯一の市民権「英国臣民 (British Subjects)」のなかに「連合王国および植民地市民 (Citizens of the United Kingdom and Colonies)」（以下CUKCと略）を設ける1948年英国国籍法 (British Nationality Act of 1948) が制定される。この法によって「英国臣民」は、「連合王国および植民地市民 (CUKC)」、「英連邦市民 (Citizens of Commonwealth Countries)」、「市民権なき英国臣民 (British Subjects without citizenship)」の三種類に分けられたことになる。またあらたに「英国保護民 (British Protected Persons)」も設けられた。

　この当時の「英領」をカバーしようという「英国臣民」の対象の多さは次の条文にも現れている。ちなみに (3) のリストには植民地は含まれていない。

Part I British Nationality

1 British nationality by virtue of citizenship

(1) Every person who under this Act is a citizen of the United Kingdom and Colonies or who under any enactment for the time being in force in any country mentioned in subsection (3) of this section is a citizen of that country shall by virtue of that citizenship have the status of a British subject. …

(3) The following are the countries hereinbefore referred to, that is to say, Canada, Australia, New Zealand, India, Ceylon, Ghana, Malaysia, the Republic of Cyprus, Nigeria, Sierra Leone, Tanzania and Jamaica, and Trinidad and Tobago and Uganda and Kenya and Malawi and Zambia and Malta and The Gambia and Guyana and Botswana and Lesotho and Singapore and Barbados, and Mauritius and Swaziland and Tonga and Fiji and the Bahamas and Grenada and Bangladesh and Seychelles and Solomon Islands and Tuvalu and Dominica and Kiribati and Saint Vincent and the Grenadines, Papua New Guinea, Western Samoa and Nauru and the New Hebrides and Zimbabwe.
(section 2, British Nationality Act 1948)

日本語訳－パートⅠ英国籍、1、市民権による英国籍の取得

(1) この法律が適用されるのは、連合王国と植民地の市民か、(3)にあげた国において有効である法令でその国の市民である者で、それらの市民権によって、すべての市民が英国臣民の身分を持つ。…

(3) 次にあげるのが、上の文で言及した国である。カナダ、オーストラリア、ニュージーランド、インド、セイロン、ガーナ、マレーシア、キプロス共和国、ナイジェリア、シェラレオネ、タンザニア、ジャマイカ、トリニダードトバゴ、ウガンダ、ケニア、マラウィ、ザンビア、マルタ、ガンビア、ギアナ、ボツワナ、レソト、シンガポール、バルバドス、モーリシャス、スワジランド、トンガ、フィジー、バハマ、グレナダ、バングラデシュ、セーシェル、ソロモン諸島、ツバル、ドミニカ、キリバス、セン

トビンセントグレナディーン、パプアニューギニア、西サモア、ナウル、ニューヘブリディーズ、ジンバブエ。(1948年英国国籍法、第2節)

この時コモンウェルスは、すでに一枚岩ではなく、白人移住植民地であるオーストラリアやニュージーランドは、外交の面で独自性を打ち出していたし（木畑、1996：12）、独立インドでは共和制政体が主張されていた（木畑、1997：218）。1948年英国国籍法は、この点ですでにそれぞれの道を歩もうとするコモンウェルスの国民を、王への忠誠からではなく土地への結びつきによって（Dummett and Nicol, 1990：135）、英国籍の範疇に留めた措置であったといえよう。新法の下では、すでに独立した国の国民は自国の市民権と「英国臣民」という市民権を両方持つことになり、英国臣民としてイギリス本国への入国、居住も自由にできた。またCUKCにはイギリス本国と独立していない英領が含まれ、本国市民と植民地人は制度上、同等の権利を有していた。

第2項　移民法による入国制限：1960年代

CUKCには移動の権利が含まれていたこともあり、1950年代、本国への移民が激増する。最初は西インド諸島から、続いてインド、パキスタンから大量に流入した。1950年代半ばに10万人以下だったコモンウェルス出身人口は、1961年国勢調査で50万を超えた（石田、1987：3-4）。第二次世界大戦時の貢献で、本国に漂ったはずのコモンウェルスへの好意的な感情はこれでかき消され、本来与えられていた市民権の一つである入国の権利を制限するにいたる。1950年代から1960年代初頭のイギリスの新聞を見ると、移民流入に伴う懸念と移民制限の必要性に関する議論が盛んである[1]。具体的な懸念として、キリスト教世界の崩壊、淋病などの病気の持ち込み、住宅問題などが挙げられている（The Times, 1961/10/12）。

こうして1962年、初めて「英国臣民」に対して入国制限を加える「英連邦移

---

[1] 移民制限への反論もある。例えば、欧州に共同市場を作ろうという時流の中で、身内であるはずのコモンウェルスからの移民を制限するのは、イギリスに人種差別を持ち込む行為だ、という指摘（The Times, 1961/10/12）。

民法（Commonwealth Immigrants Act of 1962)」が制定される。同じ CUKC の英国パスポート保持者であっても、そのパスポートを発給する政府によって、区別がつけられた。つまりイギリス政府発行、あるいは独立国のイギリス高等弁務官発行のパスポート保持者以外は、イギリスで出生した者でない限り、入国制限の対象となったのである。香港人もその制限の対象に含まれた。

1968年には、アフリカのインド系住人のイギリスへの流入を防ぐ目的で、移民法が制定される（Commonwealth Immigrants Act of 1968)。1962年から1964年にかけて独立した東アフリカのタンガニーカ（後のタンザニア)、ケニア、ウガンダには、多数のインド、パキスタン出身の住人がおり、概ね豊かな商人層を形成していた。彼等は国家独立後も CUKC を保持していた。独立に際しケニア、ウガンダでは、住民に国籍の選択を求めた。移民一世または二世のアジア系住民にとって、新独立国家のアフリカ化政策には同調しがたく、彼等はイギリスの市民権と現地のイギリス高等弁務官発行の CUKC パスポートを選択、所持していた。1962年の移民法における制限対象外であった彼らは、現地におけるアフリカ人優先政策により、貿易等の経済活動が圧迫されるにしたがい、イギリス本土への移住を始めた。これに対しイギリス本国では、パウエル（Enoch Powell）保守党議員らの発言や、あたかも移民の大量入国を印象づける報道が、人々の危機感を煽り、世論はさらなる入国制限を求めるようになる。

パスポート発行政府による区別では入国制限されなかった、これらのアジア系アフリカ人を制限するために、移民の祖父母の代まで遡って血縁を問う考えが登場する。1968年の移民法では、CUKC のなかでも、両親か祖父母のうちの一人が、出生、帰化、養子縁組、登録によって CUKC を取得していない場合、外国人同様に入国制限の対象とされた。これがいわゆる「グランドパレンタル・コネクション（a grand parental connection with the United Kingdom)」の導入であった。

さらに1971年、1962年と1968年の移民法を後追いする形で、具体的な新しい概念を伴って移民法が制定される（Immigration Act of 1971)。これが「パトリアル（patrial)」と「ノン・パトリアル（non-patrial)」の概念である。「パトリ

アル」と認定されれば、イギリス本国での居住権（right of abode）を持つことになり、「ノン・パトリアル」では居住権が認められず、入国制限の対象となる。「パトリアル」と認められるには、以下のいずれかの条件を満たさねばならない。本人がイギリス本国で出生または養子縁組しているか、両親の一方がイギリス本国でCUKCを取得しているか、イギリス本国に5年間合法的に定住しているか、「パトリアル」と結婚した女性であるか、である（1971年移民法、第2条第1項）。つまりイギリス本国との血縁関係の有無によって、CUKCの中をさらに分類したのである。イギリス本国出身の血統を持てば、最大の権利を持つ市民とされたのである。

1962年に初めて英国臣民に対する入国制限が加えられ、1968年に血縁関係に言及し、さらに1971年、「パトリアル」という基準によって居住権と結びついた。本来母国を意味する「パトリアル（patrial）」という言葉を、結果的に父母、祖父母の内一人をイギリス本国出身のCUKCに持つ人という意味に用いた。この結果「パトリアル」であるか否かが、イギリス居住権の有無に直結し、「パトリアル」と「ノン・パトリアル」の間に明確な政治的境界線が引かれた。

このように第二次大戦後、イギリスで目立った流入移民は、西インド諸島からの人々とインド系の人々であり、流入移民を制限するきっかけとなった。このころ香港からの移民がいなかったわけではない。1950〜60年代、香港からの主要な移住先はイギリスであり、その数は年2,000人から3,000人を上回らない程度はいた（Skeldon, 1995：53）。1960年代にはロンドンのソーホー地区はヨーロッパ最大の中国人街であった。だが、中国人特有の街づくりがあまり見られなかったことや、きちんと組織化され秩序が保たれていたため、当時盛んになった移民排斥論議にも巻き込まれにくかった（シーガル、1993：156）。

香港における1962年のニュースを見ると、前年の調査で人口が312万人を越えたことが発表され、中国からの大量の難民「難民潮」が押し寄せている。香港の唯一の空港、啓徳機場に旅客ターミナルが完成した年でもある。この頃は、イギリス本国への入国が制限されたといっても、ヨーロッパへの渡航が一般の人々のあいだで盛んであったとは考えにくい。

香港の当時の新聞報道を見るかぎり、1971年の移民法制定に対し、目立った抗議はない。簡単な通知程度の新聞報道に終わっている。例えば議会への法案提出の際、『星島日報』では、イギリスに新たな「種族」的身分ができ、入境に新たな制限が加わる、と伝えるのみである（1971/2/26）。この年に目立った香港住民の要求は、尖閣諸島（釣魚台）領有権問題に関するものである。海外のニュースで大きいものは、イギリスのECへの加入問題である。

第3項 「欧州統合」の潮流：1960〜70年代

前述のようにCUKC保持者の中に移動の権利における区別を持ち込むのは、1960年代以降である。この同じ時期、こと出入国など人の移動に関する議論が、コモンウェルスとは別の枠組みにおいて盛んになる。欧州共同体（European Communities; EC）における議論である。イギリスの国籍をめぐる状況と深く関連するので、ここでイギリスとその周辺環境としての「欧州統合」の流れについて押さえておく。

1973年イギリスは正式にECに加盟した。その一組織である欧州経済共同体（European Economic Community; EEC）は1957年3月に調印したローマ条約（欧州経済共同体を設立する条約）の中で、EEC発足の基本理念として、貨物、人、役務、資本の自由移動を掲げていた。なかでも、人すなわち加盟国国民の域内自由移動は、不可欠の要素と位置づけている（竹中、1995：206）。1952年に最初に設立された欧州石炭鉄鋼共同体（ECSC）に設置された司法裁判所は、1950年代にすでに、労働者の移動の自由を促進するために、国籍による差別の禁止の判例を出している（金丸、1995：21）。

ところがイギリスは、こと人の自由移動に関して独自の姿勢を貫いてきた。実際初めてECに加盟を申請した1961年頃、イギリス国内での人の自由移動に関する議論は否定的な論調だった。理由は二つあった。一つは、イギリス内の労働市場の開放によってイギリス人の雇用機会が減ることであった。もう一つは、歴史的つながりを持つコモンウェルスの国々への配慮から、ECとの自由化を進めることにためらいがあった。イギリスの外交姿勢が批判を受け、60年

代の EC 加盟は実現しなかったが、1972年に新 EC メンバーに認められたころには、イギリス内の議論は自由移動も認めざるを得ないものへと変化していた（Wakamatsu, 1997：14-15）。

　当事国のイギリスでは EC の国籍とコモンウェルスの国籍について、同時期に議論がなされた。上記の議論に加え、1983年に発効することになる81年国籍法に関する議論が極めて盛んであったためである。イギリスの国籍と市民権をめぐる環境が、議論の場が異なるとはいえ、一方（EC）で統一を求められ、他方（コモンウェルス）で分割を押し進めるという複雑な状況にあった。つまり EC という共同体への参加、統合と、コモンウェルスという帝国の分割を、国籍概念上で同時平行して進めていた。まさにイギリスにとっては、新旧の秩序がオーバーラップしていた時期だったといえよう。

　EC においては、人の自由移動の実現には多くの制度の改定や統一が必要だと考えられ、移動の自由化推進のために、旅券同盟が設立された。1981年にまず統一旅券の形式や適用範囲に合意、ただし発給は加盟各国が行うとした。この時イギリスは「特別の場合、加盟国は旧式の旅券を継続して発給してもよい」という規定を盛り込むことを求めた（金丸, 1985：270）。イギリスには前述のような法的身分に関する複雑な状況があり、パスポートには権利の違いを示す意味合い、つまり発行国によって入国の権利を制限するという法的身分識別の役割があった。ゆえにイギリスはさらなる調整を必要とし、他の EC 諸国との迅速な統一は難しかったと考えられる。

　1984年 EC では参加国の個々の事情を鑑み、人の自由移動に関し、緩やかな目標を定めて意思の統一がなされた（同書：265）。その内容は、国境検問のための待ち時間と検問そのものの見直し、統一旅券を所持する者を加盟国に属する者と認められること等である。結局、旅券同盟は1985年初頭から正式に発足し、EC 加盟10ヵ国中 8ヵ国 が統一旅券の発給を年内に開始することを決めた。もちろん、加盟国間の足並みがそろうことが極力求められたはずであるが、イギリスは実施を二年後とした。その理由としてイギリスがあげたのは、機械で読み取り可能な旅券を発給するために時間が必要だという、技術的なものだっ

た（同書：271）。

　人の自由移動以外にもイギリスが抵抗を示した分野がある。外国人も含めた労働者の権利に関してである。1985年以降、ECは労働環境に主眼をおいた共通の社会政策を推進するため、目標とする内容を「単一欧州議定書」として明文化した（1986年2月調印、1987年7月発効）。その具体化に向けて、各国が労働者に保証すべき基本的権利や労働環境改善への努力を「労働者の基本的社会権に関するEC憲章（社会憲章）」としてまとめた（1989年12月採択）。さらにそれらの理念が1991年に合意した「マーストリヒト条約（欧州連合条約）」に継承された（1991年12月合意、1992年2月調印、1993年11月発効）。しかし社会政策に関して、イギリスは強硬に反対を貫いた。結果的に「社会憲章」はイギリス以外の国により採択され、「マーストリヒト条約」からは関係部分が削除された。「社会憲章」にイギリスが署名をするのは、1997年労働党政権によって政策が変更された後である。

　1997年10月に調印された「アムステルダム条約」（1999年5月発効）は、EUの中東欧圏への拡大も視野に入れた新条約である。付属文書扱いになっていた「社会憲章」が本体に組み入れられた。しかし、イギリスと統合に積極的な国との間には、依然として差異がある。

　第二次大戦後、欧州の統合が標榜されたとき、イギリスはコモンウェルスとの関係を優先し、米ソに匹敵する第三勢力としての立場に固執し、統合欧州への参加には消極的であった。イギリスのこの姿勢は、帝国の記憶である「大国幻想」ゆえに自らの新たな立場を現実視できないものと指摘される（木畑、1997：220）。その傾向は1990年代になっても続いた。結果的にEU統合のブレーキになり、イギリスは新たな制度へのアクセスに遅れている。ただし人の移動と外国人労働者への姿勢に関して言えば、ECのみならずコモンウェルスに対しても、概して消極的と言わざるを得ない。

　第4項　イギリス国籍の分割：1981年国籍法
　先の項で述べたように、60年代以降いくつかの移民法を経て、コモンウェル

ス内では入国の権利などの市民権に差異が生じていた。この差異を国籍に反映させたのが、1981年に成立した英国国籍法 (British Nationality Act of 1981) である (1981年10月成立、1983年1月発効)。同法は1948年以来の国籍身分であるCUKCを、「英国市民 (British Citizens)」(以下BCと略)、「英国属領市民 (British Dependent Territory Citizens)」(同BDTC)、「英国海外市民 (British Overseas Citizens)」(同BOC) に三分した (図Ⅰ-1 香港住民の英国籍の変化 (〜1997) 参照)。また同法により香港などが「直轄植民地 (Crown Colony)」から「英国属領 (British Dependent Territories)」に法律上の名称を変えた。

BCの取得に関する条文の冒頭は以下である。

Part I British Citizenship

Acquisition after commencement

1.-(1) A person born in the United Kingdom after commencement shall be a British citizen if at the time of the birth his father or mother is-

(a) a British citizen; or

(b) settled in the United Kingdom. …

2.-(1) A person born outside the United Kingdom after commencement shall be a British citizen if at the time of the birth his father or mother-

(a) is a British citizen otherwise than by descent; or …

11.-(1) … a person who immediately before commencement-

(a) was a citizen of the United Kingdom and Colonies and

(b) had the right of abode in the United Kingdom under the Immigration Act 1971 as then in force, shall at commencement become a British citizen. …

39.- … 2.-(1) A person is under this Act to have the right of abode in the United Kingdom if- (a) he is a British citizen; or

(b) he is a Commonwealth citizen who- (ⅰ) immediately bofore

the commencement of the British Nationality Act 1981 was a Commonwealth citizen having the right of abode in the United kingdom …

日本語訳－パートⅠ英国市民

開始後の取得

1.-(1) 開始後に連合王国に生まれた者は英国市民である。ただし生まれたときに父親か母親が-

(a) 英国市民、または

(b) 連合王国に定住している。…

2.-(1) 開始後に連合王国の外で生まれた者は英国市民である。ただし生まれたときに父親か母親が－

(a) 英国市民血統によらない英国市民か、または …

11.-(1) …開始前に直ちに－

(a) 連合王国および植民地市民であったものと、

(b) そのとき有効であった1971年移民法によって連合王国に居留権を持っていた者は、開始と同時に英国市民となる。…

39.- … 2.-(1) この法律によって連合王国に居留権を持つのは、-(a) 英国市民、または (b) コモンウェルス市民、ただし-(ⅰ) 1981年英国国籍法開始前に直ちに連合王国の居留権をもっていたコモンウェルス市民…

11条によって、BCは1971年移民法によって「パトリアル」と区分されたCUKC保持者のなかで、イギリスとの「純粋なつながり (genuine link)」を認められた人々に付与され、39条によって、イギリス本土での居住権を持つ。約5600万人がその対象となり、大部分がイギリス本土住民である (Dummet and Nicol, 1990：245)。1、2条によって、BCを新たに取得する場合も、単にイギリス本土で生まれるだけではなく、一方の親がBC保持者かイギリス定住者でなければ資格はない。BCへの帰化に必要なイギリス本国での居住要件も5年間に延長された (schedule 1)。

BDTCについては以下である。

Part Ⅱ British Dependent Territories Citizenship

第 1 章　イギリスの香港移民政策の経緯　61

Acquisition after commencement

15.-(1) A person born in a dependent territory after commencement shall be a British Dependent Territories citizen if at the time of the birth his father or mother is-

(a) a British Dependent Territories citizen; or

(b) settled in a dependent territory. …

16.-(1) A person born outside the dependent territories after commencement shall be a British Dependent Territories citizen if at the time of the birth his father or mother-

(a) is such a citizen otherwise than by decent : or …

日本語訳－パートⅡ英国属領市民

開始後の取得

15.-(1) 開始後に属領に生まれた者は英国属領市民である。ただし生まれたときに父親か母親が－

(a) 英国属領市民である。または

(b) 属領に定住している。…

16.-(1) 開始後に属領の外で生まれた者は英国属領市民である。ただし生まれたときに父親か母親が－

(a) 血統によらない市民であるとき、または …

BDTCは「英国属領」とつながりを持つCUKC保持者である。対象者は約300万人である。BDTC自体の居住権がどこにあるかは明記されず、結局居住権は各属領の移民法によって定められることになるため、概ね帰属する属領のみであり、「英国属領」間の行き来も自由ではない (Fransman, 1982 : 42)。

BOCは上記二つの範疇に含まれないCUKC保持者であり、すでに独立したかつての植民地に生まれたCUKC保持者で、独立の際に何らかの理由で新独立国の市民権を取得しなかった者となる。対象者は150万人で、そのうちの90％がマレーシア住民であり、インド、中国系、欧亜混血が多い。英国領のどこにも居住権はなく、BDTCよりもさらに弱い権利である (Juss, 1993 : 54)。

つまり1981年国籍法は、1971年の移民法が定めた区分にそって、国籍が複数に分類されたのである。戦後、本国市民が抱いた有色英国臣民に対する抵抗感を、1960年代初めの移民法制定から20年かけて国籍上に反映、具現化したことになるだろう。1981年国籍法の制定によってイギリスの国籍付与の原則は変わった。伝統的な生地主義の原則をコモンウェルス大の世界には残しつつも、イギリス本国には、血統主義を原則とする国籍を設けたことになる。

この1981年国籍法成立のタイミングについては、イギリス本国内の政権党の変更を指摘できる。1979年にマーガレット・サッチャー首相（Margaret Thatcher）の保守党政権が、労働党から政権を引き継いだ際、保守党の選挙公約である移民問題への一つの解決として同法が制定された、という経緯がある。当時この法の成立と発効に際し、本国内に抵抗がなかったわけではない。例えばコモンウェルス内の人々を分類、確定することはイギリス内に差別を持ち込む行為だとして抗議する意見である。しかし実際には、出入国時における権利上の区分はすでに存在しており、この法は後付け的な性格の措置であった。

観点をかえて、この81年の国籍法改定を、香港の状況にてらして見ると、不自然な点が二つある。一つは、この時英国属領となったのは15地域であるが、香港以外はすべて人口が数万人以下の小地域である。この時人口が500万を超える香港は、明らかに他の属領とは異質であったこと（表Ⅰ-①英国属領一覧参照）。実際同法によってCUKCからBDTCに身分が変更したのは、ほとんどが香港人で、全世界の対象者約300万人のうち約250万人を占めていた。もう一つは、香港の将来にとって、1981年が非常に微妙な時期であったことである。中国と英国の間で、香港の1997年に関する問題が討議されたのは1982年から1984年にかけてであり、それ以前の両国の間では香港の将来については白紙であったはずである。ゆえに81年の国籍法改定は、香港の将来を議論する前に、香港住民のイギリスにおける法的立場を定めたことになり、イギリスの対香港政策の一つの象徴的な政策と捉えることができるのである。

この点について、ロベルティは81年の国籍法改定を「明らかに香港を狙ったもの」とし、コットレルは「香港からの大量難民の流入を恐れた措置であった」

第1章　イギリスの香港移民政策の経緯　63

とする (Roberti, 1994：30；Cottrell, 1993：48)[2]。いずれも、1962年の移民法で香港人の本国移入を防いだが、仮に香港に大きな状況の変化があった場合には、人道上入国を認めざるを得ないため、さらに国籍を分ける措置が採られたと説明する。

　両者の説を裏付ける動きが、香港返還後にあった。属領の扱いの変化である。1999年3月、イギリス外相のロビン・クック（Robin Cook）がイギリス属領に関する新たな提議を行った。内容は、1）属領（Dependent Territories）は海外領（Overseas Territories）と名を変え、イギリス本国との間に新しい協力関係を構築する。2）海外領のBDTC保持者には本国居住権付きのBCが付与される、などである。この法案は、2002年2月に成立し、これによって属領住民と本国住民との間の法的身分と権利に差がなくなった。イギリス国籍には、パトリアル概念がなくなり、大方1961年以前の状態に戻った（British Overseas Territories Act 2002）。ここでBDTCについて考えてみると、成立したのが1981年で、廃止がきまったのが2002年である。香港返還が決まったのが1982年で、返還が1997年であるから、BDTCは概ね香港の過渡期に存在した、イギリスの制限的な国籍であった。

　残念ながら、この動きは状況の推移であり、本論文執筆時点で両者の説を具体的に証明する資料は公開されていない。従って1981年の国籍法の改定に、香港の返還問題が主因となったかどうかについて、現時点では断定できない。

　それでは、香港域内の反応はどうであっただろうか。1981年英国国籍法の成立時、目立った報道が見当たらない。香港の新聞が「英国属領市民」に関する記事を載せるのは、発効直前の1982年の年末のことである[3]。論調はイギリスの法制定そのものへのコメントはなく、新英国国籍法に合わせて香港で制定される入境管理法と、今後香港人が使用するパスポートに集中している。ほぼ制

---

[2] 中園や中居も両者の説にもとづき議論を展開している（中園,1996：43；1998：208-211；中居,1997：10）。
[3] South China Morning Post, 1982/11/25, 1982/12/7, 1981/12/9；Hong Kong Standard, 1982/12/5；『明報』, 1982/12/5；『星島日報』, 1982/12/5；『信報』, 1982/12/13

度の変化を報じるのみである。1980年代初頭は香港の将来について社会レベルでの議論が始まるころである。1981年から1983年という時期は、まだ人々が自らの将来を、イギリス領香港の未来や国籍制度と合わせて考えることは、一般的ではなかったのであろうか。

ところで、1981年国籍法で、「属領」と分類された地域の中で、国籍の扱いが、個別に変更されたケースがある。後述する香港とフォークランド、ジブラルタルである。南米大陸南端に近いフォークランドは、1982年のフォークランド紛争が、住民の国籍を再考する機会となった。同年3月のアルゼンチン軍侵攻は、81年国籍法が成立し、フォークランドが属領と名称を変えた数ヵ月後であった。緊張と軍事行動が11週間続いた後、イギリス軍がアルゼンチン軍を圧倒し、事態を収束した。その直後の1983年1月、イギリスは特別法によってフォークランド住民を、属領市民（BDTC）から英国市民（BC）に格上げする。フォークランド住民に、イギリス本土住民と同じ市民権を付与することで、本土とフォークランドの強固な結び付きを対外的に示したのである。

ジブラルタルも特殊な扱いをうけた。同地はスペインの南端、ジブラルタル海峡に面した小地域である。18世紀のはじめからイギリスが統治した。やはり81年国籍法によって「属領」と区分されたが、地理上ヨーロッパにあり、1973年のイギリス加盟からEC統合の域内として考慮されていた。1972年にEC向けに定義された、自由移動の対象となる「イギリス国民（UK national）」は、「パトリアル」であるCUKC（81年国籍法適用後はBC）、「パトリアル」である「市民権なき英国臣民」（同、本国居住権をもつ英国臣民）、ジブラルタルで出生、登録、帰化をした人およびそのような父親を持つ人、である（Fransman, 1982：22-23；Boldwin-Edwards, 1992：218）。よって「パトリアル」ではないジブラルタル住民も、統合ヨーロッパでは域内における市民権を与えられることになり、第3項で述べた欧州統合の流れに即した形が取られたのである。

図Ⅰ-① 香港住民の英国籍の変化（～1997）

1905
外国人法

英国臣民
British Subjects

⇒

1948 英国国籍法

英国臣民

連合王国および植民地市民
Citizens of U.K. and Colonies
(CUKC)

⇒

1981英国国籍法

英国市民（BC）
British Citizens

英国属領市民
Citizens of British Dependent Territories
(BDTC)

英国海外市民（BOC）
British Overseas Citizens

⇒

1986 香港令

英国臣民（海外）
British National (Overseas)
(BN(O))

出所：Fransman（1982：34）diagram 4 の一部に加筆したもの。

表Ⅰ-① 英国属領一覧

地域（位置）	面積（km²）	人口（千人）
Anguilla（西インド諸島／自治政府あり）	96	77
Bermuda（大西洋、北米沖／自治政府あり）	53	61
Britain Antarctic Territory（南極／永住者なし）	-	0
British Indian Ocean Territory（インド洋）	78	2
Cayman Islands（カリブ海／自治政府あり）	259	18
Falkland Islands and Dependencies（南米南東沖）	12,173	2
Gibraltar（スペイン南端／直轄領）	6	30
Hong Kong（中国南部／直轄植民地）	1,045	5,000
Montserrat（西インド諸島／自治政府あり）	98	11
Pitcairn, Henderson, Ducie and Oeno Islands（南太平洋／住民50人程度）	5	0.058
St. Christopher and Nevis	-	-
St. Helena and Dependencies（南大西洋／「要塞」）	122	5
The Sovereign Base Areas of Akrotiri and Dhekelia (Cyprus)（キプロス／自治政府あり）	-	-
Turks and Caicos Islands（キューバ沖大西洋／自治政府あり）	430	6
Virgin Islands（西インド諸島／自治政府あり）	153	12

出所：*A Year Book of the Commonwealth 1983*, London；Foreign and commonwealth Office, 1983 p.419（データは1981年中ごろのもの）。

第2節　中英による香港返還への布石

本節では、1980年前後からの中英双方による香港住民の法的身分に関する措置と、香港に入境する中国移民の取り扱いの変化について述べる。前節で扱った1981年のイギリスの国籍法改定措置に重なるか後続する時期であり、香港人の法的身分や移動に関わる制度に変化が多く現れた時期である。

中国では1980年に中国政府が国籍法を改定、公布した。

イギリスでは1980年代は、内政においてサッチャー首相による変革の時期であり、コモンウェルスにおいても決定的な事件が続いた重要な時期であった。1981年に前述のとおりイギリスは国籍法を改定した。82年春にはフォークランド紛争が起こり、約11週間をこの戦争に費やした。84年には香港全土をかつての主権国中国に返還することに合意した。その合意文書に従って、87年には香港の入境法が改定され、始めて香港の居留権が明確に定められた。

香港住民の法的地位に関しては、前述のとおり1948年の国籍法と62年の移民法によって変化したほか大きな変化はなかった。しかし80年代以降、香港返還までの17年間に激しく変動した。この間3度の政治的動きによって——1981年のイギリス国籍法導入（第1章第1節第4項で述べた）、香港返還を決定した中英交渉（第1章第2節第3項で述べる）、中国の天安門事件（第2章第1節第1項で述べる）——香港住民の法的地位は大きく影響を受け、返還を迎えることになった。

第1項　中国の国籍法および憲法の改定：1980～82年

中国で初めて国籍法が制定されたのは、清朝末期1909年である。

中国の国籍付与の原則は、一貫して血統主義（jus sanguinis）である。中国が血統主義を採用することについて、チウは中国人が彼らの文化と歴史を常に誇ってきたこと、彼らが民族的に凝着していることから、血統主義を原則とすることは理解できるとしている（Chiu, 1990：63）。中華民国成立（1912）後の1914年と1929年に国籍の改定がおこなわれるが、やはり原則は変わらなかった。

ただし国民政府は海外の華僑の力を高く評価したため、二重国籍を認めても彼らを中国籍に留めたいという狙いがあった（呉等、1997：111）。つまり中国の国籍付与の原則は、中国人の子として生まれれば一生中国人であり、したがって国籍の喪失や退籍の規定も設けられてはいなかった。

1980年、中国は国籍法を公布、発効した。1949年に中華人民共和国が成立してから最初の国籍法の公布であった。血統主義の原則は不変である。その中心的理念を示す部分は以下である。

　　中国国籍法（1980年9月10日、全人代通過。同日、公布、発効）
　　第1条　中華人民共和国の国籍の取得、喪失、回復は、すべて本法が適用される。
　　第2条　中華人民共和国は統一した多民族国家であり、各民族の人々は皆中国国籍を有する。
　　第3条　中華人民共和国は中国公民が二重国籍を持つことを認めない。
　　第4条　父母の双方または一方が中国公民で、本人が中国で出生したときは、中国の国籍を有する。
　　第5条　父母の双方または一方が中国公民で、本人が外国で出生したときは、中国の国籍を有する。ただし、父母の双方または一方が中国公民で、かつ外国に定住し、本人が出生のとき直ちに外国の国籍を有するときは、中国の国籍を有さない。
　　…（『北京周報』、80/10/7）

この国籍法では、二重国籍を認めない点、自らの申請による退籍、二重国籍防止のための国籍を自動喪失する規定を設けた点が、以前の国籍法とはっきり異なる。この改定には、中国と東南アジアの国々との華僑移民の国籍に関する協議の背景がある。1950年代以降、中国は、インドネシア、ビルマ、ネパール、モンゴル、マレーシア、フィリピン、タイ等の国々と華僑の二重国籍を防ぐための条約を交した。条約の要点は、華僑が希望して定住国の国籍を取得した場合、定住国は彼らを元からの国民と平等に扱うこと、そして定住国の国籍取得後は自動的に中国国籍を失うこと、もし定住国の国籍取得を希望せず中国国籍

を保留するならば、華僑は定住国の法を守り定住国の伝統と文化に従うこと、である。

　この1980年中国国籍法によれば、香港に住む中国系香港人にも中国籍が認められるわけだが、英国籍を持つ香港人は中国籍を拒絶されることになる。しかし一方で中国は柔軟な対応もみせ、「香港在住の中国人」には、故郷に帰るためのパスという意味の「回郷証（Home Visit Permit）」が広東省政府から発行され、香港人の中国への入国の際に便宜がはかられた（Lee, 1997：255）。香港では英国籍を持つ人も、中国入国の際は香港と澳門（マカオ）の中国人をさす「港澳同胞」と呼ばれる中国人として扱われ、中国国内ではイギリスの外交保護権を行使できないしくみになっている。そもそも香港との関係で取得したイギリス国籍の場合、中国での外交保護権は付随していない。

　このように香港住民には、権利の領域が二重にある。一つは「中国人」として、中国用の旅行文書を用いて大陸を自由に移動でき、もう一つは香港人として、イギリスの国籍を用いてその権利に従って移動できる。あるいは二つの権利領域が交わるのが、香港であるとも言える。このように、こと香港人をめぐる中英の関係は、正面衝突を回避しつつ調整されてきた一面がある。

　憲法に関しても変化があった。中華人民共和国では、1949年の国家成立後、1954年、75年、78年と新憲法が作られた。1982年の憲法はそれに続く四番目の憲法である。浅井によれば、中国の4度の憲法改定は政治的方向転換を示すものであり、各憲法は新たな方向性を盛り込んだものだという。それに基づけば、54年憲法は「社会主義の過渡期型」憲法、75年憲法は「文革」型憲法、78年憲法は「現代化（日本では近代化）」への「政策転換模索」型憲法であり、82年憲法は「現代化推進」型憲法であるとする（浅井、1985：37）。中華人民共和国の憲法は、その時々の政府の方向性と政策が色濃く反映されるものといえる。別の見方では、中華人民共和国憲法における政策の法源性は、中国共産党の歴史的背景からきているとの指摘もある（小林、1999：122）。

　82年憲法については、浅井が、「中国式の社会主義現代化」政策を推進する国家の基本体制と基本政策について規定しており、中国にある「現代化」路線

との基本的矛盾と「現代化」政策によって生まれた矛盾を憲法規範レベルで解決形態を示し、かつそれらの矛盾によって制約されている一面があると評価するように（浅井、1985：37）、具体的には次のような特徴がある。社会主義の道と改革開放を堅持し、社会主義の各制度を完備しつつ、社会主義市場経済を発展させる（序言）。経済制度においては、国営経済、集団経済を固持、発展させ（第6、7、8条）、且つ「個人経済」を認める（第11条）。民族問題に関しては、各少数民族の自治と文化習慣の保持や改革の自由を保障し（第4条）、民族自治地方の財政、立法、公安、教育、文化財などに関わる自治権を拡大させており（第113～122条）、この部分は、中国版のマイノリティーに対する積極的優遇措置とも見受けられる。

　香港に関わる部分も、それらの特徴を汲んだ法律規定といえる。将来の一国二制度を想定して制定した条項である。一国二制度の法的根拠であり、香港が返還後に特別行政区となって、制度を大きく変える事無く、中国の主権下に入る法的根拠となる部分である。原文は以下である。（但し一部の漢字を日本で通常使われている字体に変えた）

　　中華人民共和国憲法　（1982年12月4日、全人代通過、施行）
　　第1章　總綱　第31条
　　　国家在必要時得設立特別行政区。在特別行政区内実行的制度按照具体状況由全国人民　代表大会以法律規定。

　　　日本語訳 — 国家は必要時には特別行政区（Special Administrative Region; SAR）を設立することができる。特別行政区内で実施される制度は、具体的な状況に応じて、全国人民代表大会を通じて法律によって定められる。

　本論第2章以降で述べる児童移民問題に関しては、82年憲法の中に、法律の解釈権について次のような規定がある。

　　第3章　国家機構　第1節 全国人民代表大会　第67条
　　　全国人民代表大会常務委員会行使下列職権：(1)解釈憲法、監督憲法的実施；
　　　(2)制定和修改除応当由全国人民代表大会制定的法律以外的其他法律；

(3)在全国人民代表大会閉会期間、対全国人民代表大会制定的法律進行部分補充和修改、但是不得同該法律的基本原則相抵触；

　(4)解釈法律；…

　日本語訳 - 全人代常務委員会は以下の権限を行使する：(1)憲法の解釈、憲法実施の監督；(2)全人代を通して制定した法律以外のその他の法律の制定、修正、削除；(3)全人代閉会期間において、全人代が制定中の法律の補充と修正、しかし同法律の基本原則に抵触しない事；(4)法律の解釈；…

この第67条(2)によって香港基本法改定の、(4)が香港基本法の解釈の権限を、全人代常務委員会に与えた事になる。第4章で述べる、香港と中国との間の、法律上の管轄の問題にかかわる重要部分である。

第2項　香港移民政策の変更：1980～83年

　香港の移民の中で、陸続きである中国からの入境移民は、それ以外の地域とは分けて考えられてきた。その他の地域とは個別の取り決めによって出入境が決まったが、中国との間の出入境関係にはユニークな方法が採られてきた。1980年から83年にかけて中国香港間の移民制度に重要な変化が見られたので、本項ではこの点を中心に移民政策について述べる。

　第二次世界大戦の前まで、中国と香港の間の越境は比較的自由なものであった。中国内から香港に入境し住み着いた人々に対し、国籍取得条件がそろうまでの間は、香港政庁は渡航用に「身元証明 (Certificates of Identity；身分証明書；CI)」を発行した。無国籍の住人にも出入境の便宜を図った形である。香港政庁が初めて旅行用文書を発行したときからのものである。

　戦後になると、香港と中国の間の往来は厳しく制限されるようになる。背後に冷戦構造があり、1949年に中国共産党によって中華人民共和国が建てられることで、中国と香港の境界は冷戦の前線となるのである。1950年中国香港間のゲートは閉じられ、入境枠制度が導入される (Siu, 1999：202)。これによって中国から香港への入境は、合法的入境と非合法入境がなされるようになる。中国政府の出入境政策では、公民の出国に許可が必要である。各種パスポートな

どの旅行用文書の発行が出入境の許可となるしくみである。

　中国国内で毛沢東と四人組が支配する極端に左傾した時代が1970年代に終わる。70年代末に改革派の鄧小平によって、中国への資本主義の導入である改革開放政策が始まる。1979年、中国から香港に移住する人に対し、片道入境許可書である「単程証（One-way Entry Permit）」が発行される。この許可書は、主に近親者訪問の理由で中国出国と香港入境が許可された場合に発行される。これが発行されれば、合法的な移民として香港に移住できる。出国の際、中国籍と世帯登録の放棄が求められるため、彼らに国籍はなくなるが、香港における居住と労働は許される。移住後、海外渡航に際し、香港政庁から彼らに発行される旅行用文書は、「身元文書（Document of Identity；簽証身分書；DI）」である。「DI」は、国籍を持たず後述する「香港永久性居民（Permanent Resident）」ではない香港住民に発行される。彼らは概ね中国からの移民で、中国政府発行の「片道入境許可」を得て出国してきた。多くは無国籍であるので、海外渡航の際は渡航先のヴィザが求められる。

　不法移民は、香港への海路または山越えを水泳、小型船舶、徒歩などの手段で、香港に密かに入境した。合法、非合法を含めた中国から香港への入境者は、1950年代は約40万人、60年代は12万人、70年代は50万人に増えた（Ibid.：202）。香港側では、これらの不法移民が中国との国境付近の新界地区で発見された場合は、送還の対象となった。しかし中心部までたどり着いた場合は、入境處への出頭や登録など正規の手続きを経て居住権が付与された。この政策を「タッチベース政策（touch base policy; reach base policy；抵壘政策）」と呼ぶ。（口絵参照）

　このタッチベース政策が1980年に廃止される。あまりにも多くなった入境者を制限するためである。以下、廃止を報じるプレスリリースの一部である。

> From today (October 23) all illegal immigrants from China entering Hong Kong will be liable to be repatriated. …
>
> Despite strenuous efforts by the security forces, an estimated 68,000 persons entered Hong Kong illegally from China since the beginning of the year and have remained here. This was on top of the estimated

110,000 who came in and stay last year.

Hong Kong simply cannot go on absorbing such huge numbers of people without seriously impairing the wellbeing of its own citizens.

The effect on the standards of existing services has become evident, and further strains would reverse standards so carefully built up over the years.

This cannot be allowed to happen, the spokesman said, and so we have now abandoned the so-called 'reached base' policy. … (press release of Immigration Department, 1980/10/23)

日本語訳－本日（10月23日）より、中国から香港に入境したすべての不法移民は、送還されることとなる。…

保安要員の奮闘努力にもかかわらず、年初から約68,000人が不法に中国から香港に入境し、香港に残留した。最も多かったのは去年で、約110,000人が入境し残留した。

香港は、現市民に深刻な打撃を与えることなく、このような膨大な数の人々を吸収することは絶対できない。

現在ある公共サービスの水準に影響が及んでいることからわかるように、さらなる負担によって、やっとここ数年間保ってきたサービスの水準を落とすことになりかねない。

それは起こってはならないことと表明されており、したがってわれわれは所謂「タッチベース」ポリシーを廃止する。…（入境處のプレスリリース、1980年10月23日）

如何に不法移民が増え、市民の社会生活の維持の脅威となっているか、そのためにタッチベース政策を放棄せざるをえないことが説明されている。 以後不法入境者は発見されれば一律送還の対象となった。この政策を効果的に実施するために、香港域内では身分証明書の携帯が義務づけられ、不法入境者を識別しやすくした。中国との間では、新たに一日あたりの合法入境者数を決め、中国側が事前の審理によって香港への入境者を審理、許可する仕組みを設けた。

この時より入境枠が設定され、毎日恒常的に中国からの移民を受け入れることとなる。

　1983年より当初の受け入れ人数は一日75人とした。これは中国から香港への合法移民の数であり、中国での単程証の発行数である。こうして1980年代の中国からの移民は約30万人に減った。その後入境枠は1994年に一日105人に増加し、1995年7月に150人にさらに増加した。1950年から2000年までの間に中国から単程証を持って合法的に香港移住した人数は、約172万人となると見られる（Siu, 1999：202）。

　香港に住む主に中国からの移民である無国籍者については、次のような制度がある。「CI」は香港在住が連続して7年を超え、「上陸権（Right to Land）」が認められた場合に発行された。「上陸権」は後に設けられる「居留権（Right to Abode）」の原形である。「居留権」制度ができてからは、「DI」保持者が連続して7年間香港に居住すると、「香港永久性居民」の資格ができ、それが認められれば「CI」保持者となるという仕組みである。しかしこれは香港における居住権であって、「CI」を保持しても無国籍のままである。「CI」や「DI」は、国籍があればパスポートを国外旅行用文書とするところを、別の形で海外渡航を可能とした当初は暫定的な措置であった。しかし人口の流入が激しい香港では、実際に香港の入境處によって「DI」は返還後も発行されており、「CI」は返還まで発行されていた。

　一方で居住年数や出生などの条件を満たしたものは、「BC」、「BDTC」、「BOC」の英国国籍を取得していった。香港住民にとって法的身分の違いは、英国籍を持っているかどうかの違いとなっていった。その区別は、香港返還が決まり、後に述べる「1987年入境條例（Immigration Ordinance of 1987）」が制定されるまで続いた。

第3項　中英交渉

　中英交渉は、香港の主権、統治権をイギリスから中国に返還することを決めた、歴史的に重要な協議である。1982年9月にサッチャー首相が北京を訪問し

た時から始まり、約2年間を費やし、1984年に中英共同声明として合意内容が公表され決着した。イギリス史から見れば、属領の返還は唯一のケースであり、その経緯は注目に値する。中英交渉が秘密交渉の形式であったため、細かいプロセスについては、未だほとんど明らかではない。しかし中英交渉に関わった当事者による回顧録が1990年代に三点刊行されている。サッチャー首相の回顧録（Thatcher, 1993）、中英交渉当時駐北京イギリス大使であり、中国通の外交官であったパーシー・クラドックの回顧録（Cradock, 1994）、中英交渉当時、駐香港中国大使に相当する、新華社香港支社長であった許家屯の回顧録（許、1995）である。これらの限定された資料によれば、大まかな経緯は、以下のとおりである。

香港の将来をめぐって中英が最初に接触したのは、労働党政権下の1979年3月、香港総督マクレホース（Murray Maclehose）の北京訪問であった。このとき中国最高実力者の鄧小平は、香港の主権は中国にある、という従来の主張に加え、香港の特殊な立場や話し合いの可能性は示した。しかし新界租借期限満了後の、イギリスによる統治継続の確認はしなかった。そのためイギリス側は文書による再説明を中国に対して行ったが、9月失敗に終わった。（Cradock, 1994：166-167）。この後の二年間は特に進展はない（Ibid.：169）。

1982年9月サッチャー首相が北京を訪問する。このときイギリス外務省（Foreign and Commonwealth Office; FCO）と、サッチャー首相の間に共通の認識が二点あった。一点は香港全域を、租借期限がある新界地域と、割譲された香港島、九龍地域を切り離すことが非現実的であること（Ibid.：177-178）、二点めはイギリス統治継続と引き換えに、主権は中国に譲らねばならないだろうという見通しである（Ibid.：173）。結局サッチャー訪中時は、主権の返還は考慮してもよいが、香港と九竜の二つの割譲を決めた条約は有効であるとするイギリス側と、主権、統治権ともに中国が回収するとする中国側の主張がぶつかった（Ibid.：178-180）。

一旦交渉が沈滞するが、1983年3月のサッチャー首相から趙紫陽首相にあてた手紙によってイギリスが主権を放棄したことになり、交渉の焦点が統治権に

移る (Cradock, 1994：186；許, 1995：85)。1983年3月から始まる「第一ラウンド」交渉では、イギリス側が香港の経済的繁栄を維持するためイギリスの統治の継続が望ましいと主張したのに対し、中国側は主権と統治権の分離は受け入れられないとする姿勢を貫いた。混迷が続く中、経済市場では香港ドルが値下がりを始めていたこともあり、イギリスが再度譲歩し、同年7月に統治権も中国に返還するという合意がなされた (Cradock, 1994：186-191；許, 1995：94-106)。

続く交渉の「第二ラウンド」では中国が提示した返還後のプランに対する検証、改善を行い、1984年9月の英中合意まで一年間が費やされた。焦点は英中の「合同連絡小組 (the Joint Liaison Group; JLG)」の設置問題であり、イギリス側の要求が概ね通る (Cradock, 1994：198-203；許, 1995：111-115)。この後、合意文書の作成、香港住民への合意内容の公表および意見聴取を経て、12月19日の合意文書、中英共同声明への正式調印に到ったのである。以下は共同声明の中の主権の返還に関する部分である。

「中華人民共和国とグレートブリテン・北アイルランド連合王国政府の香港問題に関する共同声明」

 1　中華人民共和国は、香港地区の祖国への復帰が全中国人民の願いであり、中華人民共和国政府が1997年7月1日から香港に対し主権行使を回復することを決定したことを声明する。

 2　連合王国政府は、連合王国政府が1997年7月1日に、香港を中華人民共和国に返還することを声明する。…(『北京週報』、Vol.22, No.41, 84/10/9)

以上が領土に関する声明の冒頭部分である。香港住民の地位に関しては、自治や現行制度の維持などの保護規定が盛り込まれた (第3節)。

しかし国籍問題について中英の合意は形成されず、結果双方の立場を明記した覚書 (memoranda；備忘録) が交換された (Cradock, 1994：209)。以下が覚書の重要部分である。

　(イギリス側)…連合王国の施行する法律にもとづき…香港との関係から英国属領公民である者は1997年7月1日以降は英国属領公民ではなくなるが、なんらかのしかるべき地位を留保する資格を持ち、連合王国政府の発

行したパスポートを引き続き使用することができる。しかし、連合王国の居留権は与えられない。…

（中国側）…中華人民共和国国籍法により、香港の中国同胞は「英国属領公民パスポート」の所持のいかんを問わず、すべて中国の公民である。…中国公民は香港特別行政区および中華人民共和国のその他の地域において…旅行証の所持を理由に英国の領事保護を受ける権利を享受することはできない。(『北京週報』、Vol.22, No.41, 84/10/9)

イギリス側の覚書にある「なんらかのしかるべき地位（appropriate status）」を香港人に付与するために、イギリス政府が行った措置が「1985年香港法(Hong Kong Act of 1985)」および「1986年英国国籍（香港）令(British Nationality (Hong Kong) Order of 1986)」の制定であった。これらの法令により、香港在住のBDTC保持者は返還時にその資格を失うが、代わりに領事保護権をともなった市民権である英国国民（海外）(British nationals (overseas); BN(O))という地位が申請により付与される。ただしBN(O)は、BDTC同様イギリス本国への居住権はなく、かつ香港での居住権も保証されず、子供への継承もできない。BN(O)は概ね香港で取得できる最後のイギリス国籍となる。返還とともに効力を失う「BDTC」の保持者は、香港に概算で出生によるものが約319万人、登録または帰化によるものが約5万3000人いた（White, 1987：493）。新たな英国市民権「BN(O)」は、返還後もパスポートの更新が香港のイギリス領事館ででき、中国以外の第三国では外交保護権も有するものである。ちなみにBDTCからBN(O)へのパスポートの切り替え対象者は合計324万人以上であった[1]。

一方中国の覚書は、英国の覚書の内容とは矛盾したものである。大方の香港人は中国の血統であり、よって「BDTC」の身分の有無に関わらず、中国の公

---

[1] 申請者数の多さから技術的困難が予想され、申請方法には工夫がなされた。申請者が等しい条件で申請ができるようにとの工夫から、申請者の誕生年に基づいて申請時期をわける方法がとられた。例えば、誕生年が1967年から1971年のあいだの申請者は1993年10月31日までに申請用紙を提出するというように、返還の前日までに生まれた申請者をグループに分け、1997年までの時期を区切って振り分けた。

民であるとする。これによって、中国系の香港人は無国籍になることが避けられる。のみならず「BDTC」保持者であった中国系香港人は、自動的に中国籍を得られるうえに、申請によって「BN(O)」を取得、維持できることになり、中国が原則として禁じている二重国籍を促すことにもなる。

これに対し香港の非中国系「BDTC」保持者は、この時点では手続きによってイギリスの1981年国籍法に基づく「BOC（英国海外市民）」を取得するものとされた。中国、イギリス双方による国籍の議論には、非中国系の香港住民に対する配慮が、この時点ではほとんどなされなかったと思われる（White, 1987：494）。彼らの国籍問題については後述するが、中国系住民の国籍問題が大方解決された後、返還直前に検討されることとなる（第2章第1節第4項参照）。

ところで上記の法、「1986年英国国籍（香港）令」の施行にあわせて、1987年香港側でも独自の市民権が設けられた。それまでは、専らイギリス本国における市民権の区分がそのまま香港でも使われていたが、香港独自の市民権「香港永久性居民」が設定され、これに基づき香港への居住などの権利が得られるようになった。

第4項　香港居留権の決定

香港人の国籍や身分は、1984年の中英妥結から香港返還までの「過渡期」において、イギリスから香港の管轄へと変わる。それまでイギリスの国籍政策に基づくコモンウェルス全体に適用される法的概念であったものが、香港の特殊事情に即した香港のみに適用される個別の法的概念へと変化していく。それは「中国国籍法」および起草中の「香港基本法」との関連を考慮しつつ進められた。

「居留権（right of abode）」と「香港永久性居民（permanent resident of Hong Kong）」の言葉が最初に登場するのは、1984年12月の「中英共同声明」の第一付属文書「中華人民共和国政府の香港に対する基本方針、政策についての具体的説明」の中の第14節である。以下に記す。

　　十四　香港特別行政区に居留権を所有し、かつ香港特別行政区の法律にもとづき香港特別行政区の発行する、この権利を明記した永久住民証を取

得できるものは次の通りである。香港特別行政区発足以前と以後に現地で出生したかまたは通常連続7年以上居住した中国公民と香港以外で出生したその中国籍の子女、香港特別行政区発足以前と以後に現地に通常連続7年以上居住するとともに香港を永住地とするその他の人と香港特別行政区発足以前と以後に現地で出生した21歳未満のその子女、および香港特別行政区発足以前に香港にのみ居留権を所有していたその他の人。

… (『北京週報』、Vol.22, No.41, 84/10/9)

この中の「永久住民証を取得できるもの」が、後の「香港永久性居民」となる。以後政庁は同声明に合う形に、1987年7月に入境条例を改定した (呉等、1997：77)。香港における永久居住者 (permanent resident；永久性居民) と、居住権 (right of abode；居留権) が明確にされたのである。以下にその条文を記す。

Part IA Right of Abode in Hong Kong

Hong Kong permanent residents enjoy right of abode in Hong Kong

(1) A Hong Kong permanent resident enjoys the right of abode in Hong Kong, that is to say he has the right-

(a) to land in Hong Kong;

(b) not to have imposed upon him any condition of stay in Hong Kong, and any condition of stay that is imposed shall have no effect;

(c) not to have a deportation order made against him; and

(d) not to have a removal order made against him.

(2) Notwithstanding subsection (1)(c), no person against whom a deportation order was made prior to 1 July 1987 enjoys the right of abode in Hong Kong unless the deportation order has expired or been revoked. (section 3, Immigration Ordinance of 1987)

日本語訳－パートIA　香港の居留権

香港永久性居民は香港の居留権を持つ。

(1) 香港永久性居民は香港の居留権を持つ。すなわち

(a) 香港への上陸権を持ち、

(b) 香港におけるあらゆる滞在条件を課されることはなく、課されたあらゆる滞在条件は無効である。

　(c) 域外追放命令を受けることはなく、

　(d) 移動命令を受けることはない。

　(2) 1987年7月1日以前に域外追放命令を受けた場合は、命令が延期されるか取り消されない限り、香港の居留権は行使できず、(1) (c) は適用されない。(1987年入境條例、第3節)

　この権利の明記によって新たな身分の区別ができた。「香港永久性居民」と「香港非永久性居民」である。これまでイギリスの統治下の香港では住民の国籍のみならず、香港における居住権も、明らかではなかった。この居留権概念は、後述する香港特別行政区基本法のなかに踏襲される。

　「香港永久性居民」には居住権があり、入境が自由で強制排除もされない。返還後の選挙権と非選挙権などの参政権は「香港永久性居民」のみに限定され、返還前と大きく異なる。公務員への就任は、大部分が「香港永久性居民」に限られる。一部下級職には国籍を問わない場合もある。その他の社会的権利に区別はない（同書：114-117）。両者の顕著な違いは政治的権利にあり、ここに初めて香港独自の市民権が設けられたといってよいであろう。もちろんこれは香港域内での権利であり、国籍ではない。よって国籍とは独立した関係であり、「香港永久性居民」のなかには、さまざまな国籍の香港住民が存在することになる（図Ⅰ-②香港をめぐる国籍地図参照）。ちなみに1986年、「香港永久性居民」の資格を持つ香港人は、香港人口のわずか60％であった（Lau, 1997：2）。

　同時にこの区別は、1985年香港法と1986年香港（英国国籍）令で定められたイギリスの市民権「英国国民（海外）(BN(O))」と申請資格において連結するものとされた。「BDTC」を持つ住民は、そのまま「BN(O)」を申請する資格を持ち、「永久性居民」となる。また英国籍を持たなくても、香港での連続居住年数が7年を超えた華僑も同様である。ところが、英国籍のなかでも「BOC」保持者は、「非永久性居民」であり、英国籍も「BOC」のままである。また居住が7年に満たない華僑を含む住民も「非永久性居民」であり、香港との関係

で国籍を取得することはできない。

　国籍、市民権は各国の国内管轄事項であり、いずれもその国家固有の歴史や事情に応じて定められるものである。伝統的な国籍付与の概念である血統主義や生地主義もそれぞれの国家の背景を投影したものである。香港は独立した国家ではないため、独自の国籍はない。あらたに制定されたこの香港永久性居民の権利こそ、香港住民にとっての国籍に相当する権利といえるだろう。この権利を得ることで、入境や居住の権利に加え、強制的な排除を受けなくなるからである。そこでこの香港独自の市民権が、純粋な血統主義でも生地主義でもなく、滞在7年という居住年数を基準にして多くが付与されることに注目したい。ここに香港社会が移動する人々を取り込んできた経緯と、香港人を確定することの難しさが現われている。

　ところで1989年1月、ポルトガル政府は、大部分が中国系であるマカオのポルトガル市民、約10万人に、ECパスポートを発給することを公表した。このころの香港の新聞には、毎日のように、イギリスでの居住権を求める香港人の、イギリス政府に対する要望書が掲載される (Roberti, 1994:241)。1989年6月の天安門事件以後に深まる香港人の国籍問題への不安はこのころに醸成されていた。

図Ｉ－②　香港をめぐる国籍地図　　　　　　　　　　　　　　（出所：筆者）

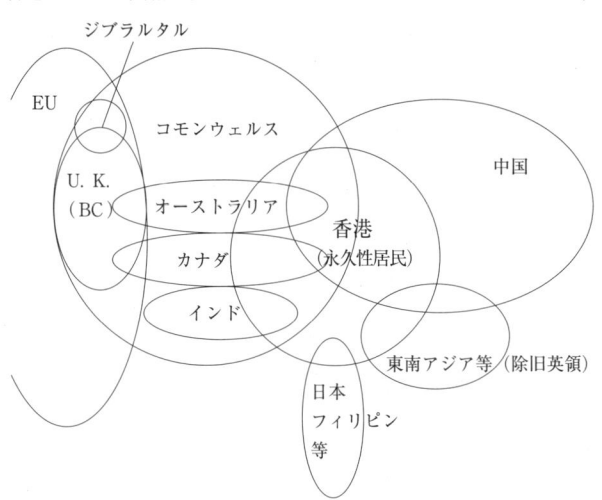

小　結

　本章では香港住民の移動を規定してきた法的身分の変化を、時間を追って述べた。本章での検討方法、明らかになったことと、研究史との関係は以下である。

　第 1 節「イギリス国籍の変遷」では、1980年代にイギリス国籍が分割されるまでの経緯を、政府資料と二次資料を用いて調べた。経緯は以下である。イギリスでは、1905年に外国人法によって国籍概念が作られ、全ての大英帝国臣民を包括する「英国臣民」国籍ができた。広大な領土に生まれた住民は皆、生地主義の原則によって、唯一で同一の概念である「英国臣民」となった。1841年、英国が香港の住民を英国臣民であると公告したとき、香港住民の身分や国籍について、特別それ以上の議論がなされず、長年にわたって棚上げにされていた。第二次世界大戦後、イギリス領土が独立していくとともに国籍も分割され、イギリスの国籍の中心は「連合王国および植民地市民（CUKC）」となった。当初、この国籍には領土内の自由な移動が許容されていた。そのため植民地から本国へ移民が流入し、イギリス政府はこれを防ぐために1960年代、同じ CUKC 保持者を分類し、程度の異なる権利を付与した。はじめに地域による分類が行われ、次に血統による分類がなされた。これによってイギリス国籍の生地主義の原則が放棄され、イギリス国籍は三種に分かれ、イギリス内最高の国籍「英国市民（BC）」は血統主義によって付与されるようになり、香港などの属領には「英国属領市民（BDTC）」が付与されることになった（1981年英国国籍法）。

　以上の経緯から、香港住民の制度上移動可能な範囲がわかる。1960年代までは、香港を含むコモンウェルスの国籍は、ある程度領域住民を移動させる作用をもっていた。1960年代以降に移民制限が始まったため、香港住民の当時の国籍 BDTC ではイギリス本国には入国できなかったが、かろうじてイギリス国籍として移動が可能な権利であった。また香港の居留権については、中英交渉の後まで定められていなかったことが確認できた。

第2節「中英による香港返還への布石」では、80年代初めに中国が国籍法を制定してから、中英交渉を経て香港返還が決定し、香港独自の居留権ができるまでの経緯を、政府資料と二次資料を用いて調べた。経緯は以下である。中国は1980年に東南アジアとの間の協議を経て、国籍法を制定した。香港住民には広東省政府から「回郷証」が発給され、「中国人」として中国への出入りは自由となった。中国の憲法の改定で、香港の中国における将来の位置づけが定まった。同じ頃、中国から香港への人の移動に大きく制限が加えられる。伝統的に大きな流れであった中国から香港への移民が、両政府のコントロール下に置かれ、以後入境枠制度が採られるようになる。香港住民の法的身分は1981年のイギリス国籍法によって、CUKCからBDTCとなった。続いて1984年、中英交渉が妥結すると、イギリス側は香港住民に新しい国籍であるBN(O)を用意したが、中国側はあくまで香港住民は中国人であるとした。そのため国籍は混在した状況となった。香港住民にとって最も大きな変化は、1987年に香港独自の市民権「香港永久性居民」が定められたことである。この権利には、上陸権、居留権、強制排除されない権利が含まれ、国家でない香港の国籍にも相当する権利概念となった。

　以上のように、領土上の主権国であるイギリスと、属人的に影響力をもつ中国の政治的地理的環境から分析することによって、香港人の法的立場や権利は、香港地域特有の二重の統治－被統治関係によって、香港はイギリスと中国の両方から影響を受けていることが明らかになった。呉・李・曲の研究では、中英の異なる影響が、香港住民の中国や第三国での領事保護権などに不安要因があったことを指摘している（呉等、1997：69）。しかし以上の経緯を通してわかったことは、1980年代は香港人の法的身分が大きく変化したものの、結果的に、香港住民はイギリス領香港住民の権利の他に、属人的に「中国人」としての権利も持ち合わせたため、中国はもちろん、香港内外との出入境の自由がある程度保証されており、移動の自由に関しては、大陸住民よりもはるかに有利であり、東アジアにおいては圧倒的に広範囲な行動圏を有していた。ホワイトは国籍法の研究（White, 1987；1989）から、香港住民が無国籍になる可能性などを示し、

国際法上の問題点だと指摘しているが、本論では、香港には国籍法上の空白部分と重複部分がありながらも、移動の自由が確保されており、国籍の不均一が、移民社会においては障害になっていないことがわかった。また、香港住民の一様でない身分状況は、中英両国の政策の影響にプラスして、もともと多様な背景を持つ人々が移入してきたことの反映という面もあるだろう。

国籍に関してまとめておきたい。ヒトの国籍は「誰をその国の人とするのか」を決める規定であり、付与に関する国際的な規定はなく、国民の構成に対するその国独自の考え方が現われる。

表I-② 英中の国籍

	主な変更年	国籍法	付与原則	80年代に法改正した理由
英国	1905,（移民法60〜70's） 1981,（海外領法2002）	1981 全57条、付則7	出生地主義 BCは血統	移民の流入対策 (旧植民地から本国へ)
中国	1980	1980 全18条	血統主義	移民の二重国籍対策 (中国から東南アジアへ)

(出所：筆者)

イギリスの国籍は当初はすべての英領に等しく付与されたが、第二次大戦後の移民対策のために移民法の改定などを経て、最高の権利BCは血統主義による付与へと変わった。1981年の英国国籍法は全53条に七つの付表がつく、仔細に記された法律である。イギリスの国籍法は広大なコモンウェルスと対外関係を調整する役割を持っている。中国は伝統的に血統主義を採用する。中華人民共和国の成立が1949年であり、1980年にただ一度国籍法の制定をしたのみである。1980年の中国国籍法は全18条、「中国公民」のカテゴリーのみを定めたシンプルなものである。しかし両国とも移民によって国籍法を作るか見直す必要に迫られたことは、注目すべきである。法的な帰属を決めることは、移動できる範囲を決めることでもある。そして移動するヒトがいることで、国家の構成員を見直す対応が見て取れる。移民は制度の変化を促し、制度の変化はまた移

民の流れに影響を与えるといえよう。

　個々の地域に視点を移してみる。イギリスに関しては、1960年代まで、コモンウェルスの国籍は領域住民を移動させる作用をもっていた。1960年代から70年代、ヒトの移動を伴う広域関係として、旧帝国領であるコモンウェルスだけでなく、ヨーロッパにも考慮する必要があった。ヨーロッパは統合を標榜し、人の自由移動の実現を目指していた。しかしイギリスは実施に消極的であった。1980年前後、人の移動に関して、イギリスは、コモンウェルスに対してもヨーロッパ統合参加国に対しても最小限の開放に留まった。イギリスは80年代以降、それまで重視してこなかった属領の個別のケースに対応する必要に迫られた。それが香港やフォークランドにおけるいくつかの措置であった。すでに複雑化しているイギリスの国籍法体系を、さらに複雑化する結果になった。広域圏を有機的に生かそうとするのであれば、ヒト・モノ・カネ・情報の流通は不可欠である。しかしイギリスが血縁のない植民地との自由往来を断ち、ヨーロッパ統合の方向性をもったことは、イギリスがこれまでの広域圏ではなく、新たな枠組みを必要としていると見ることができる。一方、イギリスの対処の中で問題視されるのは、1960年代から81年までかけて行われた、国籍を分割して権利に差をつける対処である。パッテン元総督が著書で、国籍、パスポート政策は人種差別が本当の目的であった、と述べている (Patten, 1998：29)。ロベルティやコットレルは香港からの移民防止策であったと断定している。本論執筆時点では真相はわからないが、人種間に明確な線を引いて権利に差をつけたのは事実である。それでもイギリスの対処が、香港においてイギリス籍の人口を多く抱えながら大きな障害とならなかったのは、香港が周辺地域との間に、密接な往来や関係を持っていたからだと考える。

　中国に視点を移してみる。中国が香港に対して一貫して示してきた姿勢は、香港はイギリスに占領された状態であり、香港人は中国人であり中国国籍を持つ、しかも二重国籍は認めない、イギリスのパスポートは旅行文書に過ぎない、というものである。そして中国の国籍は中国が「統一された多民族国家」であ

り「全ての民族が中国国籍を持つ」ことを強調している。国籍を多民族の統合に利用している面がある。また「港澳同胞」への「回郷証」を発行しているのが、広東省政府であるというのも、地理的な理由とともに、香港とマカオは広東省の一部であるという考えの表れであろう。ちなみに、華僑の国籍問題解決のために国籍法を制定したり、香港をめぐる交渉に着手するなど、中国が対外関係に対処するのが1980年代になったのは、中国の内政と関係がある。1949年の国家成立以後、60年代の極端な左傾の時代を経て、それを指導した毛沢東が70年代に死去し、その後継者も失脚し、改革開放を支持する鄧小平が再び実権を握るのが1977年である。ゆえに対外開放の時期を待つ必要があったのであろう。

　香港住民の身分は、地域の政治的流れにそって、様々に規定されてきた。19世紀から20世紀の第二次大戦後まではイギリスの国籍が、その後は中国の国籍や香港の市民権を定める制度が、次々と香港住民に移動の権利と制限を与え、制度的に不統一な状況下にあった。源を異にする制度が影響を及ぼすこと自体、香港という地域の一様ではないありようを示している。その下で、香港は歴史的に移民が絶えない地域である。香港人の多くは、移動が最大限保証される身分を選ぶ。それが香港の価値観である。香港では「国籍」のような近代国家の集団的、典型的概念さえ、個人の選択の対象であり、香港住民は制度によって一律に統合されてはいないこともはっきりした。呉・李・曲の研究（呉等、1997）では、香港住民が国籍や居留権を移動の道具としか見なさないことを、国際政治への関心の希薄さと捉えているが、本論においては、歴史的に中英が香港に対して行ってきた移民政策を見ることによって、香港住民は移動の便宜を優先して考えるようになったと判断できる。

第 2 章　香港返還前後の展開

　本章では、1997年に香港の主権が返還される前後の展開を述べる。前章では中英交渉を経て香港の返還が決まり、初めて香港独自の居留権が定められたところまでを述べた。1984年の返還決定から返還までの時期は、香港の過渡期と呼ばれ、さまざまな社会変化があった。返還を前に政治や経済の分野において多くの懸念事項があった。また返還前に香港から海外への人の移出の流れもあった。

　そのような雰囲気のなかで返還を迎える。そして返還後に最初に現れた社会問題が、児童移民問題であった。香港居留権のないまま中国から香港に入境し、香港が中国統治下となった途端に大量に表に現れた子供の移民である。これは返還前の懸念の中では、ほとんど予想されていなかった事態であった。

　本章では、第1節で返還前に中国、イギリス、香港の政府によってとられた、住民の身分に関する措置を述べる。第2節では返還直前と直後の香港にあった社会的雰囲気、とりわけ返還前の懸念と、返還後に児童移民が社会に与えた衝撃について述べる。

第1節　香港返還前の変動

　本節では天安門事件以降、香港返還までの間の、社会変動と措置を中心に述べる。前節で述べた1980年代には、主に返還以後に向けた社会の制度、特に住民の法的身分に多くの変更が加えられた。中英と香港当局によって淡々と措置が進められた。しかし本節で扱う時期は返還を間近に控えていたために、早急な対応が求められた。なかでも天安門事件への香港住民の反応と外国への移住ブームは、返還を控えた住民の不安が現れた典型的な出来事として記憶されて

おり、イギリス側が国籍に変更を加えることで素早い対応を示した。したがって本節で扱う時期は、1980年代に一旦は決定されたかに見えた香港住民の法的身分に、再度調整が加えられていく過程を論じるものである。

第1項では1989年の天安門事件と香港の社会的動揺に対するイギリス側の措置を取り上げる。第2項では1990年に制定された、香港返還後の憲法となる香港基本法について述べる。第3項では1980～90年代にみられ、90年前後に大きなピークを迎えた香港住民の海外への移出ブームについて見ていく。第4項では香港のエスニック・マイノリティに対するイギリス政府の国籍措置など、返還直前に行った国籍措置について扱う。

第1項　天安門事件の影響：1989年

1980年代、2年間の中英交渉を終え、1985年からは香港基本法起草作業が開始され、中英の協力関係は保たれていた。しかし1989年6月に北京で起こった天安門事件の衝撃は大きく、中英関係には打撃となった。事件は学生を中心とした民主化要求運動を、中国政府が軍隊を導入して弾圧したものである。事件が首都の中心部で起きたためか、ニュースの衝撃は映像と共に全世界に素早く伝わった。

事件に最も敏感に反応したのは香港の住民であった。「政治に無関心」だと評されることも少なくなかった人々が、中国政府の弾圧に対しては、「民主」をキーワードに数十万人単位の集会や抗議行動を行った。またイギリスのマスメディアも敏感な反応をした。その論調は中国政府との共同声明に調印したイギリス政府を非難する様相まで見せた。ECも北京政府への抗議の姿勢を表わし、高位外交官の中国要人への接触禁止を含めた制裁措置を発動した。イギリスもECの制裁に率先して賛成した。

これら香港人の不安を解消するために、香港総督ディビット・ウィルソン (David Wilson) は、英国パスポートを持つ香港人325万人のイギリス居住権を認めることを本国政府に要求する。イギリスのマスメディアや世論も香港人に同情的であった (Layton-Henry, 1990：375)。これに対しサッチャー首相は、そ

れほどの移民を受け入れることはできないし、議会を通過させるのも無理だと拒絶の姿勢を示した。しかしイギリス政府の撤退にともなう責任は何らかの形で示される必要があるという見方は強く、結局首相と総督の妥協案が議会で承認された（Cradock, 1994：233-236）。1990年英国国籍（香港）法（British Nationality (Hong Kong) Act of 1990）と1990年英国国籍（香港）（選抜計画）令（British Nationality (Hong Kong) (Selection Scheme) Order of 1990）は、この様な経緯を経て制定されたのである（1990年12月発効）。

　両法令の主旨は、1989年12月のダグラス・ハード外相（Douglas Hurd）による正式発表によれば、「香港を運営するために必要な人材（key people）を香港から流出させないために、5万世帯、最大22万5000人を対象に、イギリス本国への入国、居住の権利を有する完全な英国市民権（full British citizenship）としての『英国市民権（British Citizenship）』を付与する。対象者は、公務員を含む、知的職業人（professional）、実業家（business）、技術専門家（technical expert）とする」というものであった。イギリス政府は香港からの頭脳流出を防止するために、通常国籍取得に必要な居住期間を免除したうえで、選抜によって国籍を付与するとした。選抜の基準は財産ではなく、職業別の割り当て制が採用された。選抜制の国籍付与はイギリス史上、初めてのことであった（Macdonald and Blake, 1991：120）。

　BC付与の対象者を選択する手順は「英国国籍選抜計画（British Nationality Selection Scheme）」によって進められた（愛、2000：11）。まずイギリスが職業別の人数枠を提示し、応募を受け付け、選考を経て総督が推薦し、対象者が決められ、対象者の配偶者と未成年の子供の登録を受け付け、段階的にパスポートを発給していくというものであった。職業別人数枠は、一般の職業（General Occupational Class）に36,200人、「規律公職」（The disciplined services class）が7,000人、「敏感職」（The sensitive services class）が6,300人、企業家（The key entrepreneurs class）が500人である。一般の職業のなかで指定されている分野は、ビジネスとマネージメント（Business and Management）、会計（Accounting）、エンジニア（Engineering）、情報サービス（Information Services）、医学医療お

よび自然科学（Medical and Science）、法律（Law）、教育（Education）である。選抜の最後の判断は総督に委ねられ、その審査の過程は明かされず、結果に関して裁判に訴えることや説明を求めることはできない（同論文：12-14）。政庁サイドの裁量の幅は広いと言えよう。条件を見る限り、同法は、基準に合致し選ばれた少数の人のみにイギリス国籍を与えることで、香港に留まるよう促す法律であった（Juss, 1993：57）。こうして香港で大多数を占める中国系住民を対象としたイギリスの国籍措置は出揃った。

　このイギリス政府の措置に対し、中国政府は1989年末、明確に反対の意思を表明した。イギリス政府の措置は香港人を「国際化」するものであり、1984年の中英共同声明に違反している、というのが中国側の主張である。以下の「香港住民の『国際化』に反対」と題する記事のなかで、外交部スポークスマンの談話として伝えられる部分がその主張を明確に伝えている。

　　…イギリス政府は12月20日、5万家族（計22万5千人）の香港住民に、連合王国での居留権を含む、完全なイギリス公民の地位を与えることを一方的に決定した。中国政府はイギリス政府のこのような行動に、非常に驚いている。

　　イギリス側のこのやり方は、自らが厳かに承諾したことに厳しく違反している。5年前、香港問題の交渉中、香港住民の国籍問題について合意に達し、しかも双方はそれを踏まえて覚書を交換した。英側の覚書には、「連合王国の法律にもとづいて、1997年6月30日まで香港と関係があるためにイギリスに属するすべての公民は、1997年7月1日からはイギリスに属する公民でなくなる。ただし、ある種のしかるべき地位を保留する資格をもち、これによって引続き連合王国政府の発行したパスポートを使用できるが、連合王国での居留権は与えられない」とはっきり規定している。英側の同覚書の内容と言葉使いは中国側の覚書と同じで、いずれも双方の協議によって取り決められたものである。

　　…英側は…中英双方の関連合意を意に介せず、一部の香港住民に完全なイギリス公民の地位を与えることを一方的に決定した。英側はさらに、

1997年を間近に控えた「少し後の年代に」「香港の重要ポストにつく可能性のある人々にチャンスを与えるため」、前述の5万家族のなかからかなりの数を留保すると高言し、そしてイギリスの「パートナーと加盟国」がイギリスに追随して、イギリスがやったように事を運ぶよう呼び掛け、公然と香港住民の「国際化」を企んでいる。

イギリス政府のこの決定は、香港住民に矛盾をもたらし、彼らを分裂、対立させることが必至である。事実、同決定の発表後、香港住民のなかですでにかなりの混乱が起きている。これらすべては明らかに香港の安定と繁栄にとって不利である。…

中国政府は、英側が大局を重んじ、前述の誤ったやり方を変えることを要求する。…（『北京周報』, Vol.28, No.3, 1990/1/16：5）

続いて1990年4月、イギリス側が上記の政策を「1990年英国国籍（香港）法」として議会で可決した際に、「新華社香港支社 英国籍法に遺憾の意を表明」と題する記事で、次のような抗議を、新華社香港支社スポークスマンの談話として表明している。（「イギリス国籍法」と「英国国籍法」は同じ。）

…イギリス側が一部の香港住民の国籍変更を一方的に決定する問題について、中国側はすでに何回も、自国の厳正な立場を明らかにしてきた。「中英共同声明」の中国側覚書は「中華人民共和国国籍法にもとづいて、香港の中国同胞はイギリス属領の公民旅券を持とうが持つまいが、すべて中国公民である」と明記している。香港の中国同胞の国籍身分を確定できるのは中国国籍法だけであり、その身分確定は中国の主権に属する。…『1990年度イギリス国籍（香港）法』は、…「中英共同声明」の中に規定されている「香港人が香港を治める」を「イギリス人が香港を治める」に変えようとするものであり、それは香港人の間に分裂をつくり出し、しかも人材の国外流出に拍車をかけるだけである。…イギリス側は中国側の正当な要求と度重なる勧告を無視し、議会に『1990年度イギリス国籍（香港）法』を提出することを強行した。これに対し、われわれは極めて大きな遺憾の意を表する。…（『北京周報』, Vol.28, No.18, 1990/5/1：6）

この記事からは、中国側がイギリスの国籍付与措置を中英共同宣言に違反するものだと捉えていることがわかるが、香港人からの応募と選択を経て付与される仕組みに対し、中国側の反対理由は、香港住民を「国際化」すること、おそらく国籍上非「中国人化」することにあるのであろう。イギリス側が講じたこの措置は、北京で起こった天安門事件から発している。北京での民主化運動への政府の弾圧が、香港住民の将来への見通しを暗くし、人材の国外流出を招いた。中国側の抗議文はその点には全く触れていない。他方、イギリス側も、天安門事件への抗議と香港住民への同情を示すとしながらも、計画の内容は限られた職業人の保護に止まっており、目的は香港住民ではなく、香港社会の維持にある。中英ともに、説明や抗議にずれがある。

第2項　香港基本法の制定：1990年

返還後の香港の憲法である「中華人民共和国香港特別行政区基本法」の起草作業は、1985年7月北京で基本法起草委員会によって始められた。中国主導による委員会は59人からなり、うち香港委員が23人である。完成までの経緯は以下である。85年7月の作業冒頭に基本法起草の大綱を決め、85年12月には香港各界の180人からなる基本法諮問委員会が発足した。特定テーマグループ毎に2年間起草作業を進め、全体による協調作業の後、1988年4月に「中華人民共和国香港特別行政区基本法（草案）徴求意見稿（The Draft Basic law of the Hong Kong Special Administrative Region of the People's Republic of China (for solicitation of opinion)」を発行し、一般香港住民からも意見を求めた。1989年2月に再度修正した「中華人民共和国香港特別行政区基本法（草案）(The Basic Law of the Hong Kong Special Administrative Region of the people's Republic of China (Draft))」を発行した。1990年4月、中国の全人代を通過、公布された（『北京周報』、No.12, 1990/3/20：11-12）。4年8ヵ月の起草期間を経た。

中国最高実力者の鄧小平は、この法を歴史意義と国際意義があり、創造性を兼ね備えた傑作であると絶賛した。また中国側は、起草作業において、社会一般への「誠意のこもった諮問」と、110ヵ所以上の「修正に修正をかさね」た

ことを強調する。その一例として、「香港人は将来内地の人が大量に香港に流入し、それをくい止めることができなくなることを懸念していた。そのため、基本法に香港出入管理の条文がもり込まれた」としている（前掲：12）。「出入境管理の条文」とは、基本法22条の中の一部をさしていると見られる。

第2章 中央と香港特別行政区との関係
第22条
　…中国のその他の地区の人は香港特別行政区に入る場合、認可の手続きをとらなければならず、そのうち香港特別行政区に入って定住する人数は、中央人民政府の主管部門が香港特別行政区の意見を求めてのち確定する。
　…（『北京周報』、Vol.28, No.8, 1990/5/1）

ここでは、香港への入境には、手続きが必要であること、また合法移民枠は、香港と中国との間の協議で決定することが定められている。後に述べる移民問題でも、第24条の規定とともに議論となる部分である。

基本法の中で香港の「永久性居民」を定める第24条部分は以下である。ちなみにこの部分に関しては、草案の時点から内容の大筋は変っていない。

第3章 住民の基本的な権利と義務
第24条
香港特別行政区の住民は香港住民と略称し、永住民と非永住民を含む。
香港特別行政区の永住民は下記のものである。
（1）香港特別行政区成立以前または以後に香港で生まれた中国公民。
（2）香港特別行政区成立以前または以後に香港に通常連続7年以上居住する中国公民。
（3）第（1）、（2）項に記されている住民の、香港以外で生まれた中国籍の子女。
（4）香港特別行政区成立以前または以後に有効な旅行証明書を所持して香港に入り、香港に通常連続7年以上居住するとともに、香港を永住地とする非中国籍の人。
（5）香港特別行政区成立以前または以後に第(4)項に記されている住民

の、香港で生まれた満21歳未満の子女。

(6) 第(1)項から第(5)項までに記されている住民以外の、香港特別行政区成立以前に香港にだけ居留権をもつ人。

以上の住民は香港特別行政区で居留権を享有し、香港特別行政区の法律に基づいてその居留権を明記した永住民身分証明書を取得する資格をもつ。

香港特別行政区の非永住民は、香港特別行政区の法律に基づいて香港住民身分証明書を取得する資格を持つが、居留権を持たない人である。(前掲)

香港の居留権は、中国人であれば、(1)香港生まれであるか、(2)香港居住7年であるか、(3)それらの人の中国籍の子女であれば、与えられる。外国人であれば(1)香港生まれであるか、(2)居住7年であれば、与えられるのである。この中で、中国人の(3)の条件に合致する、大陸で生まれた香港住民の子女が、本論でも中心的にとりあげる、返還直後に表れた移民である。

ちなみにここからは、香港居住権の付与原則はコモンウェルスの原則である生地主義に近く、中国血統であるか否かで条件の設定が異なる点が特徴である。伝統的に血統主義を採る中国と生地主義を採るイギリスの巧みな合作と言えるだろう。居留権取得の条件の中で、居住7年の条件を満たしてこの権利を獲得する人が多いのが、香港の特徴といえるだろう。

1992年、クリス・パッテン総督 (Chris Patten) の政治改革法案、とりわけ他国の国会にあたる立法評議會の民主化案に猛反対した中国政府は、「中華人民共和国香港特別行政區籌委會預備工作委員會 (籌委、預委會)」の設置を決めた。預委會設置は中国および香港の著名人全150名から構成され、その目的はパッテン総督や香港政庁が推進する将来の香港像に対抗し、この委員会が返還後の香港である香港特別行政区の準備をしようというものである。指名された委員は、北京寄り人物と見なされる。1993年7月、全国人民代表大会 (全人代) 常務委員会で成立し、1996年1月北京で正式に発足した。当然香港政庁は、返還前の干渉だとして反対、あらゆる決定の無効を主張している。

第 3 項　香港住民の外国籍の取得：1980〜90年代

　香港から海外への流出移民は伝統的な現象で、返還を前に急に始まったわけではない。戦後に関していうならば、移民の数が記録されていない50、60年代は大まかな憶測となるが、70年代後半から約10年間は毎年 2 万人前後の流出移民があった。この数字が急増するのは1987年からである（表Ⅱ－① 1980年以降の流出移民参照）。87年には約 3 万人、92年はピークを示し約 6 万6,000人、95年は約 4 万3,000人である。この間の流出人口から、それまでの流出移民のペースである毎年 2 万人を差し引くと、合計で約28万3,800人となり、この期間の目立った移出人口とみることができる。だがこの数字は、1995年末の香港人口（約6,307,900人）と比較しても4.4％にすぎない。

　これらの移民は返還前の社会不安を映すものであり住民による顕著な選択肢として報道されてきた。しかし香港の歴史的に移民の多い流動的な社会と4.4％という数字からみれば、「頭脳流出」や「あふれ出る移民」を危惧するほどではなかったのだろう。ただ実際の数字よりも流出移民の存在が衝撃的に映ったのは、香港住民が短期間で移住の可能性を模索したこと、マスメディアによるやや感情的な報道、移民手続きを代行する業者の宣伝、などの理由が影響したのであろう。

　移住先の国の選択に顕著な傾向がある。もっとも数が多いのは、カナダ、アメリカ、オーストラリアであり、返還前の統計からみると全流出移民の90％がこの三国へ向かう。次にニュージーランド、イギリス、シンガポールが続く。各国への移民数のバランスも常に同じではなく、移民法など受け入れの事情によって異なる。第 1 節で述べたとおり、イギリスは1962年を境にニュー・コモンウェルスと呼ばれる非白人植民地からの流入移民を制限しはじめる。一方カナダ、アメリカ、オーストラリアは、金鉱やサービス業などに就労するためやってきた中国人移民を制限してきた歴史的経緯がある。それらアジア系移民排除の法律が撤廃されたのは、アメリカでは1943年、カナダでは1947年である。その後約20年間はまだ差別的な法が施行されたが、それらの差別的法規制が一切なくなったのが、カナダでは1962年、アメリカでは1965年、オーストラリアで

は1973年、ニュージーランドでは1978年である。入国規制撤廃の背景には、受け入れ国が不況を脱し、経済発展のための新たな労働力が必要になったことが指摘されている（Skeldon ed., 1995：54-63）。

当然それらの国の入国規制緩和にともなって香港からの移住も増える。1987年以降についていうならば、カナダへの香港住民の移住がもっとも顕著に増加した。1987年には16,170人、ピークの1992年には38,841人となった。アメリカは1970年代以降、毎年1万人から1万7,000人のあいだを上下した。ピークの1992年には16,741人となった。オーストラリアは1987年に5,140人、ピークの1991年に16,747人となった（Ibid., 1995：95）。いずれも1991～92年がピークである。

表Ⅱ-①　1980年以降の流出移民

出所：（流出移民数）香港政庁保安科発表。

西暦	流出移民(概算)	主な行き先への移民数				
		カナダ	アメリカ	澳洲	NZ	イギリス
1980	22,400	6,309	-	2,822	-	-
1981	18,300	6,451	-	1,960	-	-
1982	20,300	6,542	11,908	2,414	-	-
1983	19,800	6,710	12,525	2,756	-	-
1984	22,400	7,696	12,290	3,691	-	-
1985	22,300	7,380	10,975	5,136	-	-
1986	19,000	5,893	9,930	4,912	-	-
1987	30,000	16,170	8,785	5,140	-	-
1988	45,800	23,281	11,817	7,942	993	-
1989	42,000	19,994	12,236	9,998	1,975	1,500
1990	61,700	28,825	12,853	11,538	3,249	2,140
1991	59,700	22,340	15,564	16,747	6,194	1,830
1992	66,200	38,841	16,741	15,656	3,075	1,320
1993	53,400	36,510	14,010	8,111	2,385	1,279
1994	61,600	43,651	11,000	4,929	2,812	602
1995	43,100	24,014(1-8月)	-	-	-	633

（1980～93のカナダ、アメリカ、澳洲）Skeldon, Jowett, Findlay and Li, 1995：95.
（NZ、イギリス、および1994～95の全地域）高橋、1996：162。

一方、イギリスが天安門事件後に行った措置である1990年英国国籍（香港）法（British Nationality (Hong Kong) Act of 1990）と、英国国籍選抜計画（British Nationality Selection Scheme）に対して、香港住民の反応は次のようなものであった。1995年3月に応募は締め切られ、法の発効から4年あまりの期間があったにもかかわらず、実際の応募者は予想をはるかに下回った。香港政庁は、応募の殺到を予想して、100万枚の申込用紙を用意したが、申請があったのは、わずか6万6000件であった。1997年5月までにBCの市民権が認められた個人は136,252人、内訳は対象者本人が49,968人、その家族が86,284人である[1]。

BC取得の応募が少なかったのはなぜだろうか。一つには、香港人にとってイギリス国籍が魅力的なものではなかったと思われる。1980年代にすでに地域内一人当たりの生産額（GDP）は香港がイギリスを上回っている。イギリスは経済的には香港より劣っていると見られていた。つまり移住先として魅力がうすいイギリスの国籍を、たとえ保険としてでも求めなかったのである。返還まえの流出移民数が、英国国籍選抜計画に応募した人数に比べると明らかに多いことからも、移住を実現することのできる香港人が、移動を伴わない「保険としての国籍」を求めていたかについてはやはり疑問が残る。二つめは、イギリスが審査の対象としたいくつかの条件は、一部のイギリス型のエリートを抽出するのには役立ったかもしれないが、香港が得意としてきた産業や業務形態からみると必ずしも地域の優秀な人材を救い上げる審査の形ではなかったのではないかと思われる。

海外への流出移民が多いこの時期に注目するべき点は、流出移民と逆の方向である移住先から香港へ戻る人の流れがあることである。「回流移民」と呼ばれる香港へ戻る移民は、サウス・チャイナ・モーニング・ポスト紙の報道（1994/5/24）によれば、1992年一年間で8,000人、その年の流出移民の12%にあたる人数が香港に戻っているという（Skeldon ed., 1995：64）。香港に戻る事情

---

[1] Hong Kong, Immigration and Nationality Issues, Britain in the USA (http://www.britain.nyc.ny.us/bistext/fordom/hk/imm.htm), 1997/11/5

もさまざまであるが、主に経済的な事情によることが多い。一つは、移住先での態勢が整いパスポート取得が済み、一定レベルの収入を得るために香港に戻るケース。もう一つは、移住したものの適当な職業に就けない場合である。「回流移民」に関する調査は困難で調査結果は限られているが、カナダからの「回流移民」が最も多いとみられ、90年代の3年間は毎年約半分の移民が香港に戻っている。家族を移住先に残し、単身で香港に戻るケースは「太空人（フライトが多いために「宇宙人」と、「夫人がそばにいない人」をかけている表現）」と呼ばれ、返還期の特異現象の一つである。このケースも、後に述べる児童移民や子女移民のケース同様に、家族が分離して生活している。スケルドンも指摘するように、香港移民社会に見られるひとつの特徴である（Skeldon ed., 1994：11）。

第4項　返還前の国籍措置：1995～97年

預委曾は正式発足前の1995年中に、返還後の香港人の国籍について以下のような提案をしている。香港永久性居民の資格を持つ中国系人でありながら、1997年7月1日時点ですでに外国籍を取得して移住しているものは、その日までに香港に帰り定住していれば、香港永久性居民の資格を回復する。その日までに帰らなかった場合は、香港基本法第24条にしたがい、香港居住連続7年以上などの条件を満たさねば香港永久性居民の資格は得られない、というものである（『香港特別行政區居留權』、1997：15-19）。すでに海外へ移住している旧香港住民へのこの特別の措置は、少しでも香港への帰国を増やそうとする意図があると思われ、中国側が初めて香港人の国籍問題で見せた、積極的な態度である。

1995年の国籍に関する別の動きは、パッテン総督による提案である。選抜された5万世帯、22万5,000人にBCを与えるという1990年の英国国籍選抜計画に加え、BDTCをもつ香港住民350万人に、イギリス本国の居住権をともなった英国市民権を付与しようというものである（『快報』、1995/9/24）。返還がいよいよ近づくと誰もが感じる時期であり、民主的選挙の実現とともに、「イギリスの撤退」を意識させる措置として注目された。しかしこの提案はイギリス本国の同意を得られず、実現には到らなかった。

1996年、中国政府は香港人の国籍に関する法の制定をする。「全國人民代表大會常務委員會關於《中華人民共和國國籍法》在香港特別行政區實施的幾個問題的解釋」（日本語訳－全国人民代表大会常務委員会が「中華人民共和国国籍法」を香港特別行政区で実施するうえでのいくつかの問題の解釈）全6条である（1996年5月15日全人代常務委員会通過）。香港の歴史と現実を鑑みて、中国国籍法の香港における実施には以下の解釈を行う、としたうえで、以下の条文がある。（繁体字表記）

　1、凡具有中國血統的香港居民、本人出生在中國領土（含香港）者、以及其他符合《中華人民共和國國籍法》規定的具有中國國籍的條件者、都是中國公民。

　2、所有香港中國同胞、不論其是否持有"英國属土公民護照"或者"英國國民（海外）護照"、都是中國公民。自1997年7月1日起、上述中國公民可繼續使用英國政府簽發的有效旅行證件去其他國家或地區旅行、但在香港特別行政區和中華人民共和國其他地區不得因持有上述英國旅行證件而享有英國的領事保護的權利。

　3、任何在香港的中國公民、因英國政府的"居英權計劃"而獲得的英國公民身份、根據《中華人民共和國國籍法》不予承認。這類人仍為中國公民、在香港特別行政區和中華人民共和國其他地區不得享有英國的領事保護的權利。
…

　日本語訳－1、すべての中国血統を持つ香港住民は、（香港を含む）中国領土で生まれた者、およびその他の「中華人民共和国国籍法」が規定する中国国籍の条件を満たす者は、すべて中国公民である。

　2、すべての香港同胞は、「英国属領市民パスポート」か「英国海外市民パスポート」の所有いかんにかかわらず、皆中国公民である。1997年7月1日から、上述の中国公民は英国政府が発行した有効な旅行文書を使用してその他の国や地区を旅行できる。ただし香港特別行政区と中華人民共和国のその他の地区では、英国の旅行文書を持っていることを理由に英国の領事保護を受けることはできない。

3、あらゆる香港の中国公民が、イギリス政府の「国籍選抜計画」によって得た英国市民権は、「中華人民共和国国籍法」に基づき承認されない。これらの人々は依然として中国公民であり、香港特別行政区と中華人民共和国のその他の地域では、イギリスの領事保護を受ける権利をもたないものとする。…

　この法律をもって、中国政府は香港中国人に対し、イギリス国籍の有無にかかわらず「中国の市民であり」、中国域内ではイギリス人としての権利をもたないと通告したのである。返還後の香港人を中国の法の枠内に収めようとするものだと思われる。返還後50年間は制度を変えないはずの香港では、国籍身分に関しては確実な変化があったのである。

　香港住民の中では、今まで無国籍であった「DI」と「CI」保持者に問題が残る。「DI」保持者は中国血統であれば、中国人として中国国籍が取得できるはずである。非中国系の「DI」保持者が無国籍のまま残されることになる。「CI」保持者は、すでに「永久性居民」の資格があるので香港基本法にしたがって香港特別行政区市民となる。法的に解決されても、技術的な問題が残されている。香港政庁がSAR市民の資格を持つすべての香港住民にSARパスポートを発行するとなると、通常の事務処理スピードである一日2,000通を発行しても、600万人に発行するには10年かかる。そこで香港入境管理局は、現在使っているパスポートが満期となる場合のみSARパスポートの申請を受け付け、発行することとした。よって「DI」と「CI」は返還後も有効な文書と認めることに中英は合意している（Lau, 1997：8）。

　ここまで様々な返還後の国籍対策が講じられたが、まだイギリス政府の措置の対象とならない人々が香港にいた。非中国系の香港住民である。その大部分は香港で「インド人」と呼ばれるインド、パキスタン、スリランカ系の住民である。彼らに対する国籍措置は返還の直前までずれ込む。インド系商人と華南地域のつながりは、18世紀から続く阿片交易にまでさかのぼる。19世紀、清朝政府の禁止令後も、東インド会社によってインド系商人が利用され交易に組み込まれた。1930年代からインド系商人の数は減るが、香港が再びイギリス領と

なった戦後は増加した。インド、パキスタンの分離、独立、英領アフリカ諸国の独立を経て、各地で発生した移民が香港に流入した。こうして香港のインド系住民は全体で2万人程度の規模を維持してきた（沼崎、1997：234-239）。つまりインド系商人の広がりは、歴史的にイギリス統治の意図に従い、またはCUKCやBOCなどのイギリス国籍の枠組みによって、コモンウェルス内を移動してきた結果である。

彼らはイギリスの統治が続いていればBN(O)の市民権を持つことができるが、中国に返還後は中国政府のいう「中国人でない」ために中国国籍は認められない。つまり香港での国籍取得の原則が生地主義から血統主義に代わるために、法制度の目から漏れてしまう立場の人々である。1996年中ごろの数字ではインド、パキスタン、バングラディシュ、スリランカの国籍保持者は20,955人（*Hong Kong 1996*, Population By-census：Summary Results）、信教別統計では、イスラム教徒は約50,000人、ヒンドゥー教徒は約12,000人、ユダヤ教徒は約1,000人である（*Hong Kong 1997*：The Fact）。

ここで問題となるのは、これらインド系住民に代表されるエスニック・マイノリティのなかで、返還以降無効となるBDTC保持者で、かつ他の国籍を持たない人々である。彼らは約8,000人にのぼり、多くは香港で生まれた定住民である（『朝日新聞』、1997/2/6）。彼らの出身国のうち、主な国の国籍取得の条件は以下である。インドは国籍の取得に血統主義を採用しているが、国外で出生した場合は父系主義であり、この場合父親は血統によるインド人であり、一定期間内の手続きを必要とするなどの条件付きである。スリランカは父系主義であり、国外で出生した場合は一年以内の登録を必要とする。パキスタン、バングラデシュは生地主義を採用しているが、国外で出生した場合は父系主義で、出生登録の手続きを必要とする。いずれも国外で出生した場合、いったん英国パスポートを選択してしまうと簡単に各国の国籍を取ることはできない。彼らは他のBDTC同様、申請によって返還前にBN(O)を取得することはできる。彼らの立場は、英国市民権を持っていてもイギリス本国での居住権はなく、香港の居住権はあるが、中国人ではないために不安な将来を抱えているというも

のだ。戦後に香港に移入した彼らの多くが、旧イギリス領の市民の権利をもってインドやパキスタンから香港に移り住んだ以上、イギリスに何らかの責任があるとの議論がイギリスの議会を中心に起こったのも当然であろう。

当初イギリス政府は、もし彼等が香港に居住できなくなるような不測の事態が起こったときは、イギリス本国での居住を保証する、と述べるに留まった。しかし1997年2月、イギリス政府は香港のエスニック・マイノリティの状況を再考し、彼等にイギリス本国での居住権をともなったBCを付与する立法措置の計画を発表した。同時にイギリス政府は、彼等がイギリス市民権をもったまま香港に残ることへの希望をはっきり示した (Britain in the USA, 1997/11/7)。

この結果「1997年英国国籍（香港）法（British Nationality (Hong Kong) Act 1997)」が同年3月に成立した。同法によれば、1997年2月4日の時点で香港に居住しており、香港との関係でBDTCを保持し、他国の国籍を持っていない香港住民は、申請によってBCの市民権を取得できる。市民権は1997年7月1日から付与され、これが返還前にイギリスが香港に対し採った最後の国籍政策となった。

第2節　児童移民の出現

中英が香港の返還を決めた1984年から1997年の13年間は、中英の措置が多方面に講じられた過渡期であった。序章で述べたように、7月1日に香港は返還されるのであるが、香港社会はどのような雰囲気をもって返還を迎えたのであろうか。第1項では返還前の議論を中心的に述べる。そうして迎えた返還後に、最初に返還によって起こった現象はどのようなことだったのか。それは本論が題材として取り上げた移民問題、居留権問題の発端であるが、その最初の社会への衝撃を第2項で述べる。

第1項　返還前の不安：1997年

返還についての研究史でも述べたように、返還後を展望する議論は活発だっ

た。中心的な興味は「香港は返還後にどのように変わるのか」にあったと見られる。興味の大きさはそのまま不安の大きさであり、楽観的な見通しよりも悲観的な見通しが優勢であったためである。

　では具体的に何が返還後の不安材料であったのだろうか。

　香港政治の専門家によって書かれ、1995年に出版された *From Colony to SAR* は、過渡期の香港が直面する様々な政策的局面についての議論と、返還後の見通しをまとめたものである。論文の構成内容は、政治問題から社会、文化の問題まで、よく見通すことのできない返還後の香港について、返還前の懸念材料を羅列し、順次議論するかたちになっている。章順にみると、1）中英交渉とイギリス統治の問題、2）立法会の構成、3）政府機関、4）政党と選挙制度、5）司法制度、6）中国の対香港政策、7）経済、8）金融、9）貿易と産業、10）労働力と雇用、11）都市計画、12）香港境界の計画と管理、13）住宅、14）環境、15）医療、16）健康管理、17）社会福祉、18）法律、19）電信、20）報道の自由、21）過渡期末の世論、22）文化、という構成である（Cheng and Loed.：1995）。ここでは政治、司法、経済が主要な問題点と捉えられており、資本主義か民主主義か共産主義かという、イデオロギーや体制の違いから発する国家や政府レベルの問題と、それに関連、付随する周辺環境が中心的に捉えられていることがわかる。本論が注目し、実際に返還直後に顕在化する移民問題については、主要な懸念とされている様子はうかがえない。ただし12章でイー（Yer）が香港と中国の境界の今後について論じる中で、返還後はより多くの人が大陸側から香港へ入境するであろうと予測している。また返還後の香港居留権を定める規定である香港基本法24条についても、入境者が増える根拠として上げられている（Yer, 1995：284）。基本法24条については、事項で再度説明する。

　香港返還関連の事項は、内外の機関による格好の報道対象であった。返還当日の『サウス・チャイナ・モーニング・ポスト』紙の特集記事の中には、香港が直面する課題が挙げられている。目前の課題（immediate concerns）として1）汚職、2）コスト、3）資金流出、4）通貨、5）競争力を挙げ、難題（the challenge）として1）社会問題（Social issues）、2）住宅問題、3）交通問題、4）教育問題、

5）環境問題、6）価値観を挙げている。こちらはより住民生活に近いレベルの懸念を取り上げている。社会問題に関しては、「恵まれない家族の増加傾向」と題して、以下の指摘をしている。まず香港地元産業の構造的変化によって、香港の単純労働者が失業し、貧富の格差が広がっている。同時に中国からは移入民が途切れず、香港社会の不安定要因となっている。中港の経済的結びつきが強くなるにつれ、中港に別れて暮らす家族と社会保障の需要が高まっている（SCMP, 97/7/1）。この見方には、将来の香港への移入民の発生を予想する材料が含まれている。しかしやはり移民を、問題の中心とはしていない。

返還直前の世論調査を見てみる。香港中文大学香港亞太研究所が1997年3月、5月、6月に行った調査では次のような結果が出ている。返還後の「一国二制度」と「港人治港」への信頼度はどう変化しているかについて、「増加」「わからない」の回答率は変わらないものの、「減少」と答えた率は9.7％、12.9％、24.2％となり、「同じ」は60.9％、57.7％、45.4％となっている（『蘋果日報』、1997/6/30）。この変化からは、香港の自治を公約している中国への信頼度が、返還直前に落ちてきたことがわかる。住民が返還後の政治状況など、香港の立場を憂慮し、何らかの変化が起きることを心配していることがわかる。

返還直前に発行された雑誌『亞洲週刊』では、返還特集記事のなかで、注目するキーパーソンとして数名の人物を取り上げている。新行政長官と民主党とのパイプ役である葉國華特別顧問、民主党主席の李柱銘、今後の投資環境を評価するマレーシア駐香港専員、イギリス駐香港総領事、行政会議の工商会代表の譚耀宗である。それぞれの立場から返還後への懸念事項と決意を述べている。キーパーソンの選択から見て、関心内容は政治状況とそれに伴う経済状況が主要なものである。返還前に盛り上がりを見せた民主党の活動や理念が、返還後の香港政治においてどのようになっていくのか、その点が最も大きな関心である。その他の注目点としては、ジャーナリズム、政治評論家、政治書籍出版社、政治漫画家、香港返還に対する中国の熱狂ぶり、競馬界、ナイトクラブを取り上げている（『亞洲週刊』、1997/6/30：22-65）。いずれも返還後の中国共産党とのイデオロギーの違い、政治環境の違いが、ここでも問題関心の原点になってい

るようである。

　返還当日の報道の中には、現状での具体的な社会問題を取り上げたものがあった。ここには移民問題への注目がみられる。『香港経済日報』は7月1日の返還特集記事で、9つの問題点を深刻さから3段階に分けて上げている。「最も深刻に進行し、当面解決策がない問題」として、新移民問題と住宅問題を上げている。「次に深刻で解決が急がれる問題」としては、「不法児童移民」問題、汚職取り締まりを独立的に行う廉政公署の効力、香港内の貧富の差の拡大、中国に至近であるための環境悪化、高齢化と年金問題を上げている。「現在問題の萌芽が現れているもの」として、人権と自由が守られるかどうか、教育目標と政策の混迷を上げている。

　ここで「最も深刻な問題」の一つとされた新移民問題の説明として次のように書かれている。

　　一日に150人入境する中国からの新移民は、一年で55,000人近くになり、香港の人口圧力を増加させ社会問題を産んでいる。…

　　教育に関しては、短期的には、政府は学費と教師の調達を考える必要がある。毎日入境する150名の内の66名は児童であり、学校の教室に換算すれば一つ半のクラスが毎日増えることとなる。長期的には、全体の教育水準の統一が課題である。…

　　就職問題に関しては、現在入境者の内約1割は高学歴者であるが、香港で実力を発揮し、自立することができるだろうか。もう一度就学する必要があるのだろうか。新移民の大部分は低学歴（中学3年レベル以下）であり、現在の産業形態に対して就職は困難である。かといって安価で労働を提供すれば香港現地の労働力を脅かすことになり、より大きな社会矛盾を引き起こすだろう。

　　住宅問題では、新移民の住宅事情は一般的に悪く、一家6～7人が9㎡のスペースに住んでいる。成長期の児童には悪影響があり、現在の住宅政策では7年待機しなければならないが、その期間を一体どのように対応するのだろうか。(『香港経済日報』、97/7/1)

「次に深刻さを増している問題」の一つとして、「不法児童移民」問題に関しては次のように書かれている。

> 基本法24条によれば、「永久性居民」が香港以外でもうけた中国籍の子供もまた「永久性居民」であり、特区の居留権を持つ。この中には大陸生まれの子女が含まれるが、その数は多くない。民間の調査によれば約13万人、それに対して中国側の6万人、香港政府の3万人となっている。
>
> 中国と香港の間の行き来が盛んになるにしたがって、結婚して出産するその数が少なくなることはないだろう。
>
> もし審理の手順が依然として不効率であれば、汚職状況が生じ、子供たちが香港にやってくる日はさらに遠くなり、大陸にいる永久性居民は危険な手段に走り、不法に入境する事件はなくならないだろう。不法入境には、もとより身の安全はない。かりに不法入境に成功しても、送還されることになるのか？一つ先例があれば、不法入境を助長することにならないか？特区社会の彼らに対する受け入れ能力はどれくらいか？（『香港経済日報』、1997/7/1）

ここでは児童移民問題が、早急の問題というほど深刻には受け取られていない。大陸生まれの児童の数も少なく見積もられている。

返還直後の97年7月3日発売の雑誌『ファー・イースタン・エコノミック・レビュー』は、返還を機に変わるものとして、ロゴマークといった些細な事項から、立法機関といった重要な制度まで96項目をあげている。しかしその中には移民に関連する事項はない（FEER, 1997/7/3：38-42）。

ここにあげたもの以外にも、返還後を案じる具体的内容について研究調査[1]や報道が行われたが、返還後すぐに香港で何が起こるのか、社会に何が突きつけられるのか、具体的には誰も断言できなかったものと見受けられる。不透明な将来に対して、前掲 *From Colony to SAR* の前書きで編者が本の主旨とし

---

[1] 日本でも多く行われ、成果が発表された。香港返還の問題を多面的に捉えたものには、中野謙二・坂井臣之助・大橋英夫編（1996）、沢田ゆかり編（1997）がある。

て述べているように、返還直前の状況を分析することで返還後を予測する試みがなされた（Cheng and Lo ed.：1995：xiii）のであるが、中国の影響下に入るという漠然とした不安要因（uncertainty）が主流であったと感じられる。そこでは、本論で扱う児童移民問題に端を発した居留権問題が、返還後直ちに住民に突きつけられる問題だとは見られていなかった。後の章で述べるように、一旦移民問題が起これば、問題は政治や経済や司法に加えて、教育や住宅など住民生活のあらゆる分野に、横断的に影響してくるにもかかわらず、である。実際に、次項で述べるように、香港の居留権問題は、返還後まもなく、しかも返還に伴う最初の具体的問題として衝撃的に表出したのである。

第2項 返還後最初の衝撃：1997年

　返還の祝日が7月1日、2日と続き、7月3日、新しい香港特別行政区政府が業務開始した。新政府が最初に直面した課題は、児童移民問題、つまり不法に入境および超過滞在している、香港人の大陸児童の大量出現であった。（口絵参照）当初これらの児童は、子供の密航者という意味で「小人蛇」や「蛇童」と呼ばれた。

　事件は7月3日の朝、湾仔にある入境處ビル前に、予期しなかった長蛇の列ができたことに始まる。彼らは香港に住む親と中国から来た子供たちであり、社区組織協会というNGOの計画に従って、当局に出頭して不法滞在を申し出るために集まったのである。午前7時にはすでに300人以上が並んだ。そのため入境處は、急遽8時に臨時窓口を開設し受付を始めた。この日一日で入境處が受け付けた案件は700件であった。この届け出は、広東語で一般的に「自首」と言い、届け出と交換に「行街紙」と呼ばれる暫定的な身分証明書を入境處から発行される。これによって暫定的な滞在と、できることなら「本人が児童である」という理由で放免してもらうこと、「特赦」を親たちは期待する。（『蘋果日報』、1997/7/5）。

　先行きに不透明感を残したまま、香港社会は返還を迎えたのであるが、ふたを開けてみると、児童移民の問題が最初に現れたのである。それは衝撃的な出現であった。衝撃の大きさは、翌日以降の新聞に表れている。以下は主な記事

タイトルと内容の一部である。

「蛇童湧入境處聲聲要特赦（『蛇童』、入境處に大量出現し、特赦を叫ぶ）－返還後の開所初日、200人出現」

返還前に香港で隠れていた200名を超える児童移民が、昨日父母帯同で湾仔の入境處ビルで特赦を要求した。集まった人数は500人を越えており、さらに一部の家長が一度興奮したため、入境處の職員が衝突の発生を危惧して警察に警備を依頼した。…（『東方日報』第1面トップ、97/7/4、口絵参照）

「市民携数百偸渡児童要求居留權（市民と数百の密入境児童、居留権を要求）－入境處は基本法に基づいて暫定的に送還せず」

数百名の児童移民とその父母、昨日湾仔入境處ビルに集まり、特区政府に対し、基本法に基づき彼らの居留権を与えるよう要求した。…数百名の請願者たちは、昨日、不法入境した彼らの子供たちを伴い、特区政府始動の第一日目に合わせて入境處ビルに請願に押し寄せ、一階ホールは大変な混雑となった。…（『信報』政情と政策面トップ、97/7/4）

これらの記事では、200名を越える児童と関係者合わせて500名であるなど、児童数の多さと、「香港で隠れていた」児童が「湧」き出てきたというように、予想しなかったところへ一気に表れた様子が伝えられている。また児童を「蛇童」や「偸渡（密入境）児童」と呼び、不法入境者の出現であることを印象付けている。

児童らは香港以外の中国国内で生まれた。親の一方、多くは父親が香港の住民である。香港住民と、大陸に住む配偶者またはパートナーとの間に大陸で誕生した子供たちである。香港に密航してきたか、または旅行ビザで入境し滞在期限を過ぎてもそのまま不法に滞在して、香港返還を迎えたのである。これらの子供たちに香港居留権を与えるべきだとするNGOが計画を立て、返還後の政府業務開始日を待って、親に連れられて役所に手続きに集まってきたのである。こうして大量に出現したことで、香港社会にインパクトをもって存在が知られた。これが児童移民問題の発生であり、新香港社会が居留権問題について覚醒した発端である。

では、なぜ返還後すぐに彼らは「自首」してきたのだろうか。理由は返還後直ちに発効した香港基本法にある。基本法中の「香港永久性居民」の定義、つまり香港永住権取得の資格にこれら「小人蛇」が合致していると考えられたからである。返還前には取得できなかった権利を基本法が保証しているのである。該当する部分は基本法第24条にあり、中心部分は以下である。

　第24条　香港特別行政区の住民は香港住民と略称し、永住民と非永住民を含む。

　香港特別行政区の永住民は下記のものである。

　(1)　香港特別行政区成立以前または以後に香港で生まれた中国公民。

　(2)　香港特別行政区成立以前または以後に香港に通常連続7年以上居住する中国公民。

　(3)　第(1)、(2)項に記されている住民の、香港以外で生まれた中国籍の子女。

　…

24条(3)で「香港永久性居民を親に持ち、香港以外で生まれた中国籍の子供」に居留権を付与するとしているところから、香港永久性居民の資格を持ち、大陸に在住する子供がいる親たちは、香港基本法の発効とともに、つまり返還とともに子供に香港の居留権が付与されると考えたのである。

こうして大陸で生まれた子供たちは、親の意思によりあらゆる手段で香港入境を試みてきた。中国から香港への移民については、第3章で詳しく述べる。児童移民の場合、大陸にいる配偶者と子供はまず合法的に中国の当局に申請を行う。中国から香港への合法的な入境は、旅行許可証である往復ビザの「双程証」か、移住許可証である片道ビザの「単程証」による入境である。香港への移住の場合は、決められた入境人数枠に従って単程証が発行され、順番を待っての入境となる。しかし数年待っても香港入境の順番が回って来ない場合、仕方なく正規の居住許可を受けない形で、次の二つの方法で香港入境する場合が多い。1）香港への短期滞在を申請し、発行された双程証を持って入境し、そのまま滞在期間を超過して香港に居住する。超過滞在者（over-stayers, 逾期滞在

者)と呼ばれる。2)多くの場合、蛇頭など組織的な手引きのもとで香港への密入境をしてそのまま居住する。不法入境者（illegal immigrants, 非法入境者）となる。どちらも非合法な香港滞在であるので、香港特別行政区保安局の取り締まりの対象となる。

　このように不法に香港に入境してきた子供たちは、当初親とともに人目につかぬように暮らしているが、成長とともに教育や身分証の発行など、公的便宜を必要とする際に入境處に「自首」、つまり自ら申し出て特別措置を求める。そして発行される暫定的な身分証明書、「行街紙」は身分証明書の携帯が義務づけられている香港での外出をしやすくするのが目的である。さらに「自首」の目的は、児童が一人で香港に入境した場合、非常措置として調査のうえ彼らの強制送還を保留しており、結果的に香港居住がかなうからである。

　次の記事は、児童移民の多くが密航者であることから、影響を危惧する声を伝えている。

　　「境界警備を堅くし、密航を厳しく防ぐ」
　　特区成立とともに基本法が発効し、関係規定によって香港人の大陸子女は香港居留権をもち、この二日間で香港にいる1,000人近い小人蛇が入境處で居留権を申請した。入境處は「特赦はしないが送還もしない」臨時措置をとり、それによってさらに大量密航が起こるのではないかと、人々を心配にさせている。…（『経済日報』、97/7/5）

香港政府の児童への措置が、当初緊急対処的なものであり、このまま児童移民が居留できるのではないか、という期待を、大陸児童に抱かせかねないのである。そうなると、まだ香港に入っていない大陸児童までが、密航して香港入りしてくるのではないか、と懸念するものである。そのような懸念が、中国側にもあることを伝える記事が以下である。「深圳」とは、香港と境界を接した中国側の地名（市名）である。

　　「深圳が大量密航の誘発を懸念−香港政府が『行街紙』を発行、今後の政策が不明のため」
　　深圳からの消息では、深圳公安局の官員が、香港政府が重ねて「行街紙」

を小人蛇に発行している事に関して、また次の大量密航を促すのではないか、と憂慮している。…

　深圳市公安局証件科科長…は昨日、本紙に対して次のように語った。香港政府は一貫してあらゆる不法入境者は即時送還すると強調してきた。しかし現在（7月1日以降）香港居留権を主張する『小人蛇』には『行街紙』を発行している。これは奇妙なことに思えた。これによって大量密航が誘発されるのではないだろうか。…香港と深圳は隣り合っており、密航者は一本の通りを横切るように、沙頭角中英街から香港に入る。船で密航することもできる。もし香港政府のやり方が大量密航を誘発することになれば、公安局の境界警備人員がいかに警備を強めても、密航者の香港入境を止めることはできない。（『蘋果日報』、97/7/5）

このような懸念を受けて、香港政府は急いで「小人蛇」に対する法的措置を採るのである。第4章で述べるように、政府は入境法を改定して、あくまで合法的に入境しない限り、居留権を付与しないものとする処置をとる。そしてさらに議論が活発になっていくのである。議論全体については、第4章、第5章で述べる。

　児童移民が返還直後の数日に、同時に行動したことも、注目に値する。状況を同じくするとはいえ、境遇が同じ児童が一斉に入境處に集まったのには、情報源を共有していたことが考えられる。第5章で述べるが、彼らにはサポートするNGO団体があり、返還前後の行動についても、アドバイスをうけていたと見られる。児童移民が入境處に出現した直後の、NGOメンバーへのインタビューの記事がある。

　　…不法児童移民を一貫して助けてきた社区組織の幹事、施麗珊が昨日…指摘したことは、不法児童移民はどんどんやって来るが、政府は無責任だということである。「90年に基本法が通過して、香港人が大陸にもうけた子女に関する規定は早くからあった。それなのに政府は何もせず、7月1日が来た。いつまで待つのかわからないと思った児童が密航してでも香港にくるのは自然なことだ」…（『蘋果日報』、97/7/5）

香港社会にとっては、突然現れたような印象を受ける児童移民であったが、児童移民が居留権の根拠が基本法にある以上、児童移民の大量出現は、1990年の基本法成立時から予想できたことだと、施氏は述べているのである。ここに出てくる社区組織協会は、長期間にわたって児童移民の支援をしていく。問題が顕在化する返還前から、問題が収束していく2000年まで、支援の中心的な存在であった。

「小人蛇」のケースは、たしかに返還前から現れていた。1997年前半にこうして入境した児童は、政庁が把握している数では1,635人である。1997年7月にはいり、多い日には一日に241人の児童が非常措置を求めて「自首」した。1997年7月までに正規の審査を経て入境を果たしたのはわずかに2万人であり、他の子供たちは審査の順番を待っている（『蘋果日報』、1997/7/5）。返還を機に香港の居住権を求めて中国からの新たな流れが生まれたのである。

小結

本章では、第1節「香港返還前の変動」で、香港返還が決定した後、イギリスと中国がそれぞれに講じた香港住民への措置を述べた。イギリスは香港住民に対し、選抜によりイギリス市民権（BC）を付与する措置、インド系移民など香港居住の非中国人にイギリス市民権を付与する措置を行った。中国は返還後に向けて香港の憲法に相当する香港基本法を起草した。これらの措置は、両国が合意の上決定した返還を前にしてのことであるが、それぞれの意図はかみ合っているとはいえなかった。「香港を運営するため」のイギリス市民権の付与は、中国から反対にあい、香港基本法の制定は起草メンバーの構成から見ても、香港より北京の意思が強く反映されたものであった。中英政府の法的措置と並行する形で、香港住民も独自の行動を示した。1980年代後半から、とりわけ89年の天安門事件以降は、流出移民がこれまでの2倍から3倍に増加した。

以上のように、返還を意識して中国とイギリスがとった制度的措置とそれに対する香港住民の反応を、主に中英の政府資料と、返還前に多く刊行された二

第 2 章　香港返還前後の展開　113

次資料によって調べた。これによって中国とイギリスが、返還を前に起こる現象に対して、別々に緊急的に対処し、それによってさらに移民行動が促進されていったことがわかった。

　ところで、1990年に成立した香港基本法には、第24条として、返還後の香港の居留権が明記された。そこには返還前には居留権を持たなかったが、返還後に居留権が与えられているカテゴリーの人々がいた。親が香港の居留権をもっている中国籍の子女である。この条文と解釈が、後の児童移民問題ひいては居留権問題の発端となる。

　第2節「児童移民の出現」で、返還直前と直後の注目点を述べた。返還直前は返還後への見通しがさまざまに議論された。不透明な返還後の社会をやや悲観的に見る向きが多く、中でも中国とイギリスが政治制度やイデオロギーを異にすることから、政治、経済、司法などの制度ばかりでなく、自由社会の特徴である報道機関や、表現活動や、サブカルチャーが中心的懸念であった。また香港社会の中での一国二制度への信頼と期待も、返還直前にわずかながら弱まっていた。返還の直接的影響として、最初に表れた事象は、不法に香港入境した大陸からの児童の大量出現であった。

　主に返還直前の新聞、雑誌の記事や研究書を通して、当時の社会の雰囲気と、返還直後に児童移民が現れ、社会に衝撃を与えるまでをみていった。それによって、1997年の返還前後の住民の不安や返還後への不確定要因が多岐にわたりながらも、移入民の予測はほとんどなかったため、児童移民の出現はとりわけ衝撃的であったことがわかった。不法入境労働者の摘発などは香港社会の日常事であるといえるが、居留権を求めて大量に姿を現わした大陸児童は、問題がこれまでにない性格を帯びていることを印象的に社会に突きつけたと見られる。

　本章で扱った各主体の動きについてまとめる。イギリス政府の返還前の動きで注目するべきなのは、天安門事件への抗議と、国籍付与政策である。この二つの動きは連動しているように見えるが、矛盾がある。天安門事件を通して、香港住民がいやがうえにも想像をめぐらせたのは、将来中国政府は民主化運動

ばかりではなく、あらゆる政治的主張に対して、無選択的に弾圧をするのではないか、ということである。つまり政治や思想の自由に関わる問題であるが、イギリス政府が講じたのは、香港社会の水準を維持する高度職業人の流出を食い止めるというものだった。つまり重要と考えられる職業人へ国籍（BC）を付与するという、むしろ経済的問題の解決に置き換わっている。

　中国の側はどうだろうか。香港基本法の起草はあくまで北京の中央政府が主導的に行い、香港住民には諮問するにとどめた。これらの対応は、十分に中国内の香港以外の地域を意識したものであろうと考える。他民族で構成され広域に亘る中国の統治には、中央政府が掌握しているということを中国内部に示す必要があるのではないだろうか。一方、イギリス国籍の付与への反対は、香港人を「国際化」して、香港内に混乱をきたす、というものだった。中国政府が香港人の「国際化」に反対する理由はわかりにくい。後に述べるように、中国特に華南地域からの移出民は華僑や華人となって、故郷への送金など中国国内に利するという歴史的事実があり、1980年前後からの改革開放政策以後、香港は中国内への外資の導入に重要な役割を担ってきた。つまり香港住民はすでに「国際的」であり、それは中国にも利することであるのに、「国際化」に反対している。これも歴史的に血統主義をとり、イギリス統治下の香港人も中国人であると言い続けてきた原則からすれば、仮にイギリス国籍を取得しても、中国人である以上、それは「イギリス化」ではなくて、複数の国にまたがる「国際化」となる解釈ではないか。中国の一部が「国際化」することは、統一が損なわれる可能性があるため、反対は中国の他の地域への牽制となっているのであろう。背後には中国という大規模システムの運営の困難さがあるのではないだろうか。

　香港住民はどうであろうか。専ら中英の間で揺れ動く存在であったのだろうか。そのようには考えられない。過渡期のどのような措置に対しても、冷静な対応が見られた。天安門事件の直後こそ、香港には珍しいことに大規模な集会などが開かれたが、それも比較的短期間の注目であったと見られる。その後はイギリスの国籍付与に対しても、予想を下回る応募状況であった。香港基本法

の起草や、中国政府が返還前に組織した、一種の影の政府である預委會の設置、臨時立法會の設置にも、敏感な反応や強烈な意見の衝突があったとは受け取れない。政治的働きかけに対しては距離をおいて接している印象がある。移民志向の強い社会を背景に、香港を最終的で唯一の生活場所とは捉えない傾向が、香港住民にはあるのではないか。実際に自ら外国の居留権などの権利を取得しなくても、香港の土地との結びつきに終始したり、香港の限界に直面しない様子が見て取れる。

第3章　児童移民の背景

　本章では、中心的に取り上げる児童移民問題の背景について、歴史、地理、社会の要因を念頭にいれて論じる。香港には歴史的、継続的に中国大陸からの移民が絶えず流れ込んでいる。児童移民もその中の一例と見ることができる。児童移民は中国大陸で生まれており、なかでも福建省と広東省の出身者が多い。それら出身地の地域特有の事情も児童移民問題の背景に見られるものである。
　そこで児童移民現象を説明するために、三つのレベルに分けて論じる。第1節では中国大陸からの移民の一般的な状況を述べる。第2節では児童移民の故郷である福建省の地域性について述べる。第3節では返還直後の児童移民そのものについて、背景と最も問題性の高い数の把握について述べる。

第1節　中国からの入境

　本節では、中国から香港への入境に関する特殊な状況について押さえておく。香港は国家としてはイギリスの統治下にあったのだが、中国との境界が遮断されていたわけではない。むしろ歴史的には開放されていた年月のほうが長いのである。第1章第2節で述べた通り、香港がイギリス領として成立した1842年以降、1950年まで境界上の行き来は比較的自由であった。出入境を厳しく制限し始めた1950年以降も、合法、不法の移民が中国から香港に流れ込んだ。香港成立当時の人口はわずか数千人であったのに、2007年には690万人以上となる。そのほとんどが中国人であることを考えると、中港の境界は、歴史的にも世界的にもきわめて人の出入りの激しい境界であったといえるだろう。
　そこで中国から香港への人の移動について、以下、いくつかに論点を絞って述べる。第1項では中国から香港へは歴史的にどれくらいの人々が流れ込んだ

か、またその背景について大まかに述べる。第2項では主に合法的な入境方法について、第3項では非合法入境の方法、密入境について述べる。

第1項　中国からの移民

香港の歴史は移民の歴史である、と言ってよいほど、香港には歴史を通じて常に人口の流入があった。香港がイギリス領として成立した1842年の香港の住民は7,000人とされているので、その後の香港住民のほとんどは流入移民なのである。ほとんどすべての香港人が移民のルーツを持つとされるゆえんである。表Ⅲ-①は、10年ごとの香港人口とそのうちの中国人の数の推移である。

表Ⅲ-①　香港人口の推移

西暦	人口	うち中国人	西暦	人口	うち中国人
1841	7,450	5,650	1941	1,639,337	1,444,337
1851	32,983	31,463	1951	2,015,300	1,998,030
1861	119,321	116,335	1961	3,129,648	3,074,000
1870	124,198	115,444	1971	3,936,630	3,869,018
1881	160,402	150,690	1981	4,986,560	4,885,654
1891	224,814	214,320	1991	5,522,281	5,239,574
1901	300,660	280,564	2001	6,759,500	6,421,525
1911	464,277	445,384			
1921	625,166	610,368			
1931	780,518	761,149			

（出所：香港政庁、香港政府の人口統計、Davis, 1949：210-215、Lo, 1992：23、Skeldon, 1995：54-57）

ここから、人口の増加分は、ほぼ中国人の増加であることがわかる。大陸から香港へは、恒常的に中国人が流れ込んでいたと見ることができる。人の流れる方向は、常に大陸から香港へ、合法、非合法の手段によって入境したのである。その流れが途絶える様子はうかがえない。本論で扱う児童移民もやはりその流れを踏襲した現象なのである。

　中国からの人口移入には、何度かの大きな波がある。それは中国の政治的混

乱に伴う移民、つまり難民である。中嶋によると、返還までの間に8回の大きな難民の大量流入があった。1回目は1851年に華南一帯に起こった太平天国の乱によって、数万の流民が香港に流れた。2回目は1911年の辛亥革命によって、香港に数十万人が入境した。3回目は日中戦争が始まり1938年に日本軍が華南作戦の中で広州を占領した結果、約75万人が香港に流入した。4回目は1945年の第二次大戦後、戦中に日本軍の香港占領政策によって香港から一旦流出した人口が再び戻り始めて、100万人以上が1、2年の内に流入した。5回目は1949から1950年にかけて、国共内戦と新中国の建国の激動によって70万人近い難民が流入した。6回目は1962年の「難民潮」として知られるもので、50年代後半の中国の経済政策「大躍進」の失敗によって、農村が経済的に疲弊した結果、新たな経済政策が始まったものの、深圳から香港に11～12万人の越境者が出た。7回目は1960年代後半から1970年代初めの文化大革命期で、革命中国に失望した難民が数十万人香港に逃亡した。8回目は1978年から1980年にかけて、中国が文化大革命の体制を脱し、「改革・開放」の体制に移行して約37万人が香港に流入した（中嶋、1997：122-125）。いずれも政治的な動乱を背景に難民が発生し、香港への流入となっている。香港は大陸中国人にとっての避難場所として機能してきた一面もあるのである。

上記の数回の波の中で、1962年の「難民潮」は、香港政庁が難民を本国送還する対策をもたらすことになり、1967年まで続いた。以後の中国からの移入民に対する政策は以下である。1974年まで移入民を香港に残す措置がとられていたが、「タッチベースポリシー」が打ち上げられて、逮捕されずに都市中心部までたどり着いた場合は、「香港永久性居民」として永住権が与えられた。文化大革命とその後の混乱を経て、1980年に「タッチベースポリシー」が廃止され、不法移民は直ちに本国送還されるようになる。1982年には、旅行証である「双程証」で入境し、そのまま滞在延期を続けることが禁止される。1983年に中国と香港の間で、クォータ（quota）制、つまり定数割り当て制度によって、毎日の合法的な入境者数が合意される。以後、中国からの入境者は、この割り当て制度によって入境した合法的入境者か、陸路海路で密かに入境した密入境

者か、旅行証によって入境し、不法滞在を続ける不法滞在者に分かれる。合法枠である割り当て数は、このあと増加していく。表Ⅲ-②は、割り当て数の変化を示したものである。

表Ⅲ-②　中国から香港への割り当て入境者数の変化

変化の時期	割り当て人数	増加人数分について
1983年	75人／日	
1993年11月	105人／日	増加30人のうち、15人は21歳以下の未成年者、15人は配偶者
1995年7月	150人／日	増加45人のうち、30人は0～5、15～20歳の子供、15人は10年以上離れている配偶者
1996年	変化なし	30人の子供枠の年齢制限を撤廃

（出所：International Social Service Hong Kong Branch, 1997：5）

　このように合法移住者の人数が確定していたので、合法的に香港入境した人々の総数は概算できる。割り当て制が採用されてから、1997年7月の返還までの14年間の期間を合算すると、約45万人になる。それらの人々は順次入境してきて、香港社会の住民となっていくのであるが、ホスト社会側である香港居住者からみれば、絶え間なく入境してくる「大陸人」は、中国からの比較的新しい移入民であり、無視できない数の新たなタイプの住民として捉えられる。彼らが香港で「新移民」と呼ばれる人々である。

　中国系香港住民のほとんどは祖先が大陸からの移民なのであるが、すでに香港に定着し、あるいは香港生まれである住民からみると、「新移民」は区別されているグループである。同じ中国人のルーツを持つものであるが、経済制度や教育内容など、すでにさまざまな香港の「先進的」制度の下で生活している香港住民からみれば、大陸の「中国的」生活習慣をもったままの新たな移入民は、たいていは生活水準がまだ低いこともあり、援助や社会福祉を要する「社会のお荷物」と映るのである。このような「新移民」観は、児童移民問題を考える上で重要である。返還直後の児童移民に対し、香港住民は当初同情の気持ちが薄く、否定的な態度をとったのであるが、その理由は「新移民」への視線

の延長線上にあるからである。

　では「新移民」の実態はどのようなものか。「香港における中国人新移民についての研究」という、NGO、研究者、政府が共同で調査し1997年3月に公表された調査がある[1]。1994年か1995年に香港入境した、中国大陸からの移民に対して行った訪問調査結果であり、999人から有効回答を得たものである。これによれば、「新移民」が香港に来て直面している問題は、住宅、就労、就学、家族関係、政府部門との接触であるという[2]。住宅については、家族は約四人が平均で、40％が公共住宅に住んでいるが、全体の70％以上が借家で、住宅の大きさの中間値は約279平方フィート（約25平米）である。全体の約60％が使用上狭いと感じている。就労については、全体の40％が香港での就職を難しいと感じている。失業率は香港全体よりも高く、その理由は「新移民」に特に技術がなく、資格能力が認められず、香港労働市場での競争力は低いからだとしている。就労の助けが要ると答えた人は41％で、雇用者による各々の再訓練が要ると答えた人は34％であるにもかかわらず、すでにそれらを利用したことがある人は、前者が8％で後者は1％のみであった。就学に関しては、回答者の27％が就学関係に懸念を示している。主なものは、入学に必要な学力不足、学校に受け入れられない、言葉の問題、学校に関する情報不足、申し込み手続きがわからない、である。家族関係に関しては、親である回答者の41.5％が香港入境後の子供のしつけに困難を示している。小学生の子供がいる家族の26％が登校前と下校後に面倒を見る大人がいないとしている。政府部門との接触に関しては、3分の1以上の回答者が、困難であるとしている。広報の入手場所などを知らず、香港式の記述に不慣れであるなどの理由で、政府から受けられ

---

[1] International Social Service Hong Kong Branch, A Study on the Chinese New Immigrants in Hong Kong. なお政府によるよりシンプルな統計には以下がある。中華人民共和国香港特別行政区政府統計處「内地来港定居未足7年人士對社會服務的需求及認識」『第16號專題報告書』(1997)；「内地来港定居未足7年人士」『第25號專題報告書』(2000)

[2] Ibid. pp.103-111

るサービスなどの必要な情報も入手できない状況であるという。香港式の記述とは、主に漢字の種類のことで、大陸では伝統的な漢字を簡略化した「簡体字」を用いているが、香港では複雑な「繁体字」を使っているためである。英語による広報が多いことも情報から遠ざかることになるだろう。このように「新移民」は、概して就労が難しく、住宅事情も悪く、子供の就学や教育にも困難が多く、公的部門の助けを効果的に求められずにいることがわかる。「新移民」は、大陸から見れば「豊かな」はずの香港の生活水準において、取り残された存在である。

　一般香港住民にとっては、彼らの状況を知ることは、香港の中に入ってきた「大陸」を見出すことではないだろうか。返還後も続くと「保証されて」きた香港の繁栄と安定に、不安要因を予感させる存在ではなかっただろうか。これまでも絶えることなく流入してきた中国大陸からの移民を、香港社会ではある時点から「新移民」と呼び、「区別」や「援助」の対象としてきた。それは香港と大陸との間に明確な線を引きたいという思いの表れであり、香港の返還という土台の転換に対する、社会と人心レベルの反射的な自己規定であったと考える。そうして「新移民」への視線が包容力を欠いたのではないだろうか。

　調査対象が中国人の家族であることから、華僑華人研究の視点から、重要だと思われる点がある。調査回答者の95％が「家族の一部がまだ大陸にいる」と答えた点である。完全な家族の統一、結集はわずかに５％だということになる。これは中国に住む一家がばらばらに順次香港入境を待っていると考えるよりも、元々香港と中国の境界を隔てて、家族が組まれたケースが多いと考えるべきである。家族すらも流動性と移動性の中で作られていき、離れて暮らす家族がさらに家族のメンバーの移動を促していく。香港の地域性によって特徴付けられた家族である。同時に親子や夫婦という最も基本的な人間関係の紐帯が移民動機になっている、という指摘もできる。濱下武志によれば、華人系移民の移民動機が、従来の「地縁」「血縁」「業縁」のみならず、社会的貢献のつながりを基にした「善縁」や、文化的共通性を基にした「文縁」などが加わって、移民の動機やきっかけの広がりを指摘できる。さらに移動の性格も労働移民への過

重な注意を改め、もはや移動が「常態」化、多極化して、移動そのものが意味を持ち、従来の「公的」領域や伝統的ネットワークや他の移動主体や移民の意識にすら影響を与えている、とする（濱下、2003：239）。香港における「新移民」や「不法児童移民」のケースは、この移動のきっかけの広がりを考えるとき、あまりにも原初的な紐帯がきっかけであり、足元をすくわれる。同時に、移動が常態化した地域における「紐帯」とはどのようなものだろうか、と考える。血縁の最も濃い関係をつくる家族についても、「公的」境界を跨いで作られた家族があるとすれば、家族は「公的社会の基礎的単位」ではなくなる。移動が日常的になったとき、紐帯が非日常化し、家族の形にすら影響を与えているのではないだろうか。ところで香港では返還を前に、1990年前後から「将来への保険」として外国の居住権を取得する動きがあった。なかには家族が外国に居住条件を満たすために住み、働き手が香港に単身残り、家族に会うためにフライトで移動する、「太空人」と呼ばれるようなケースがあった。そのような家族は、ここで述べた新移民とは、生活水準も先進地域での適応能力も、新移民とは異なるのであるが、家族メンバーの役割と家族間移動の形は驚くほど似ている。香港地域の移動性から創出された家族なのではないだろうか。

第2項　入境方法

中国と香港の間の境界がコントロールされるようになった1950年以後、大陸の住民が香港に直接入境する場合、3つの方法のうち、どれかを採ることになる。合法的な移住、旅行ビザによる入境、不法入境（密入境）である。本項では、前者二つの中国政府発行のビザによる入境方法について、詳しく述べる。不法入境については次項で述べる。

大陸の住民の香港への正式な移住は、中国政府が発行する片道ビザの「単程証」の交付を受け、入境することである。「単程証」制度はタッチベースポリシーが廃止された後の1980年から始まった。合法的に入境する場合ははっきりとしたクォータ制が採用されたことになる。枠の人数は、一日の枠は1983年に導入され、一日75人から始まり、1994年に一日105人になり、1995年に150人と

なった。これを一年間で計算すると54,750人になる。この制度のもとで1950年から2000年までの間に、中国から単程証を持って合法的に香港移住した人数は、約172万人となると見られる（Siu, 1999：202）。

　単程証の申請と発給の手順は以下である。申請者は住所のある地域の小区（居委会または村委会）に申請する。その後県級市から地級市へと広範囲を統括する上級機関へと回っていく。最終的には公安局長の許可とサインで単程証が発給される。多くの機関や担当者の手を経るため、時間がかかるのは容易に想像できる。また申請の受理や順番について明確な基準も不明である。例えば次のような声が多々ある。「妻の申請は10年かかってやっと通ったのに、2人の子供は2年で来ることができた」と陸氏。林氏は当事者たちにも入境許可の審査基準がわからないという（『香港経済日報』、97/8/16）。

　運良く移住申請、つまり単程証の交付がされれば問題はないが、交付されない場合は只待つのみである。中国一般の多くの行政処理と同じく、状況の説明もなく、交付の見通しについても手がかりが無い。明日交付される可能性もあるが、10年後にもないかもしれないという状況である。

　第2の入境方法は、期限付きの旅行ビザを取得することである。このビザは大陸住民が香港にいる「親戚訪問のため」に発給されるものである。単程証取得がなかなか叶わない者で、香港入境を早急に望む者は、この旅行ビザを申請する。旅行ビザは「双程証」と呼ばれ、中国を出て香港へ入り再び中国へ戻るための往復ビザである。旅行期間は7日間から3ヵ月に設定されている。

　双程証も単程証と同時期に導入されたもので、1982年から始まった。発行数は、当初は一日75人であったが、大陸と香港の間の状況と協議によって着実に増加し、1998年7月にそれまでの一日1,142から一日1500になり[3]、2001年9月から2000となる（*SCMP*, 01/8/28）。さらにこの流れは進む様子で、中国から香港への旅行者を増加させようという中港政府の努力があり、広東省に限っても制限されていた香港旅行をより多くの住民に許可していくという動きもある

---

[3] 入境事務處『1998至99年度年報』、p.15

(『明報』、01/8/27)。

　双程証の申請も単程証と同じルートを経る。そのため自ら申請した場合は、発行まで通常2〜3ヵ月かかるという。短縮するためには高額の手数料を支払って政府の旅行社を経由して手続きをするか、伝手を頼って関係部門の役人に個人的に働きかけるという。それらの方法で1ヵ月ほど短縮されるという[4]。

　関係部門の融通で手続き期間が短縮できる状況に、汚職がまかり通る余地がある。汚職状況については確固たる証拠を提示することはできないが、複数の経験者からの聞き取りによると、最低一件につき1000元程の現金を出入境を管轄する公安局の役人に渡すのが通例であるという。この時あらゆる伝手を駆使してなるべく高い地位にいる人を紹介してもらうという。そうすることで手続きに要する時間が短縮されるのが常識であり、役人へ賄賂を支払う側もいわば一定の価格を支払って時間短縮というサービスを買う感覚に到っている。汚職が容易には絶えない所以であると思われる。

　こうして手に入れた双程証で香港に入境し、旅行として決められた滞在期間を過ぎても香港に居続けたケースが、超過滞在者（over-stayer）であり、後述する移民の内でも1999年以降に入境した者の多くを占める。

第3項　密入境

　最後の方法が密入境である。これは中国出境も香港入境も違法に行う行為である。地続きの中国と香港の間では海路と陸路がある。第二次大戦後は中港間の自由な往来は許されていないのだが、密入境が絶えたことはない。

　海路でも陸路でも、闇の密入境ビジネスがあり、多額の報酬で請け負っているといわれる。請け負う側は一般に「蛇頭」と呼ばれる。これは広東語で密航者を蛇になぞらえ、密入境者を「人蛇」と表現するため、密入境者のガイドという意味である。同様に「小人蛇」は不法児童移民で、「蛇船」は密航船である。「蛇頭」という言葉には非合法の行為が連想され、マフィアと同じ意味だ

---

[4] 2001年4月、福建省石獅市の住民からの聞き取り調査より。

と考え易いが、必ずしもそうではない。「蛇頭」の段取りは、中国沿岸からアメリカやヨーロッパまで地球を半周するほどの移動を手配することもあれば、たった1ヵ所の出入境チェックポイントをごまかして通過する手配まで、規模は大小ある。小さな手配の場合は、他の職業を持つ人が、手数料目当てにアルバイトをする感覚で、危険を冒して請け負う場合もある。

海路の密入境については以下である。海路が密入境の最も多いルートであるという深圳の役人の情報もあり (*HKS*, 97/7/28)、一般的な方法であると考えられる。香港が不法移民に対しタッチベースポリシーを採っていた頃は、中国側から泳いで香港沿岸に到達する移民が多かった。移民自身が多くは若い男性であった理由にもよる。1980年に深圳市の蛇口という地区から密入境した当時31歳の経験者の言葉である。

　…「私は泳いで香港に来た。そんなことを目論んだことはなかったが、友人たちが蛇口から香港まで泳いでどんな所か見に行こうと誘ってきた。私は命懸けで泳いだ。5時間後に香港に着いた時、何も、お金も持っていなかった。その上知人もいなかったが、今から思うと易しいことだった。捕まらずに入境處まで行かれれば、IDカードをくれたのだから。」…
　(*SCMP*, 95/5/28)

約5時間必死に泳いで来ることが可能なのは、確かに頑強な人間だけであろうと察しがつく。その上すがすがしい青春談か成功談のような言葉になるのは、香港入境に夢と成功を託す当時の気分が表れているのだと思う。

密入境のルートは、多様化していると見られる。香港がタッチベース政策を採って、中国から体力の限りに密入境を図った男性が多かった1980年代以前は、泳いで香港到着するルートが多く、比較的近距離を取らざるを得なかった。しかし幸運にも香港中心部にたどり付いた不法移民に居留権を与えるという、挑戦を喚起するタッチベース政策が1980年10月に終わり、それから返還前後はボートを使っての密航となり、ルートも長距離を取るようになってきている。1978年の報道レポートによれば、ルートは香港新界の東岸を目指す大鵬湾 (Tai pang wan) と、西岸を目指す后海湾 (Deep Bay) がある。ジャンクによる密航

がそれらのルートの外側を取っていた（FEER, 78/12/29）。しかし2001年の報道によれば、ジャンクによる当時のルートはもはや最も近距離のものとなり、さらに遠く香港から100km余り離れた汕尾からボートを走らせるルートまである（『太陽報』、01/7/24）。

　密航ルートの多様化は、移動手段、船舶の多様化と関係があるらしい。最も外側のルートとされる中国広東省汕尾市から香港九龍東岸の西貢へのルートは、直線距離でも100km以上あり、やや外海を通ることになり、漁船を用いるという。中国広東省恵州市澳頭から西貢へのルートは、島の多い広東省の沿岸を通ってくるため、大型、中型の高速船を使うという。広東省深圳市の南に突き出た半島の香港側の南澳から西貢へのルートは、内海を通ってくるため、快速艇を用いるという。深圳市から香港の西岸に着く近距離ルートは、皆漁船か内河船であるという（『太陽報』、01/7/24）。様々な船舶によって様々なルートが開拓されたとみることもできよう。

　移民が「不法児童移民」など子供や女性の場合、多くは密航の手引きを頼む。蛇頭を頼らずに密入境するのは難しいといわれる（SCMP, 97/7/6）。密航にかかる費用は数千ドルから数万香港ドルと言われる（『蘋果日報』、97/7/5）。以下は、上記引用部分の男性の妻の経験談である。

　　…私は今まで6回不法に香港入境をした。毎回約3,000香港ドル（日本円で4万円前後）の費用がかかった。…私は上の二人の子供を連れて深圳に近い蛇口からスローボートに乗った。たったの1,000香港ドルだったが、5時間もかかった。酷い旅程だった。他の四人の女性と一緒に船底の木のふたの下に隠れていたので、息の詰まるところでうるさかった。涼しくするため、蛇頭たちは紙のうちわをくれた。海上警察を避けるためにボートは止まっていたから、私はそこら中に吐いた。子供たちは「心配しないでお母さん。もうすぐお父さんのところに行けるから」と言った。別の時は1時間で着くスピードボートを何度か利用した。たいてい深夜に出発して、蛇頭はほとんど、ドアツードアのサービスを提供した。時には香港に着いたところにタクシーが待っていた。香港へ行くのを助けてくれる人を探す

のは容易なことだ。村の中を聞いて回れば、必ず他の誰かと乗合になるよう準備をしている人が深圳にはいる。最大の問題は警察で、制服を見るたびに心臓がドンドン打った。…（SCMP, 95/5/28）

　陸路の密入境ルートは、鉄道が通っている地点の羅湖口と、車道が通っている皇崗口、道路が通っている文錦渡と沙頭角口であるという。羅湖口は山を登り、網柵を登って越える。皇崗口は車両の中に身を隠して通り抜ける。文錦渡と沙頭角口は山を登って入境するという（『太陽報』、01/7/24）。

　この中でよく知られているのは、境界上の最も東の地区、沙頭角である。中港境界は二重構造になっている。沙頭角地区の実際の境界は沙頭角河と中英街（中国側は深港街に改名）である。その外側にさらに出入りが制限される境界がある。香港側は境界から500mないし2km内側に「禁区界線（Closed Area Boundary）」が引かれ、約6000人の住民と被招待者しか出入りできない。密入境者対策として1952年から1994年まで夜間外出禁止令がしかれていた（SCMP, 94/7/8）。中国側には検問所から出入りする沙頭角保税区[5]がある。密入境者は中国側から保税区に入り、出入り自由な中英街を横切り、監視の薄い場所を選んで香港側へ進入していく。手引きを頼んだ場合、蛇頭が陸路密入境者を導く時の通路としても知られている（『蘋果日報』、97/7/5）。

　陸路ルートの変化については不明である。陸路自体は以前から利用されている。返還後は摘発された数のみを見ると、海路よりも多い（『太陽報』、01/7/24）。陸路も海路同様、移動ツールの多様化が影響していると考えられるのは、皇崗口の車両を利用した密入境である。中港間の経済的つながりが強まり、特に製造拠点が中国側にシフトするにつれて、境界を行き来する車両数も種類も増えた。人が隠れる場所も増えたと考えられる。

　蛇頭の手引きによる密出入国は、香港ルートだけではない。むしろ世界中にあらゆる方法を用いて人を運んでいると見られる。2000年6月イギリスで発覚

---

[5] 沙頭角保税区の潜入レポート、山上太郎（仮名）「沙頭角怪しく賑わう新界のベルリン」、『月刊香港通信』No.50、96/6/1：20-21を参照した。

した密入国事件では、密入国団58人が中国、ロシア、東欧、中欧を通って、イギリスに入国していたことが明らかになった（『読売新聞』など各紙、2000/6/23,）。このルートはすでに「密航のシルクロード」として知られている。中国人が目指すのは各地のチャイナタウンであるが、イギリスロンドンのチャイナタウンには、毎月400〜500人の新たな中国人が到着しているという。手引き料は一人約250万円だという。2000年10月に香港の貨物港で発覚した事件では、密航者が隠れていたコンテナはアメリカ西海岸行きであった（『明報』、2000/10/19）。2003年1月に中国で裁かれた密航事件では、首謀者の被告は1998年から2年余りの間に、38回に分け、713人の中国人を貨物船で海外に密航させたことが明らかになった（『朝日新聞』、03/1/8）。そのうち138人がカナダへ、残りが日本に向けた密航であったという。手引き料金は一人約255万円だという。

「蛇頭は中国人にとっては旅行代理店のようなものである」との説明を耳にしたことがある。かなり極端な表現であるが、事実、蛇頭の請負は、行き先に応じて相応な代金をとり、あらゆる方法で送り届けるという、非合法「ビジネス」と捉えられるのであろう。合法的渡航に制限がある以上、非合法的渡航への需要は根強いものがあると見られる。

第2節　移民ルートとしての「大陸子女」

　本節では、香港の児童移民問題が大陸から見てどのように映ったのかについて考える。返還前後の児童移民は、実際に家族が離れて暮らす困難を解決するための行動であった。しかし時間の推移とともに、真偽は不明であるが、自らを「大陸子女」と称して、居留権を主張する人々が目立ってくる。返還に端を発した移民問題の主役である「児童移民」は、次第に特徴を変えていく（表Ⅲ-③大陸子女の変化参照）。大陸で移出を計画する人々にとって、「香港人の大陸子女」という移民は、ひとつの移民手段と見られたのである。本節では実際に現地で行ったフィールドワークをもとに、「大陸子女」が移民ルートとして捉えられていたことを論証する。

　第1項では、児童移民問題発生時から時間を経て、問題対象である大陸子女

のタイプが異なっている事実を指摘する。最初の「大陸子女」は、児童で広東省の出身者が多かった。しかし後半以降の「大陸子女」は、大人で福建省出身者が多くなる。そこで第2項では、後半タイプの大陸子女の問題との関わりを、福建省の地域性から分析する。

第1項　大陸子女のタイプの変化

　問題対象である大陸子女そのものについて、まず認識しておきたいのは、問題発生当初と、ある時期以降では、問題対象である大陸子女の特徴が異なっていることである。この問題をさらに複雑にしている点である。問題発生後、後に述べるように、社会問題としての捉え方が変わっていったが、問題対象となる大陸子女の特徴も変わっていったのである。下表に時間を追ってまとめる。

表Ⅲ-③　大陸子女の変化

時期	返還前後 (～1997.7～1999.1)	大陸子女への開放判決以後 (1999.1～1999.12～)
対象となる 大陸子女の特徴	児童 家族同居目的 広東省出身	大人 就労目的 福建省出身

（出所：　筆者）

　返還前後の問題発生当初、「不法児童移民」と呼ばれた問題対象の大陸子女は、確かに「児童」であり、学童年齢であった。それゆえ、香港に密航したり、不法滞在している目的は、単純に家族との同居であったとみられる。ところが、それらの大陸子女に対して開放的な結論を出した裁判のン・カーリン・ケース最終審判決以後に香港に入境してきた大陸子女は、特徴が異なる。年齢が上がり、大陸ですでに家庭を持っている場合も多く、香港にいる家族との同居が理由で単身入境したものとは考えにくい。実際に居留権申請の書類を扱った法律援助署も、上記のような大陸子女の特徴を指摘している。後半の「大陸子女」は、ン・カーリン・ケース判決のニュースを聞いて、自らも居留権取得のチャ

ンスがあると考えた、居留権と就労が目的の入境とみられる。一連の流れを、居留権問題と一貫して捉えることもできるが、問題対象である大陸子女の意図、動機は変わっているのである。

　では、返還に端を発した居留権問題の終盤にきて、香港居留権を要求する大陸子女の肉声はどのようなものだろうか。2001年4月に、大陸子女サポート団体である天主教正義和平委員会に筆者が依頼し、香港に滞在中の大陸子女四人に聞き取り調査をした。不法滞在中であり、この後大陸や香港の当局とどのような関係になるか不明なため、聞き取り内容には限界があるが、四人の大まかな事情と考えは以下である。

　①　ベン（男性、30歳、福建省で漢方医をしていた）

　香港入境の背景は、インドネシア華僑であった父が、日本軍侵攻時に中国大陸に戻り、1979年に香港入境した。当時の「抵塁政策」（タッチベース政策：香港中心部まで入境したら居留権が与えられる政策）で香港に留まった。両親と弟が香港在住。自身は1999年4月に、勤め先の病院を休んで香港入境し、その後で辞職し、そのまま香港に滞在している。香港では、内容は明かせないが、非合法の仕事をしている。本人の意志は、「判決がどうでも大陸に帰るつもりはない。国際法や中国憲法においても、家族は一緒に暮らすことが謳われており、家族は保護されているので、香港に留まることは権利である。香港はすでに中国の一部分でもある」という強固なものである。

　②　アキュウ（女性、22歳、広東省広州市の華南師範大学で経済を学ぶ大学生）

　香港入境の背景は、父親が1979年に香港入境し、厨房で働き、93年に母と弟が香港に来た。自身は、1998年に新聞を見た家族から連絡があり、1999年3月「双程証」（旅行ビザ）で香港に入境し、そのまま滞在している。父親が珠海に買った家の家賃収入を生活費としており、経済的には困っていない。しかしこのまま香港滞在を続けても、勉強も仕事もできないので、ン・シウタン・ケース判決によっては、大陸に戻るつもりだ。香港では日本語を学んでいる。

　③　フェイ（男性、23歳、広東省順徳市で輸送トラックの運転手をしていた）

香港入境の背景は、父親が1979年に船で密入境し、土木作業の仕事をしていた。自身の入境経緯は、1999年1月にン・カーリン・ケース判決のニュースを、順徳で一般的に視聴されている香港のテレビ放送で知り、自ら決心して、順徳にいる同じ事情の人と一緒に旅行ビザで入境し、滞在を続けている。順徳には同様の背景をもつ人は多い。兄がいるが大陸でのレストラン経営をしているため、香港に来る意志はない。心配なのは、どれくらいこのまま待つことになるのか、わからないことである。ン・シウタン・ケースの判決文と状況を見て、大陸に帰るかどうかを判断するつもりだ。

④　ツァイ（男性、30歳、広東省三水市で台湾企業の運転手をしていた）

香港入境の背景は、1979年に父親が大陸でマカオ行きを申請してマカオ入境した後、香港に密入境した。父親は香港で事業を営み、1989年に中国に工場を移している。母親は香港になじめず大陸に帰ったが、兄は香港に住んでいる。自身の入境経緯は、1998年に不法児童移民のニュースを聞いていたが、父親が電話で「来い」と言ったので、1999年6月に香港に旅行ビザで来た。経済的な心配はない。心配なのは、香港の身分証がないと仕事も旅行もできないことだ。

上記四人の聞き取りからわかったことは、返還当初の児童移民と異なり、大陸で通常の暮らしを営んでいたが、1999年1月のン・カーリン・ケース判決に関する、香港からのニュースを聞いて、自らも「大陸子女」の範疇にあるとして香港入境してきたことである。「小人蛇」や「不法児童移民」と呼ばれて香港に密入境してきた児童移民に便乗した形の移民だということが言える。そのために香港での滞在可能性を示す裁判結果を待つ期間は、香港居留が可能かどうかの様子を見る期間であり、あらゆる手を尽くして道が開かれるようなら、香港に移住したいという考えである。児童移民問題は、香港入境の可能性を窺う大陸人にとって、ひとつの可能性であり、新しい移民ルートと映ったのであろう。社会レベルでの議論とは別に、移民には香港に対する思惑や目的があるのである。

ではあらゆる方法で入境を試みるほどの、香港への指向性とは何であろうか。

表に書いたように家族の同居や就労は、香港の大陸への経済的優位をみれば、第一義的、短期的目的であるが、その背後にある社会そのものの性質に目を向けたいと思う。それは本論の結論部分で改めて述べたいと思うが、香港が歴史的、地政的にもつ可動性と、社会が獲得した価値自由の可能性だと考える。それらの社会性質は中国への返還後も失われていないことが、児童移民問題を通してわかるものと思う。

第2項　移民の故郷、福建省の地域性

　後半のタイプの大陸子女が、福建省出身者が多いというのも、興味深い点である。広東人は、香港住民の大多数を占めるので、広東省出身者と香港人との間には、様々なつながりが考えられるが、広東人を追うように入境してきた福建人の意図はどのように考えたらよいだろうか。そこには福建の地域性が影響しているのではないだろうか。

　福建人の移民行動への積極性を示す歴史的事実は、すでに中国内外の統計や研究によって示されている。1991年に発行された中国の省別解説書によれば、海外の中国人は全世界120ヵ国以上に、およそ2,400万人いるとみられるが、その中で福建籍の人は、約700万人だとしている（『当代中国的福建』、1991：324）。

　この分野の研究を大きく捉えれば、移民する中国人である華僑、華人研究のなかに位置づけられる[1]。研究対象としての移民研究には、送り出し地域の研究と移住先の研究があり、華僑、華人研究には、その故郷の僑郷研究と海外の中国人社会の研究に2分できる。僑郷の研究において、山下清海が、福建省からの海外への移住を促進する要因として、次の三つを挙げている。1）自然的特色、2）歴史的特色、3）社会経済的特色、である。自然的特色については、福建省は平野が少なく、山地と丘陵地が8割以上であり、耕作可能地が少ない。山がちであるため陸上交通は発達しなかったが、海岸線が長いために海上交通は盛

---

[1] 国内移動なども含めた、中国人の移動に関する研究の対象別整理は、西澤治彦によって詳細になされている（西澤、1996：2-6；28-37）。

んになった。夏季の台風や高潮の被害も移住を促進した、と指摘している。歴史的特色としては、宋、元代には、海外からも知られる中国最大の港、泉州があったこと。明、清代の中国が海禁政策を採っていた時代には、非合法な通商の拠点であったこと。海禁政策により被った経済的打撃や、自然災害などにより、海禁を犯しての海外移住が増加していったこと。近代になってアヘン戦争の敗北により、清朝が開港した五港のうち二港が福建の福州と厦門であり、ここから海外への労働力の輸出、いわゆる苦力貿易が行われ数十万の福建籍華僑が出国した、などの歴史的事実を挙げている。(口絵参照)社会経済的特色としては、肥沃な土地が少ないために農業だけでは生計が困難なため、海運業や漁業に従事するものが多かった。そのため冒険心や新種の気性に富んでいた。また造船技術も発達し、出国に有利な条件となった、としている（山下、1996：43-47）。

福建人の移民への積極性は、合法的な移動の場合には表に現れにくいが、冒険心が高じた末の非合法な移動が、「密入国事件」として取り上げられることになる。現代では世界的規模になっている。例えば、2000年6月イギリスで発覚した密入国事件では、福建省出身の20代の58人が、福建から北京、モスクワ、チェコ、オランダを経由し、4ヵ月かけてロンドンのチャイナタウンを目指した。イギリス上陸後に保冷トラックの中が酸欠状態となり全員が死亡した（2000/6/23, 読売など各紙）。貨物を装ってトラックを使用したのであるが、それまでの4ヵ月間の旅程の悲惨さも推測することができよう。2000年10月には香港の貨物港で福建出身の25歳以下の26人が貨物コンテナの中から、衣服、食物、飲料、トイレなどとともに発見された。このコンテナ船はアメリカ西海岸行きであり、アメリカへの密入国を目指したものである（『明報』、2000/10/19）。

中国をフィールドとした社会学者、民俗学者である牧野巽は、中国の多くの地方にある移住伝説について研究した。牧野によれば、伝説は移住先において同郷意識を高めるなどの働きをする（牧野、1985：161-163）。ここで注目された移住伝説は、例えば「福建人が河南省の固始県を自らの祖先の故地である」「海南島人が福建省の莆田県を祖先の地だ」と信じるような、祖先同郷伝説であり、「どこから来たか」を説く伝説である。香港で居留権を求める大陸子女

にも、移民伝説を思わせる心象がみられた。しかしそれは「その土地から出かけていった」ことを排出地から説いたものである。移民を多く排出している土地にはこのような伝説が、移民行動を後押しする役割をしていたのではないか。この種の伝説も史実を伝えているというよりも、同郷意識を高める働きをしていたと見るべきだろう。

以下は、居留権を求めていたある中国福建省沿岸地区の泉州出身の女性（施氏）が、ン・シウタン・ケース係争中の2001年4月、香港で研究調査中の筆者に対し、自らの土地柄を紹介した文章の訳である。文章が依頼に応じたものではなく自発的に提供した情報である点で、泉州地域または福建省南部の住民の自己意識を表すものとして重視する。ここには彼らの移民観、移動観が表れている。

　福建省泉州地区、閩南（みんなん：福建省南部）の一帯は、すべて丘陵地帯であり、地質は貧しい。ここの住民は農業のみでは一家の口を潤すことはできない。そこでここの男性住民は、解放前から故郷と祖国を離れ、見知らぬ土地に出かけた。中でもフィリピンへ向かう人が最も多かった。しかもフィリピンに不案内な人々は、大部分が皆フィリピンの中の一つの島、ルソン島へ集中した。だからここの人々はフィリピンを「ルソン」と呼ぶ。生活のために彼らは妻と離れる。一般的に言って閩南人は苦しみを恐れず、疲れることを恐れず、勤勉な精神でもって、ルソン島では、命がけで格闘し、苦労して稼いだお金を故郷の妻に送った。また妻たちもしばらくは快適な生活を送ることができた。ここの人は、夫がフィリピンに行った女性を「番客嬸」（外国のおばさん）と呼んだ。あの頃「番客嬸」は、他の貧しい人々の目からは一種の高貴な女性に見えて、ある人は羨ましがり、ある人は嫉妬した。しかしこの種の快適な日々も長くは続かず、抗日戦争が勃発し、フィリピンに不案内なそれらの男性と故郷の妻は連絡が途絶えてしまった。彼らは故郷への送金方法を失い、「番客嬸」はすぐにその他の貧しい人と同じように、苦しい生活となった。かえって夫が見知らぬ土地へ行っていない人よりも、さらに生活は苦しく、一家に女性が一人で男性の

保護がなく、毎日が多くの困難に満ちていたことは想像に難くない。この土地には、そこかしこにとても「凄美」な（悲しく美しい）故事がある。…

上記の中に移民に関係する自己意識を表す点がある。一つは「閩南人は苦しみを恐れず、疲労を厭わず、勤勉な精神で（閩南人不怕苦、不怕累、勤労的精神）」、出稼ぎ先で働いた、という部分である。不案内な土地であっても、情報を頼りに出かけていき、勤勉に働くことを美徳とし、自分たちの誇りとしている。上記のエピソードでは、「ルソン」が出稼ぎ先となっていたが、居留権問題においては、彼らにとって香港が、「ルソン」と同様の対象であったと考えられる。その他に、家族の一員が出稼ぎ先からした送金によって、故郷に残された家族が、それまでよりも生活水準を上げ、故郷での羨望の対象となっていく点も、重要である。困難を恐れず、可能性に賭けて移民し、出稼ぎ先の労働に励めば、豊かな生活と故郷での賞賛が得られる。

それを実感することが、上記のエピソードを紹介した施氏の故郷で得ることができる。1999年4月、施氏の故郷の福建省石獅市を訪ね、施氏の姉夫婦に聞き取り調査を行った[2]。石獅市は、福建省沿海部の典型的な中国移民の故郷であり、華僑の故郷を示す「僑郷」と呼ばれる地域の一つである。石獅には鉄道がなく、さかんなバス交通網で周囲とつながっている。福建省の他の都市、厦門や福州のような大都市ではない。バス発着所を中心にゆったりと町が広がっており、商業ビルの類も大きな商業地域の表通りにあるのみである。ところが住宅地には、敷地の大きな二階建ての屋敷ばかりが連なっている。大きな飾り気のない四角の建物が多いが、中には瀟洒な飾りを門や入り口に施した家もある。これらの家は皆、東南アジア、中でもフィリピンに働きに出かけた人々の家であるという。施氏が歴史故事として紹介した移民成功物語が、時を越えて脈々と地域に生きていることがわかる。家の中には、中国の伝統的な家具などもあるが、ほとんどモダンな家具と現代的な機器類が据え付けられている。

施氏の義兄は、石獅で個人事業を営んでおり、香港の衛星放送局である「ス

---

[2] 2001年4月11日、石獅市東輝巷の自宅に訪ねて調査した。

ターテレビ」の代理店を始めたところであった。義理の妹の香港入境については、親戚で話し合い、彼女が希望して香港に行き、居留権が取れるかどうか様子を見に行ったとのことであった。フィリピンへは、親戚の多くが住んでおり、彼らも行ってみたことがあり、移住も可能である。しかし中国内でのビジネスチャンスも拡大しているが、中華人民共和国人民の身分では、中国内外の出入りに大変不便である。中国では、ちょっとした国境の出入りのために、数ヵ月の手続き期間や係官への働きかけも必要である。そこで香港の居留権、つまり香港居民としての移動の利便性を確保したいという。それは、むしろ中国を拠点にするときに出入境のために特に役立つものであるという。フィリピン住民となれば、外国人の扱いであり、国家間の手続きを必要とする。しかし香港居民は、中国へは帰郷する中国人と見なされるため、「回郷証」という旅行文書一つで、中国人民よりも簡単に出入境ができるのである。香港地域が、中国にとって、外国でもなく、かといって他の地域と同一ではない、緩やかに繋がった地域であることを実感する制度である。

　香港居留権問題に関係した福建人大陸子女を見る限り、歴史や伝説を伴った移民の精神は、特別劇的なエピソードばかりでなく、状況に応じて、軟化し、応用されていくと感じられる。出稼ぎという手法も、地域史的になじみある方法として、魅力を増すのではないだろうか。中国国内、中でも沿海部が豊かになり、福建省は歴史の中で語られるような貧しい土地ではもはやなくても、豊かさが手に届くものとなればなおさら、それを志向する限りにおいて、挑戦は繰り返されるようである。福建の人々にとって、香港居留権問題は、返還という機、居留権問題の発生という機、ン・カーリン・ケース判決という機に乗じた挑戦であったと見ることができる。居留権問題の後半には、そのような一面もあるのである。

　福建の地域性を、香港のもつ同様の地域性に関連して考えることも可能だと思う。濱下武志はある地点を把握理解するさいの方法として、陸地のつながりである「地域」観に対して、沿海部のつながりである「海域」観から接近する議論を提示した。香港について中心的に論じた著書において、香港は東シナ海

と南シナ海を結ぶ接点にあり、沿海交易の中継点であったと指摘し、陸地における政治的文脈での香港史よりも、海域の地政上の位置が香港理解には有効であるとしている（濱下、1996：106-107）。香港を沿海地として捉えれば、福建省の僑郷は海域とそこで営まれた交易関係によって香港と連続している。密航を扱う蛇頭の活動も、そのひとつの具体的な表れと見ることができるだろう。それが陸地である国家の規制からすれば非合法ではあるが、歴史的地政的文脈からみれば、唐突な動きではないのである。香港への密入境が、陸上路を使うよりも海上路を使うことが多いのも、この海域地域が海によって結ばれることの合理性を示している。

第3節　児童移民の諸相

本節では、返還前後に出現した、新しい背景をもつ移民である児童移民の現象について詳しく述べる。第1項では問題となる移民の背景について、第2項では問題の対象となる大陸子女の数の把握を試みる。

第1項　問題の背景

児童移民問題を取り上げるにあたって、現状把握について留意すべき点がある。児童移民の家庭や児童の背景を全体として把握した研究や資料はない。当事者や関係者から取材しにくいためである。その時点で「非合法」な滞在であるなど取り締まりを懸念し、身の安全を守るため、自ら進んで事情を話してくれることはあまりない。事情を聞くことができた場合でも、それらの状況は流動的であるため、断続的、断片的に伝えられる情報をつなぎ合わせて、状況の把握に努めた。

児童移民問題は、中国と香港の間に別れて暮らす家族があることが背景にある。その証拠に、家族の同居を理由に香港入境を望むケースが、合法入境者の多くを占めている。返還直前の数字では96年の香港人口は6,421,300人、95年は6,270,000人。増加分は151,300人で、内61,179人は中国からの移民であり、さら

にこの内56,554人が女性と子供である(『経済日報』、97/7/1)。この女性と子供は香港に住む夫または父親の元に入境してきたと考えられる。

ではなぜ中港間に別れて暮らす家族が多いのであろうか。パターンは四つ考えられる。

1）大陸で結婚した夫婦の片方が、一人で香港に赴き働いている場合。
2）既に香港に生活の基盤を置いた大陸出身者が、故郷に帰って結婚し、離れ離れに暮らしている場合。
3）香港出身者が、大陸で相手を探し、結婚し、離れて暮らしている場合。
4）経済的に裕福な香港人が大陸の女性を妾（愛人）として養う場合。中国語で「包二奶」といわれる。

以下に、新聞等で報道されたそれぞれのパターンについて例を挙げる。

1）のパターンは、出稼ぎや他の理由で主に夫が合法または不法に香港に赴いている場合である。香港の入境法が定める7年間の居住条件を満たして居留権を得ている場合も多い。

　…原籍が陸豊の魏東は薬剤商人であり、10年前に信豊に籍がある妻と結婚し、一男一女を育てた。長女の阿菁は故郷で出生し、後に香港移住を申請した。5年前、妻と下の子供の申請が通ったが、阿菁の申請は一向に通らなかった。（返還の）数ヵ月前、魏氏は阿菁の故郷での暮らしを心配して、「蛇頭」に阿菁の密入境を頼んだ。…（『香港経済日報』、97/7/4)

　イエン・クアン（Yan Kuang)、31歳は、禁止されている広東労働者自治組合に属している。彼は妻と二人の子供と共に香港滞在許可の延長を申請した。…イエン氏は1995年5月に兄弟のパスポートを使って香港に入境した。…彼は政治亡命を求めた後で、臨時滞在証を取得した。大陸の妻と子はそのあとで別々に密入境した。…（SCMP, 98/5/2)

2）のパターンは、生まれ故郷である土地を重視する考え方[1]であり、中国人

---

[1] 多くの華僑華人研究が「僑郷」に注目する根拠である。例えば、可児ed. 1996 など。また中国語の中に故郷を表わす言葉が多いことからも伺える。例えば「故郷」「老家」「家郷」「故土」「故里」「故園」「郷井」など。

の伝統にも基づいている。結婚は故郷で故郷の人とするという伝統である。中国語の「落葉帰根」（物はみなその元に帰る）という言葉が示すのは、人は皆故郷に帰るものだという見方である。

　夫、ラム・カーオイは広東の小さな農村から来た47歳の肉体労働者だ。彼は1980年に香港に来たが、1982年にラム・チョイ・シウファと結婚するために故郷に帰った。彼女が19歳、彼が33歳であった。彼らには四人の子がいる。中国で生まれた8歳の娘と6歳の息子、妻が香港に船で密航してきた後で生まれた4歳と1歳の子供である。五人目の子供…は1992年の中国から香港に移動したため死んでしまった。…（*SCMP*, 95/5/28）。

　以下はこのパターンの家族の子供が合法移民に成功したことを報じる記事である。

　　　成功申請人：陸永揚（12歳）と陸景揚（10歳）。申請期間：2年。故郷：広東省清遠縣（密航の経験なし）。背景：父親は陸八権、70歳を越えている。40年前（1957年）大陸に帰って再婚後、二人の子供が産まれた。妻は今年（1997年）2月に申請が通って香港にいる。…（『経済日報』、97/8/16）

　3）のパターンは、香港住民が経済的条件的理由で香港で結婚相手を得ることができないものの、大陸では簡単に相手を探すことができるところから生じる。中港間の経済的ギャップが背景にあると見られる。お見合い斡旋会社など、仲介を請け負うビジネスも盛んである。

「幼妻の来港で家庭問題発生」

　　　たびたび目にする現象に、老夫幼妻がある。香港人（男）が経済的、仕事上、年齢などの理由で香港で適当な相手を探すことができない。一部の中国内の人々は香港の生活に幻想を持っているため、香港人が中国へ「帰郷」して結婚することは異常に易しい。若く美しい女性は当然こういった男性に歓迎される。結婚後香港移住を申請する。来港が叶ったころは結婚後数年から十年が経っている。…　（『香港経済日報』、97/9/12）

　4）のパターンは、モラル上最も物議をかもすものである。中国語で「包二奶」と呼ばれるのは、二人の妻を持つという意味からくる。香港人か台湾人の

男性、時には財力のある大陸人男性も大陸人女性を大陸での「妻」として養うのである。香港、台湾からの華南への投資が増え、工場が大陸内で運営されるために、大陸へ生活の拠点を一部移す人々が増加し、表れた状況である。経営者や技術者が多く、高給であり、香港や台湾に既に家庭を持っている。子供は婚外子となる。香港に近い広東省の一部に、これらの大陸「妻」が多く住む地域があるといわれる。

　…今年（2000年）7月、42歳の蔡という香港人は重婚罪で（中国広東省）深圳の龍崗法院から10ヵ月の懲役刑を言い渡された。…蔡は83年に故郷である広東省澄海で楊という女性と結婚し、90年に一家で香港に移住した。97年蔡は深圳龍崗で浙江省温州の王某という女性と知り合い、一通の偽結婚証明書で不法に同居し、一女をもうけた。99年6月から蔡は妻である楊氏と息子に生活費を供せず、楊氏母子は親戚に頼って生活していた。今年（2000年）6月、楊氏は…（犯罪となることを知って）夫の重婚の事実を龍崗政府に伝えた。(『亞洲週刊』、00/9/3)

中港間に離れて暮らす家族が同居の場所として大陸ではなく香港を選ぶのは、収入元が香港にあるからである。大陸にいる家族は、香港に移住するために、大陸で一人一人香港移住（単程証）を申請する。申請を一人一人行うので、許諾も一人一人に下りる。なかなか家族全員にうまく許可が下りるとは限らず、全員の同居が叶わない所以である。

分かれて暮らす家族も、合法的に香港への入境を果たしていれば、「不法児童移民」とはならなかったのである。しかし合法入境人数は限られている。中国から香港への合法入境は一日毎の定数枠制をとっており、枠は段階的に増加してきた。返還時点では一日の枠は150人、一年で54,750人となる。一日150人の中でも、「子供」や「妻」といったカテゴリー別の割り当てが決まっており、子供の数は返還時点では60人であった。ここで問題としている児童移民は、この枠内で入境することができずに、不法に入境、滞在しているのである。

第2項 数の把握

　数については、児童移民問題の扱い方からいって二つに分けて考える必要がある。第1は実際に返還後に姿を現した、すでに入境している児童移民の数で、第2は将来入境が見込まれる香港人の大陸子女数、つまり潜在的児童移民数である。

　第1の数字について、香港に入境した「不法児童移民」の数を正確に測ることはできない。なぜなら、まず不法滞在である以上、どこにも届け出ずに隠れて暮らしているケースがあるからだ。児童移民が身分を隠して暮らしている様子が、次の返還直後に入境處に並んだ児童の言葉に表れている。

> …列の先頭にいる阿萍はまだ8歳だ。記者が聞いた。…「警察に出くわすと、心臓がどきどきして、引き返して逃げたかった。でもお姉さんが言うには、そうすれば警察が私に身分証がないことがわかってしまうと言った。お姉さんはいつも私の手をぎゅっと握るから、私は何もしなかったの」…
> （『香港経済日報』、97/7/4）

　その他、一旦香港に入境しても大陸に帰った、また出境し再び入境するなど、出入りを繰り返しているケースもあり、入境者数が人数と異なると思われる。しかし与えられた資料から児童移民の数を推計すると以下になる。

　返還前の児童移民の入境について、二つの指標がある。1）入境後に入境處に出頭したケースと、2）不法滞在が発覚し拘束されたケースである。1）は香港入境後に暫定措置である外出許可や特赦を求めて入境處に出頭（自首）してきたものである。表は、92年以降の入境處に自首した不法入境児童数と当局によって発見拘束された児童数である。

　自首した数は、取り締まりが強化された95年に一旦減少したものの、返還を前に急増したことがわかる。拘束された児童もやはり返還前の96年末に急増した。これらの児童は明らかに返還後の基本法発効によって居留権を得ることを期待したものである。

第3章　児童移民の背景　143

表Ⅲ-④　返還前の「不法児童移民」数

	1）自首児童数	2）拘束児童数		1）自首児童数	2）拘束児童数
1992年	295	—	1997年1月	297	323
1993年	202	—	2月	300	330
1994年	110	—	3月	647	714
1995年	94	536	4月	205	204
1996年	540	745	5月	11	30
—	—	—	6月	12	34
（92～96年）計	1241	1281	（1997年）計	1472	1635

（出所：自首した不法入境児童数－SCMP,『信報』、97/7/4、当局によって発見拘束された児童数－1995～96年—『快報』、97/7/1；1997年—『蘋果日報』、97/7/5）

　返還時点に、この数字の他に香港に隠れている大陸子女がいる。葉入境處長は100人以上の児童が香港に隠れていると述べた（『文匯報』、97/7/13）。しかしマスコミはより多くを見込んでおり、4,000人（SCMP, 97/7/6）ともいわれた。

　では、大陸にいる香港人子女の数はどうであろうか。返還前の政府統計處のデータがある。「中国内地で結婚した香港住民」調査は総合住戸統計調査の一環として1995年11月から96年1月まで行われた。報告書[2]によれば、大陸で結婚した香港住民の子女で、調査時点で大陸在住の人数は、32万600人である（p. 4, 15）。ただし親である香港住民の中には、香港永久性居民とそうでない人が含まれる。調査は8,725戸の抽出された家庭を統計員が訪問して行われ、比例計算されたものである（p.1）。

　返還直後、香港入境處への大陸子女の殺到を受けて、政府は早急な対応を見せ、香港永久性居民の子女数について検討がなされた。返還前後は見方にばらつきがあり、香港の民間調査で13万人、中国政府は6万人、香港政府は3万人（『経済日報』、97/7/1）、という見方があり、大陸で香港の居留権を要求しているものは約80,000人いると広東省公安部は見積もっている（SCMP, 97/7/1）という見方もある。ここで香港政府が約3万人と見ているのは、それまでの通説と

[2] 香港政府統計處「内地結婚的香港居在中國内地結婚的香港居民」『專題報告書第15號』1996：1-16

比べても少ない。例えば1995年の不法移民の記事にすでに、返還後に香港居留権を取得できる大陸子女は6万4000人いるという記述がある（SCMP, 95/4/25）。その後、香港政府はこれまでの見積もりが少なかったことを認め（SCMP, 97/7/13：『文匯報』、97/7/13）、大陸子女つまり潜在的居住権待ち児童数は60,000人（SCMP, 97/7/6）から66,000人位（『経済日報』、97/7/9：『文匯報』、97/7/13：SCMP, 97/7/13）という見方に収束していく。しかし民間組織である社区組織協会は少なくとも10万人という予測をしていた（『東方日報』、97/7/4）。

ところで、大陸で香港入境を待つ、香港人の妻の数は、返還直後の葉入境處長のコメントによれば、広東省のみで2万7000人、中国全国では5万人という（『文匯報』、97/7/17）。この数字を元にして考えても、1人の妻が1人の子供を産んでいれば大陸子女の数は5万人、二〜四人と産んでいる場合が多いので、大陸子女の数は少なくとも10数万人という計算となろう。

しかし、返還直後の児童移民問題発生から2年後、1999年になって、大陸子女数の見積もりが急増する。同年2月、嫡出子と非嫡出子を含めた香港人の大陸子女は40万人と、大陸と香港の高官協議で見積もられる（HKS, 99/2/3）。

同年7月には、数字がさらに上の桁に及ぶ。政府は香港人を親に持つ大陸子女とその子女の数、つまり大陸に住む香港人の子孫の合計を160万人と見積もったのである[3]。算出したのは香港政府統計處である。1万9300世帯の4万6000名の中国系香港人をサンプル調査した結果から総数を算出した。当然香港社会を驚かせる数字である。この数字を元に政府は大陸子女をすべて受け入れることはできないという結論へ流れていく。それに対し、政府の数字の根拠に異論を唱え、対抗する数字を出した人権団体は、少ない見積もりを出した。大陸子女は60万人以下というものであった。政府の数字との間に100万人の違いがある。この数字をめぐる議論については、第5章で詳しく述べる。

いづれにしても事件発生当初より、大陸子女数の見積もりは次第により大き

---

[3] 中華人民共和国香港特別行政区政府統計處「有配偶或子女在中國内地的香港居民」『第22號專題報告書』1999：125

な数字をめぐる議論となり、児童移民問題はどれくらいの大陸子女に香港居留権を与えるかという、社会全体の負担を論じる居留権問題へと発展していくのである。子女数見積もりの移り変わりは、表にまとめる。

表Ⅲ-⑤大陸子女数の見積もりの変化

	1996年初	1997年7月初	1997年7月中	1999年2月	1999年7月
香港政府の見積もり	香港住民の嫡出子 32万600人	永久性居子女 3万3,000人	永久性居子女 6万6,000人	大陸子女 40万人	大陸子女 160万人
香港政府以外の見積もり		6万人(中国政府) 13万人(支援団体)			56万2,000人(人権団体)

(出所：新聞各紙、政府統計、ヒューマンライツモニターの発表
注；「香港住民」の中には、永住権を持った「香港永久性居民」とそれ以外がいる。「大陸子女」の中にも、登録した結婚による「嫡出子」とそうでない「非嫡出子」がいる。)

　児童移民から居留権の問題に至る一連の過程で、問題の対象となる大陸子女の数、は常に焦点である。しかし、他の移民問題同様に、数の見積もりは大変難しく、その正確な実数は掴めないものと思われる。

小結

　本章では、中国から香港への移民についての一般論と各論を述べた。
　第1節「中国からの入境」では、歴史的に続いている中国から香港への移民現象の一般的状況を把握した。香港政庁と政府の統計、香港入境處と中国内の市公安部での聞き取り調査、新聞社やジャーナリストのレポートや調査によって、入境の実態を調べた。数については急激な増加傾向、特に第二次大戦後は10年毎に約100万人ずつ人口が増加したことが明らかになった。入境制度については、1970年代から制限的な方向をとっており、80年代以降、入境者数は定数割り当て制などで、コントロール下にあることが確認できた。
　一方中国側の事情についても、中国公民の出国には、いまだに煩雑で長期間

かかる行政処理を必要としていること、処理時間の短縮に汚職が通例になっている実情、中国から香港への旅行ビザ発給が急増している傾向、非合法渡航が一般的な想像を越えるほど利用されているなどの事情から、中国内では渡航の需要に公的な処理が追いつかず、しばしば密航によって香港入境している実態がわかった。

第2節「移民ルートとしての大陸子女」では、中国の中でも移民傾向が強い華南地域、特に典型的な例としての福建省の地域性を、福建省出身の移民や現地での見聞、二次資料から調査した。福建省から海外への移出は、香港の歴史よりもさらに長く数世紀に渡る現象であることは、多くの先行研究により示されているが、それを裏付けるような住民の意識や志向性が現地で確認できた。香港返還直後の児童移民現象に続いて、福建省の子女が香港に入境していったのもその流れの末端にあるものだということが明らかになった。

第3節「児童移民の諸相」では、返還後に現れた児童移民特有の事情と、その数の把握の難しさについて、主に香港政府関係部署の担当者へのインタビューと新聞記事から調査した。それによって、背景には中港の境界を挟んで家族が作られていること、概して夫であり父親である男性が香港に住んですでに居留権を持っているケースが多いことがわかった。それら家族は、収入源がある香港で同居したいと願う。しかし前述の理由から、中国政府を通しての許可が下りず、やむなく密航などの手段を用いて、香港に入境した。返還とともに発効した基本法によって、香港居留権が得られると考えた児童が、一斉に出頭したのが、児童移民問題、居留権問題の始まりとなった。またそれら子女数の見積もりの難しさも、問題を深刻化している。実際に見積もり数は、親が香港居留権をもっているかどうか、子供が嫡出子であるかどうかなどを区別する必要もあり、時期によって、異なる数字をはじき出している。以上のことを総合的に把握することができた。なお本論は、香港の児童移民について初めて重点的に研究するものとなった。

1、2章で明らかにした公的な制度など表側から見た香港像に対し、第3章のいわば裏側から見た香港像は移民社会である。公式な入境が制限された後は、

非公式な入境方法がしばしば用いられ、もはやひとつの選択肢となっている。つまり移民の流れは止められたことがない。返還前後の制度のギャップを利用して、合法非合法に香港入境してきたのが、児童移民である。表裏の条件が児童移民を生んだといえるので、これまでになかった移民をめぐる議論を紹介することができた。

　ここで、本章で扱った移民をめぐる各主体に視点をおいて考えてみたい。まず中国政府についてであるが、中国国内では、中華人民共和国成立後でも、あらゆる社会的混乱のたびに、数十万規模の人口が移動したのは、第1節で述べたとおりである。動いていこうとする人口をどのように制限するのかというのが、国家的命題であるとすれば、移出のための手続きの煩雑さ難しさは、移動をチェックしていこうとする考えの表れであり、また問題点である。香港の返還後まで、香港の旅行は広東省の住民に開放していたことや、香港から中国への入境に関して、境界隣接市と、さらに中国内部へ入るのでは別に扱っていたことは、香港と中国の往来は、極力地方の問題としておき、中央政府が、香港が英領下にあるという現実と直面しないようにしようとした、中国中央政府の意思ではないだろうか。香港が植民地であっても、中国の一部であるとしてきた以上、中港境界を国境として封鎖することはできず、行き来を止める道理はなかったのである。その意味で中国には首尾一貫した考えがあったが、中港境界を越えようとする需要は、無視するにはあまりにも大きかったといえるだろう。

　一方、香港は動いていこうとするヒトの流れを止めない方針があったように見える。それでも、急激な入境増加には制限する方向を採らざるを得なかったが、全体としては入境定数枠を広げていくなど、流れを促進してきた。香港は、中国側が香港を国内と見る対応を、十分に利用してきたといえよう。香港住民は香港内ではイギリス領の住民であったが、中国への入境は港澳同胞「回郷証」（香港マカオ同胞の帰郷証）を用いて、「中国人」として入境し、多くは経済活動を行った。これは香港住民がダブル「ナショナリティ」を特権として利用した

といえるが、それを私的領域、家族の構成において利用したのが、第3節で整理した分住した家族の中の、「包二奶」と重婚のケースであろう。香港住民は、第1章で述べた法的身分に表れた様に、イギリスとコモンウェルスの制度内にあって、「英領香港住民」としての属地的な第一の権利を持ちながら、「港澳同胞」という中国人としての属人的な第二の権利を持っていた。その2つの権利領域を行き来することができるのが、香港住民の特徴であって、同時に移動の自由が伴った。香港の返還は、香港住民から見れば、二つの権利領域の順位が入れ替わることであった。それゆえに、外側から見るほど全面的な変化という危機感が漂わなかったのではないだろうか。

　中国人移民、とりわけ華南からの移民は、中国の外に出て行って経済的供給源を得るという、地域的で歴史的な移民の動機に支えられており、それが困難であればあるほど、見返りの大きい価値あるものと捉えている。機会あるごとに、中国の外へ出るための、新たな出口と方策を捜索しているともいえる。このような動機に裏付けられた人々ゆえに、児童移民問題に敏感に反応した。かねてより香港住民の可動性が、中国国内に基盤を持つ人々にとっても都合のよいものである以上、この機会をすばやく捉えて利用し、香港入境したのは至極当然のことである。しかし問題点と考えるのは、密航についてである。蛇頭のありかたも、漁師が漁のついでにこっそり人を運ぶ、というような牧歌的なものではもはやなく、需要が高まれば高まるほど、大規模化し、長距離化し、どうしても危険性を増してくる。そうして悲劇にいたるのみならず、本来は歴史的地域的な移動志向性が、短絡的に「犯罪行為」と捉えられることである。越境取締りの論理が必要以上に正当化されていくことにつながるからである。

第4章　児童移民問題をめぐる利害対立の構造

　本章と第5章では児童移民問題の経過を論じる。返還後の児童移民の出現から社会レベルでの議論が収束されるまでを、主要なアクター・アクトレスを軸にして整理し論じる。様々な社会的アクター・アクトレスがそれぞれの立場から児童移民問題を捉え、返還後の香港地域がどうあるべきかという問題と関連させながら動いている点を重視した。本章では、香港政府と中国政府の問題への関与を述べ、問題をめぐる社会全体のなかでの利害対立の構造を明らかにする。

　児童移民問題の大まかな経緯は以下である。返還を前に、香港人を親に持つ大陸生まれの児童の香港への不法入境と滞在が増加する。そして返還の後に最初に現れた社会問題は、それら児童移民が政府の入境處に一気に出頭し、香港の居留権を求める騒ぎであった。児童移民たちの主張は、返還後に発効している香港基本法によって自分たちの居留権が保証されている、というものであった。つまり彼らは、香港基本法によって権利が発生するまで、あらかじめ香港のどこかに潜入し、じっと返還の時を待ち、満を持して表に出て居留権の主張に至ったのである。ここまでは返還前に予測可能であった。しかし社会的衝撃となったのは、その数が予測に反し夥しいものであったからだ。政府は早急に法的措置をとり、合法入境でなければ、児童移民の居留権は認めないものとした。それに対して、香港の法曹界は、香港人が大陸でもうけた子供の香港居留権は、基本法で認められているとして、居留権を争う裁判が始まる。最初に争われたのが、ン・カーリン・ケースであり、返還から約一年半後の最終審判決では、あらゆる大陸子女に香港居留権を認める、とする判決が下る。しかし判決中で、この決定は中国中央政府ではなく、香港裁判所が下すことができる、とした。そのため中国が問題に介入してくる。中国全人代が、香港政府の要請

通りに、基本法の再解釈を行う。その結果、ン・ケース後に起された裁判である、ラウ・コンユン・ケースの最終審では、先の画期的判断からわずか10ヵ月後だが、全人代の再解釈を受けて、限られた条件でしか、居留権を認めない裁定が下る。その後は、人権団体が移民の支援をし、人権を守るという観点から移民の居留権を求めていく。しかし大方の議論が次第に収束し、あきらめた移民は、大陸に戻っていく。

そのように児童移民問題は、発生から収束まで香港社会全体を巻き込む議論の連続であった。児童移民そのもののインパクトもさる事ながら、連続して展開された密度の濃い議論がこの問題を形作っている。それは返還後の香港社会にとって、児童移民問題は単なる児童の問題でも単なる移民の問題でもなかったからである。返還後の香港社会を映す鏡であり、社会的不安要因を占う試験台でもあった。ゆえに児童移民をめぐる議論はさまざまな重要なトピックを含む広がりをもって展開した。トピックは香港行政部門の対応、法治のあり方、中国と香港の関係、人権問題などに及んだ。さらに特徴的なことは、それらのトピックごとに、ある価値観を代表するアクター・アクトレスともいうべき香港の社会団体が、議論において需要な役割を担ったことだ。単なる発言に留まらず、積極的な行動を行うことも珍しくなかった。

なぜそのように議論が厚く強烈であったのだろうか。それは児童移民が大量であったという理由のほかに、問題そのものに二つの特徴があった。1つは発生時期が重要で返還直後であったからだ。二つめに中国と香港に跨る問題であるため、曖昧さを残していた一国二制度そのものの議論と結びつき易かったからだ。

議論を整理すると、四つの方向性と主旨が見出せる。一つは、大陸子女問題を人口問題であり、繁栄に影響する経済問題だと捉える見方である。他の移民と同様に、香港社会が現時点で、大量の児童移民の受け入れが、可能かどうかに的を絞って、問題を見ている。福祉を要求されることが必須の政府と、負担を強いられると見られる香港一般住民がこの見方を支持した。彼らにとって香港は豊かさを謳歌する地域なのである。大量の児童移民は香港社会の繁栄の阻

害要因になりかねない。現状を打算的に分析する経済的な見方だということもできよう。二つめは、大陸子女の問題を純粋な法律問題と捉える見方である。強烈に支持したのは、法曹界の多くの人々である。彼らは、返還後の香港を中国の一地方ではなく一つの独立した地域として考え、それを機能させる土台が香港基本法であると考えている。三つめは、大陸子女の問題を人権問題と捉える見方である。宗教や人権を扱う団体が支持するものだ。彼らにとって、中国には問題が山積しており、将来にわたって監視の対象となるべく地域である。それに対して香港は人権の避難場所である。少なくとも香港では人権は守られねばならない、そういう見方をしている。四つめは、大陸子女の問題を統治問題だとする見方である。香港の外、特に大陸の政府、法律関係者、マスコミはこう捉えた。ゆえに大陸子女の問題は第一に香港内部の問題、解決不可能な場合は中国が手助けする問題であり、制度や取り締まりでコントロールすべきだと考えた。香港はあくまで中国の主権下にある一自治地域だと考えられた。流れを表にまとめると以下である。

この表からは、児童移民問題が、時間の経緯とともに、さまざまに捉えられてきたこととともに、移民問題がもつ多面性も見て取れる。問題の捉え方は、すなわち、新香港のありかたと深く結びついている。児童移民問題に直面して初めて、香港社会が、香港のあり方や将来像について、主張、討論したものであると考える。特に、法曹界と人権団体が提示した問題は興味深い。なぜなら、一つは、香港社会内部からの主張だからである。もう一つは、具体的な価値観を提示しているからである。中英交渉や返還式典や基本法には、香港がもつ価値については、もっぱら経済的な役割が指摘されるだけであった。ところが、児童移民問題の議論を通して、その空白部分を埋める試みがなされたと考えられる。

表Ⅳ-① アクター・アクトレスと問題の捉え方

時期	～1997.7	1997.7～1999.1	1999.1～1999.12	1999.12～
主なアクター・アクトレス	香港政府、民意	法曹界	中国政府	人権団体
問題の捉え方	人口経済問題	法律問題	統治問題	人権問題

(出所：筆者)

段階は以上のようであるが、分析は、時系列の順番ではなく、主体によって分けて行う。つまり、香港政府と中国政府の移民への措置をまとめて述べ（第4章）、社会からの主張であった、法曹界と人権団体の動きをまとめて述べる（第5章）。そうすることによって、議論の最も重要な部分である、香港内部の活動主体、法曹界と人権団体の動きを、本論の重要な部分として、最後に述べる。

本章第1節では、児童移民の大量出現を受けて、不法入境をこれ以上助長させまいとする香港新政府が、至急臨時立法會にて入境法を改定して児童移民のための特別措置を設け、改定入境法に則って行政部門が強制送還などを執行するまでを述べる。返還後1ヵ月間あまりの過程であり、児童移民を社会の無秩序の元とみなす政府が、その流れを止めようとの初動措置が採られた。

第2節では、児童の居留権を法廷で争った、ン・カーリン・ケースの最終裁判所の結審によって、大陸子女への開放が裁定されたあと、政府の動きによって中国中央政府が関与してくる流れについて述べる。1999年1月の最終裁判所の判断は、直後は歓迎されたが、政府が次第に難色を示し、ついに中国中央政府の判断を仰ぐ形で、先の最終審判決を覆していく。これ以上の移民を受け入れられないとする政府が、香港と中国の間の統治問題として扱おうとする中国側を利用する。基本法を利用する形で政治決着がなされた後は、一旦開かれた移民へのドアは大幅に閉じられる。

第1節　香港政府の対応

返還直後、香港人の大陸子女が大量に出現し、入境處に対応を求めた。返還後の懸念事項の中でも、移民問題が新政府に真っ先に突きつけられる問題になるとは予想されていなかった。香港政府のトップは敏捷に対応した。

本節では、政府の当初の対応を中心に述べる。第1項では児童移民が返還直後に香港居留権を要求した理由について、香港の條例と基本法中の根拠を示す。

第2項では政府が採った措置を具体的に述べる。第3項では実際に移民問題を扱う行政の担当部署である入境處について述べる。

第1項　居留権の規定と香港永久性居民の定義

多くの香港人の大陸子女が香港返還を目指してあらゆる手段を駆使して香港入境し、返還直後には居留権を主張して親と共に入境處に殺到した。彼らが居留権を主張する根拠は何なのか。最初に本項で居留権の根拠、香港永久性居民の定義について述べる。

根拠は入境法と香港基本法にある。居留権に言及しているのは入境條例の以下の条文である。この条文は返還の前日である1997年6月30日に制定されたものである。但し「2AA(2)条に抵触しない限り」の部分は返還後の児童移民問題以後に付け足された。

　　入境條例　IA部　香港居留権
　　2A　香港永久性居民は香港居留権を持つ。
　　(1) 香港永久性居民は香港居留権を持つ。言い換えれば、2AA(2)条に抵触しない限り、以下の権利を持つ。
　　(a) 香港への入境
　　(b) 香港に逗留するための如何なる条件も付されず、付された条件は無効である。
　　(c) 強制退去命令は発令されない。及び
　　　強制送還命令は発令されない。…

この条項により、香港に入境し、逗留し、強制的に出境させられないという基本的な権利は、香港永久性居民に付随する権利であることが明確となる。

そして香港永久性居民の定義については以下であり、香港基本法に明記された。基本法は1997年7月1日午前0時の香港の中国への帰属とともに発効され、香港に居住する権利を定める規定がある。権利は「香港永久性居民」の資格として第3章第24条に明記されている。以下はその条項である。児童移民問題に直接関係するのは24条(1)～(3)項であるが、居留権問題のなかで最も重要な条

項なので24条全てを、改めて引いておく。ここでは「香港永久性居民」の資格を持つものを単に「永住民」と表現している。

香港基本法　第3章　住民の基本的な権利と義務

第24条　香港特別行政区の住民は香港住民と略称し、永住民と非永住民を含む。

香港特別行政区の永住民は下記のものである。

（1）香港特別行政区成立以前または以後に香港で生まれた中国公民。

（2）香港特別行政区成立以前または以後に香港に通常連続7年以上居住する中国公民。

（3）第(1)、(2)項に記されている住民の、香港以外で生まれた中国籍の子女。

（4）香港特別行政区成立以前または以後に有効な旅行証明書を所持して香港に入り、香港に通常連続7年以上居住するとともに、香港を永住地とする非中国籍の人。

（5）香港特別行政区成立以前または以後に第(4)項に記されている住民の、香港で生まれた満21歳未満の子女。

（6）第(1)項から第(5)項までに記されている住民以外の、香港特別行政区成立以前に香港にだけ居留権をもつ人。

以上の住民は香港特別行政区で居留権を享有し、香港特別行政区の法律に基づいてその居留権を明記した永住民身分証明書を取得する資格をもつ。

香港特別行政区の非永住民は、香港特別行政区の法律に基づいて香港住民身分証明書を取得する資格をもつが、居留権をもたない人である。

条文の中の(3)項が児童移民問題の焦点の部分である。この条文だけでは、親の一方が(1)項か(2)項に該当する永久性居民であれば、その中国籍の子供も同様に永久性居民となると読むことができる。また「香港以外で生まれた中国籍の」と明記されている以上、事実上中国大陸で生まれた子女を指すものと考えられる。

この条項が発効したのは返還時であるから、児童移民は返還を目指して香港

入境し、居留権を要求したのである。彼らが拠り所とするのは、まさに基本法24条(3)項であり、この後に続く社会全体を巻き込んだ議論は、この条項の解釈を巡るものとなるのである。

　ちなみに上記の永久性居民を定義する条項の後に続く条項を見ると、永久性居民に各種の自由を保証する条文が以下のように並ぶ。第25条では住民の平等、第26条では選挙権と被選挙権、第27条では言論の自由、第28条では人身の自由、第29条では住宅への侵入禁止、第30条では通信の自由と検閲の禁止、第31条では移住の自由、第32条では信仰の自由、第33条では職業の自由、第34条では学問と文化活動の自由、第35条では訴訟の自由、第36条では社会福利を受ける権利、第37条では婚姻の自由、第38条では香港の法律が定めるその他の権利と自由、第39条では「市民的及び政治的権利に関する国際規約」などの条約の香港での実施、第40条では新界地区の伝統の保護、第41条では香港住民以外の人の権利と自由、第42条では香港住民とその他の人の法律遵守義務、などである。

　返還を前に1990年に出来上がった香港基本法では、住民の自由に関する条項を見る限り、大陸中国の住民の権利との区別を意識した内容が伺える。例えば言論の自由や移住の自由などである。特に31条の移住などの自由は以下のように書かれている。

　　香港基本法　第31条
　　香港の住民は香港特別行政区内における移転の自由、その他の国と地域への移住の自由がある。香港の住民は旅行と出入国の自由がある。有効な旅行証明書を所持する人は、法律に基づく制止を受けない限り、香港特別行政区を自由に離れることができ、特別の認可を受ける必要がない。(『北京週報』第28巻第18号)

　第31条が想定しているのは、明らかに香港に居住する人が転居、移住、旅行などをする場合の移動の自由である。中国内では転居や出国には当局の許可を要することを意識した上での香港側の警戒である。したがって、1990年香港基本法制定時点では、児童移民のような微妙な立場にいる人々が新たに香港入境するケースは想定されていなかったといえよう。以下に述べるように、1997年

の返還前後から入境條例によって入境規定を定めていくのは、基本法がカバーしていないケースが返還時に現われたからだともいえるだろう。

第2項　政府の最初の措置：入境法の改定

香港政府は、香港人の大陸子女に関して、返還前に2つの対応をした。専門委員会の組織、密航をさせないよう香港住民に促す宣伝である。

専門委員会については、返還前の97年5月にパッテン総督と董建華次期行政長官の合意によって組織されている。陳方安生政務司長に、律政司長、保安司長を含めたメンバーで、大陸子女についての現状と今後の予測についての検討が始まっていた（『快報』、97/7/1）。

密入境を阻止するため、返還前に董建華が記者会見で何度も述べていたのは、密航して香港入境することは無意味だということであった。児童移民にはそのまま香港居住を認めるような特赦はせず、一貫して大陸に送還し、改めて合法的な入境をしてもらうと強調した（『東方日報』、97/7/4）。

返還後の動きについては以下である。返還直後の入境處での騒動は、1997年7月3日であった。翌日の7月4日に早速この専門委員会が召集された。ここでは今後の児童来港に対処する行政上の措置が構想された。それは1）入境条例を改定する、2）児童は大陸当局に来港の申請をする、3）当局が資格を調査する、4）特区が児童に証明書を発給する、5）大陸が来港の手配をする、の五点である（『経済日報』、97/7/5）。

立法措置は速やかに行われた。7月8日に行政長官の諮問機関である行政会議が開かれ、入境條例の修正案が可決した。ここで新たな條例の内容が明らかになり、翌日7月9日の定例の臨時立法會によって正式に可決した。臨時立法會の審議は7時間にも及び、三読会を一日の会議で行うという性急な決定であった。

通常、香港で法案が法例として成立するためには、イギリス議会の伝統を踏襲した次のようなプロセスを経る。立法会議以前に予備的な草案作りと条項に関するコンサルティングをする。立法会議では、第一読会（First Reading）、第

二読会 (Second Reading) と議論、コミッティー・ステージ (committee stage) において細かく条項が読まれた後に修正、第三読会を行う。最後に最高責任者の同意とサインによって成立する。読会を3度繰り返し、議論や修正を織り込むというプロセスを一度の会議の中で行うのは異例のことであり、本案件に関しては法案を急いで成立させたことがわかる。

可決した修正入境法の内容は、大陸子女が香港に入境する場合の手順である。簡潔に言えば、基本法に定められた権利である居留権を行使するための必要な手続きを定めたことになる。具体的には、香港永久性居民は香港居留権を持つとした条文（2A条）の後に、七つの条文（2AA～2AG条）を付け足し、居留権の確立方法を明記したものである。以下に重要な部分を引用する。

　　入境條例　第IB部　付表1第2(c)が指す永久性居民に関する條文
　　2AA．付表1第2(c)が指す永久性居民の身分
　　(1) 付表1第2(c)が指す永久性居民の身分を持つ全ての人は、以下の文書所有のみが身分確立の根拠となる。
　　(a) 本人に発給された有効なトラベルキュメントと、それに貼付された本人に発給された居留権証明書。
　　(b) 本人に発給された有効な特区パスポート、または
　　(c) 本人に発給された有効な永久性居民身分証。
　　(2) 付表1第2(c)が指す香港特別行政区永久性居民で、香港居留権を持つものは、第(1)の条項によって身分が確立された時のみ、居留権行使ができ、このように身分が確立されない時は、本条項により香港居留権を持たないものとみなされる。

また条文中の「付表1第2(c)が指す永久性居民」について、該当部分は以下である。

　　付表1　香港特別行政区永久性居民
　　2、香港特別行政区永久性居民
　　以下のいずれかに属するものが即ち香港特別行政区永久性居民である。
　　(a) 香港特別行政区成立以前または以後、香港で生まれた中国公民で、

出生時又はその後のいずれの時に父親か母親が香港に定住しているか既に香港居留権を持っている。

(b) 香港特別行政区成立以前または以後、7年以上香港に通常に居住している中国公民。

(c) (a)または(b)項の香港特別行政区永久性居民の香港以外で生まれた中国籍の子女で、子女出生時に父親か母親が既に香港居留権を持っている。

…

つまり、入境法の改定によって、香港人子女の中でも出生時に親の一方が既に永久性居民であった子女のみに香港居留権を与え、しかも居留権の行使つまり香港居住には、必要書類の取得を条件としたのである。必要書類を取得しなければ、香港の居住を認めないと言明した。必要書類は中国当局と香港当局の両方を通して発行されるから、入境は秩序だったものとなる。こうして政府は返還からわずか数日の間に、大陸子女の香港入境を一旦はコントロール下に置いたのである。

大陸子女入境を厳しくコントロールすると決めた上で、政府は合法移民枠の具体的な検討に入る。葉劉淑儀入境處長が、合法移民枠つまり単程証による入境について、児童により多くの枠をあてることを検討中だと発表した。返還前、一日の入境枠は150人で、うち子供は66人であったが、90人への増加案であった。同時に大陸子女の数について、政府の見方が甘かったことを認めた。大陸で待機する子女は33,000人という見方から、66,000人に変更した。香港入境している大陸子女も1,500人以上と見ている (*SCMP*, 97/7/13)。

以上の措置は香港政府の判断で行ったと見られるが、この約2年後、政府は児童移民問題について、中国全人代の判断を仰ぎ、問題が展開していく。しかし入境法改定直後のこの時、董建華はこの件について中国全人代の裁定は必要ないと強調している (SCMP, 97/7/13)。

また入境法改定時の社会的雰囲気を、当時の民意調査によって知ることができよう。児童移民の大量出現を受けて、東方日報が急遽行ったサンプル数194

の電話調査の結果は、「不法児童移民には居留権を認めず、ひとたび認めれば、大量密航と香港内の住宅と教育の問題が起こるだろう」というものであった（『東方日報』、97/7/4）。調査サンプル数が少ないものの、結果からは、児童移民が社会一般からは歓迎されない存在であったことが窺える。

第3項　行政部門の対応：入境處の役割

　香港行政部門において、人の香港出入境や登録を管轄しているのが、入境處（Immigration Department）である。人的移出入が激しい香港において、あらゆる移民関係事項を取り扱う部署であり、香港政府の中でも特に重要な役割を担ってきたと考える。児童移民が返還直後に殺到したのも、この入境處のオフィスビルであった。本項では入境處について押さえておきたい。

　香港の出入境は警察部門の管轄であり、入境處は1961年に警察部門から独立した。警務處や消防處と同じ政務司保安局に属し、治安の維持や安全にかかわる部署の色合いが強い。入境處の機能は大まかに三つある。1）人の出入境の規制と監視、2）香港住民への旅行文書の発給と必要な場合のビザの発給、3）誕生、結婚、死亡の届出受付と身分証の受付である。入境處は、膨らみ続ける香港人口をコントロールする移民政策を実行する部署である（Davis and Roberts, 1990：207）。

　部署内の編成は1997年3月末時点で計5,272人であり、1998年3月末には207人増加した。入境處はその理由として、香港特別行政区パスポートや居留権証などの新しい文書の発給や、出入境の人数と車両の増加に対応したものだと説明している（『入境事務處年報 97/98』：91）。入境處は、香港に実際に出入境する人々などに柔軟に対応して配置や編成を決定していると見られる。

　入境處に関して特に注目すべきことは、事務の自治権を持っていることである。以下に入境處の説明を引用する。

　　入境事務の自治権

　　　香港特別行政区…は中華人民共和国の不可分の一部であるが、出入境管
　　制を含めて特区内部の事務は高度な自治権を持っている。基本法の154条

では、香港特別行政区政府は、世界各国地域の人の入境、逗留、出境に関して出入境管制を実行できる、としている。言いかえれば、返還後も香港は依然として一つの旅行地区、入境管制区域であり、且つ出入境政策制定において自治権を有している。(『入境事務處年報 98/99』：11)

入境處が実行する香港の出入境政策は、香港が返還後も独自性を保つ証明であり、独立性を守る鍵であるといえるだろう。入境處自身も独立性を保ち、政府部署の中でも裁量が大きい業務であると言えるだろう。

返還の前後、入境處は児童移民問題で難しい対応を迫られた。返還以前の不法移民への措置は「即捕即解」と呼ばれ、調査せずに即刻送還する措置を採っていた。返還前の数ヵ月間に自首した児童の内、1000人くらいを返還前に中国へ送還したものと見られる (『信報』、97/7/4)。

返還後、居留権関係の窓口となっていた入境處は、予想を越える大陸子女の出現に対し、当初戸惑いと混乱が見られた。7月3日、入境處の麥副處長は父母の代表者と1時間弱の話し合いを持ち、問題の処理を基本法に基づいて行うことを確認し、すぐには送還せずに児童の処遇を保留にしたまま調査を行い結論を出すこととした (『信報』、97/7/4)。

入境處に集まった児童と父母の希望は、入境處が児童入境と滞在の違法を告発せず、特赦してそのまま居留権を与えることである。しかし董建華は返還前からこういった入境者に対して特赦は行わない旨を表明していた (『東方日報』、97/7/4)。結局、新聞紙上にも書かれたように (『経済日報』、97/7/5)、政府は返還前の措置である「即捕即解」ではなく、また「特赦」でもない方法を模索したものと思われる。

入境條例改定の一方で、行政部門では、至急中国からの密航を止めるなど中国サイドと協力する努力がなされた。臨時立法會が入境條例の改定をした日、警察と入境處の事務管理者クラスが中国深圳に入り、広東省公安局や境界警備部門と密航防止強化に関して協議した (『明報』、97/7/10)。入境處では大規模な動員で改定入境條例を厳格に執行する準備、既に香港に入境している児童移民を補導する準備ができていたという (『明報』、97/7/10)。

次の週の16日には、大陸側に一斉に動きがあった。広東省公安庁の王英剛副庁長と中国政府系新聞である『文匯報』が、改定入境條例の実施について具体的な発表をした。核心部分である居留権証明書の発給手順については以下である。

　1）大陸の申請者は、戸籍のある市や縣（区）の公安機関出入境管理部に申請書を提出。

　2）受け付けた公安が内容を検査。

　3）広東省公安庁が出入境管理處で審査し、香港側に送付。

　4）改定條例の核心部分である居留権証明書の発給手順については香港入境處で確認、居留権証明書の発行、名簿と居留権証明書の大陸側への送付。

　5）大陸側は入境枠数に沿って単程証を発行、居留権証明書を単程証の備考欄に貼り付ける。

　6）居留権証明書と単程証を申請者に交付。

　7）申請者は二つの証明書を持って香港入境。（『文匯報』、97/7/16）

このプロセスによって、大陸側での数度のチェックと香港側のチェックを経て、両側の証明書が合わさって香港入境の許可が下りることになる。居留権取得の有無は文書によってはっきりする。いくら香港人の子女であろうとも、密航などの手段で入境した場合には居留権が認められないということが條例によって定まった。

同じく16日、葉劉淑儀入境處長が北京に赴き、中央政府の公安部出入境管理局と協議した。内容は、大陸から香港への一日入境枠150人の内、児童入境枠を66人から90人に増やすこと、居留権証明書の発給方法、密航者と超過滞在者を発見後直ちに送還することなどについて話し合っている（『文匯報』、97/7/16）。さらに「不法児童移民」には特赦などの特別措置を施さないことも決定した（『文匯報』、97/7/17）。

さて、入境條例を改定し、それに合わせて合法入境枠拡大の調整をした。次に行われたのが、新制度のキャンペーンである。改定入境條例に明記された「居留権証明書」関係の報道が政府系新聞に多くなる。中国政府系新聞である『文匯報』には、條例改定からわずか1週間で入境處が500通の居留権証明書を

広東省に送付したこと（『文匯報』、97/7/17）、新システムで中国から入境する第一陣は、97年8月16日、350人以上が通る予定と報道された。当日、中港両方の関係部門は児童のための特別通路と人員を設け、マスコミの取材を快く受け児童のインタビューまでセッティングした（『文匯報』、97/8/16）。

　上記のように、中港が協力し、次から次への方策で児童移民に素早い対応を見せた。ここまでの事務的な段取りがわずか20日ばかりの間に整ったのは速やかであった。しかしこれに続く経過を見ても、また整ったかに見える新たな仕組みをみても、根本解決ではなく応急処置であったと言えるだろう。居留権証明書発給手順については、この方法によってこれまで仕方なく密航を選んできた単程証申請者と同様の不満や疑念がはれるとは考えにくい。なぜなら、申請の受付や香港側に送るリストの作成は大陸側に委ねられたままであり、多くの申請者が疑う汚職、怠慢、手違い、不公正などが生じる余地はそのままであるからだ。それを証明するものとして、新システムによって香港入境が許可された児童の審査基準については、大陸の部門は全くコメントせず、香港の部門は全く関知せず、機密扱いとなっている。基準が有るとは思えない（『経済日報』、97/8/16）という見方もある。

　改定入境條例に則った方法で大陸子女が香港に入ってくるのと逆に、密航などで香港に入境してきた児童移民の中国送還が始まる。送還は入境處長の裁定である。入境條例改定の直後に児童移民の送還について言及し、入境處にはその意志があるとした。送還のみが根拠のない噂や今後の大規模な密航を防ぐ唯一の方法だとした（SCMP, 97/7/13）。しかし次の段階では、送還を不服とする大陸子女と送還させようとする入境處長が法廷で争うことになるのである。

第2節　中国の干渉

　本節では、児童移民の最初の裁判ケースである、ン・カーリン・ケース最終審判決後の1999年2月から、それに続く裁判ケースであるラウ・コンユン・ケースの1999年12月の結審までを述べる。時期としては、第三段階にあたるが、動きとしては、香港社会に対して、一種の圧力をかけたことになるので、第4章

第4章　児童移民問題をめぐる利害対立の構造　163

で政府の措置とともに述べる。

　本節で述べる経過は、香港での児童移民問題解決の重要な一部分でありながら、香港と大陸との関係を探る経過でもある。ここには返還後の香港と大陸との関係を、児童移民問題を契機に、基本法について問いただしていく意味が伴っている。つまり児童移民問題は返還後の香港の統治システム、香港と中国との政治上の関係を試す働きをしたのである。そのプロセスを以下の四項に分けて論じる。

　第1項では、ン・カーリン・ケース最終審判決の反響を主に述べる。ン・カーリン・ケースとは、児童移民が原告となって起した、最初の裁判である。ン・カーリン・ケースの結審によって大幅に大陸子女の香港居留権が認められ、将来見込まれる入境児童数が激増した。香港のオープンドア・ポリシーへの歓迎もあるものの、大量の児童が将来香港社会に入ってくることへの社会不安が表れる。政府は早速専門委員会を作り、大量児童入境への検討が始まる。

　第2項では政府と大陸側からの、判決を下した裁判所への圧力と、裁判所が対応する経緯を述べる。政府は判決によって予想される入境児童の数を問題とする。大陸の法律専門家は判決を下した裁判所の裁量権を問題とし、最終審判決の中の照会問題における基本法解釈権に関して、香港居住権に関わる事項は全人代の裁量の範囲ではないかと主張する。これを受けて政府は、既に下された判決に関し裁判所の再説明を求めるという、前代未聞の要求をする。政府はこの再説明行為を「澄清」と名付け、物事をはっきりと明らかにさせるという意味づけをした。

　政府に対する裁判所の「澄清」は、政府に妥協するものであった。判決で述べた基本法解釈権は最終的には北京の全人代にあり、香港の裁判所は全人代から権利を与えられているのだ、という説明である。香港の裁判所には、全人代の権限に挑戦する意図はないと、力関係を確認するような説明もなされた。

　第3項では政府が最終的な解決策として基本法自体の再解釈を北京の全人代に求める経緯を述べる。基本法条文の不明瞭な部分を明確化するためである。政府が解釈案を作成し、司法長官が北京に向かい、解釈案を提示して全人代に

解釈案の可決を要請する。解釈案は1）基本法22条に関して、中国側が香港への入境者をコントロールするにあたり、単程証制度を確立する、2）基本法24条に関して、香港居留権の取得資格について、誕生の時点で親が香港永久性居民であれば子供に居住権が付与される、非嫡出子にも嫡出子と同等の権利が与えられる、というものである。そして99年6月に香港政府の案に基づき、全人代常務委員会で解釈案が可決される。

第4項ではその全人代による再解釈が効果的に香港での居留権問題に反映されていく事実を、裁判ケースの経緯によって明らかにする。北京で全人代が解釈案を通過させた時、香港ではン・カーリン・ケースに続く別の原告団による居留権裁判ケースが第2審を終えて最終審に入るところであった。このケースは原告の代表者の名前から「ラウ・コンユン・ケース」と呼ばれる。解釈から半年後の99年12月の最終審判決で、香港の最終裁判所は全人代解釈を今度は合法とし、香港の裁判所は全人代の判断に従わねばならない、とした。これによって二つの大きな結論がもたらされた。一つは香港の裁判所に対する北京の全人代の優位性である。もう一つは香港居留権付与の範囲であり、当面予想される流入移民の数である。つまり1999年1月に一旦採られたオープンドア・ポリシーが否定されたこととなり、約160万人と見られた居留権資格児童が、約17万人まで減少した。これによって、政府、司法部門、中国側との間では落着をみた形になった。

本節でまとめた居留権問題のプロセスは、中国側から見れば、返還後の香港と大陸の関係を基本法の次元において明確にしたプロセスである。基本法は香港にとって「憲法」であり、香港住民の権利や行政の権限を根本的に定めた最高位の法律である。その法律の判断と解釈が最終的に全人代の手にあることを確認したのである。その意味で居留権問題そのものが香港の統治システムを試す役割を果たしたといえるだろう。

第1項　判決の反響と問題提起

1999年1月29日のン・カーリン・ケース最終審判決は、歴史的なインパクト

第 4 章　児童移民問題をめぐる利害対立の構造　165

をもっていた。判決を伝える新聞記事を読んでみる。衝撃を伝える記事として、『ホンコン・スタンダード』紙「法廷は子供たちにドアを開いた」(1999/1/30)がある。以下に引用する。

　大陸子女、それが嫡子でも非嫡子でも、香港永久性居民の子供に生まれた場合は、生まれつき香港入境と居留の権利を持つ。最終裁判所は昨日、画期的な裁定を下した。特別行政区の最高位の裁判所である最終裁判所は、香港の居留権を求めるさらに数万の子供たちにドアを開き、この問題における香港の裁判所の権利を確認した。どのような大陸の法もここでは違法であり、大陸の子供の入境や居留権を制限できないこととなった。…

また『大公報』の「最終裁判所人権公約に基づいて裁定、香港人の大陸子女が居留権を得る」(1999/1/30)は以下である。

　（判決の要点1）最終裁判所には基本法22、24条から出た問題を処理する権利があり、全人代常務委員会に解釈を求める必要はない。
　（政府の対応）最終裁判所は基本法に対し一つの明晰な解説をしており、今後の業務にはっきりとした参考となる。…

『ホンコン・スタンダード』紙は判決の意義についてセンセーショナルに解説している。「画期的な裁定」という表現にも評価が表れている。大公報は北京政府の広報媒体に近い役割を果たしているが、判決の要点を列挙する中で、第一に基本法解釈権について挙げ、政府がそれを「明晰な判断」と評価していることを伝えている。この時点で北京寄り媒体が判決への批判をしていないところは注目すべきである。数日後には大陸内部から批判が出てくるからである。判決報道のもう一つの特徴は、判決後の懸念を伝えることである。『サウス・チャイナ・モーニング・ポスト』紙は「居留権勝利後の流入の恐れ－大陸子女が居留権争いの歴史的裁判に勝訴したのを受けて、国境警備は強化された」(1999/1/30)と以下のように伝えた。

　昨日の児童移民の画期的な勝訴によって、数千の大陸人が居留権を主張して香港に向かってくる恐怖がもたらされた。中港境界はすぐに人が流入しないように警戒を強化し、政府はすぐに大陸の当局と協議し秩序正しく

合法的に移入できるように確認した。…

『ホンコン・スタンダード』紙は「裁定は懸念材料を増やした」(1999/1/30)として以下のように伝えた。

> 最終裁判所は居留権問題について判決を下した。それには歓迎すべき側面と心配すべき側面の両面がある。歓迎すべきなのは判決がついにこの問題を終結させ、さらに重要なことは、香港居民を親に持つ誰にでも特別行政区の居留権を確立したことである。しかし同時に非常に心配なのは、おおよそ72,000人の児童がこの判決を待っていたことである。…

このように判決のインパクトは評価と懸念の両方を含むものであったのだ。

2月4日、董建華が判決後初のインタビューで、「影響は、例えば社会福祉、医療、教育分野に、とても広範囲に及ぶだろう」(HKS, 99/2/5)と述べた。判決を歓迎するトーンではなく、香港社会への懸念が表れている。

2月5日、政府は判決後の行政対策を練るために、政府内に特別委員会「居留権証明書制度への最終裁判所判決の実施に関する特別委員会」を設けた。メンバーは、政務司司長を始め、保安局、入境處、教育統籌(教育労働)局、衛生福利局、房屋(住宅)局、民政事務局、庫務(公庫)局、の局長たちと、民事法律専員、政府エコノミストによって構成された(HKS, 99/2/5)。児童移民流入によって懸念される問題の管轄部局の長たちを集めた政府内トップレベルでの対応をとったのがわかる。

2月初めの一般社会の反応を示すものとしては、政党の一つである民主建港連盟が行った民意調査がある。727人の回答者(抽出方法不明)が対象である。

この調査から多数派民意を描いてみると、大陸からの大量流入は香港にとって悪いニュースで、政府に彼らを世話する十分な財源がなく、税金や公共支出カット、労働市場への影響で社会全体に不利益になる。この際基本法を変えてでも彼らへの居留権付与は制限するべきだ、という具合である。調査を行ったのが中国寄りの政策を採る政党であることや、調査サンプルが少ないことを考えても、当時の民意を大きく外れたものではないだろう。大陸からの新たな移民は、歓迎されていない雰囲気であった。

第4章　児童移民問題をめぐる利害対立の構造　167

表　Ⅳ－②　中国からの移民に対する世論（民主建港連盟）　　　　　単位は％

質問	はい	いいえ	ノーコメント
多数の大陸人の流入は、香港の開発にとってよいと思いますか？	良い 13.3	悪い 86.7	
流入は、香港の労働市場での雇用機会への影響を懸念しますか？	非常に53.4 懸念31.9	しない12.2 全くしない0.7	1.8
もしあなたが彼らへの居留権付与を決められるとしたら、彼らに権利を与える意思がありますか？	ある15.4	ない64.2	20.4
流入民によって、政府が税金を上げたり公共支出をカットしたりするのではないかと心配ですか？	とても45.9 心配37.1	心配ない12 全然ない1.1	3.9
それらの新移民を世話するだけの充分な財源が政府にあると思いますか？	とてもある3.4 まあある17.1	充分ではない 50.8 全然ない23.2	5.5
彼らの居留権を制限するように、基本法を修正することに賛成しますか？	賛成65.7	反対16.4	17.9
この危機を受けて、移出を検討しますか？	はい19.9	いいえ45.7	考えたこともない34.4

出所：*Hong Kong Standard*, 99/2/8

　後の動きを左右することになる、さらに重要なことは、2月初めに中国の法律専門家から出てきたコメントである。先の判決の中の、「香港の裁判所が全人代と常務委員会の立法を審査できる」という部分への異議である。以下に引く。

　　…法律専門家は、…同事件の判決によって、香港で居留権を所持する香港人の子供が急増し、香港社会の各方面の負担が重くなり、香港全体と長期の利益が損なわれることになる、としている。特に人々を憤慨させるのは、同判決の中で、特別区の裁判所が全国人民代表大会及びその常務委員会の立法を審査し、それを無効にすることができるという関連内容は、基本法の規定に違反し、全国人民代表大会及びその常務委員会の地位、ひいては「一国二制度」に対する挑発である。…専門家は次のように語った。特別区が設立されて一年近く、中央政府はしっかりと「一国二制度」の方

針を貫き、基本法に順守して事を運び、特別区政府の活動を全力あげて支持してきた。…我々は最終裁判所の裁判官の自分勝手に全国人民代表大会とその常務委員会の権力に挑発するという行動をみとめない、基本法の権威は必ず守らなければならない。(『人民日報』、99/2/8)

記事中の法律専門家とは、基本法の起草委員や、香港特別行政区の準備委員会などの委員を務めたメンバーであり、中央政府に近い立場で、香港特区の準備と基本法起草に深く関わった法律家たちである。具体的には北京大学法律系教授の肖蔚云、北京大学兼職教授の邵天任、中国社会科学院法学所教授の吴建璠、中国人民大学教授の許崇德の四人である。

また人民日報は共産党の機関紙であり、政府の意思を反映するものである。彼らが最も批判するのは、香港裁判所が全人代常務委員会という中国中央政府の権限に「挑戦する」点なのである。権限と権力の上下関係を重視している。彼らに言わせれば、「基本法の権威」とは全人代や常務委員会つまり中国中央が、香港裁判所からみて上位権力であり優越していることであるらしい。ン・カーリン・ケースの最終裁判所判決のなかで、判事が「基本法の中心的精神が香港の独立にある」とした点と比べると、基本法の存在意義すら、中国側と香港法曹界の間では異なっている。

ここで返還直後の児童移民問題発生時、中国側はどのような態度を示していたかを考えてみる。返還直後の児童移民問題を受けて、大陸北京当局の考えと思えるものは以下である。中国公安部出入境管理局スポークスマンは、香港居留権を主張する不法入境者をどのように扱うかは、香港特区が自ら決定するべきだと強調している（『蘋果日報』、97/7/5）。この段階では児童移民問題が全く香港内部の問題であると言っているのである。ところが、ン・カーリン・ケース判決後に急に関心を寄せたのは、やはり香港の裁判所が、全人代の権限について言及し、その内容が問題視されたと見るのが妥当であろう。北京が問題としているのは、児童移民問題そのものではなく、権限を巡る上下関係といえるだろう。

中国側のはっきりした判決批判を受けて、香港側でも、ン・カーリン・ケー

スの判決をめぐる議論が活発になる。2月13日、政府の司法部門のトップである律政司司長が北京で、中央と香港の関係を管轄する国務院香港マカオ弁公室や、基本法と関係深い全人代常務委員会法律工作委員会の高官と協議を行った。その場で梁愛詩律政司長は北京の考えが「裁判所の裁定は間違っており変更するべき」との方向に向いている事を確信する。司長は協議後の会見で「彼らは、全人代と常務委員会の行動への最終裁判所による確認に疑問を呈している。これは憲法と基本法に矛盾しており、改正する必要があると思っている」と述べた（SCMP, 99/2/14）。いよいよ香港政府内での裁判所への圧力が高まっていく。

第2項　最終裁判所の説明

　2月24日、香港政府は「動議通知書（the motion）」を最終裁判所宛てに提出し、先の1月29日の判決についての説明（澄清：clarification）を求めた。判決内容をもう一度詳しく説明せよというものである。一旦下された判決内容の説明を求めるというのは、前代未聞の事である。「澄清（clarification）」という言葉があてられており、「明らかにすること」を意味するが、実際の展開は政府が裁判所に対して問いただし、不明瞭な点の「追求への答え」である。単なる「説明」よりは強い意味があり、和訳の難しさも含んでいる。

　説明を求めている内容の要点は以下である。

　　○動議通知書の必要性について－最終裁判所の判決が大きな社会的関心と懸念を呼んでいる。それは香港メディアの幅広い報道や、中港両方の評論家、学者、役人、全人代議員などから意見が出されていること、殆ど全ての香港人の関心から伺える。

　　○憲法学的、社会的、普遍的重要性について－政府は裁判所と全人代の関係に関する、判決後の様々な筋の憶測を懸念する。そこから次の二点について裁判所の説明に値する。全人代と常務委員会が制定した法における裁判所の権限範囲と、基本法158条第1項に基づいた常務委員会の基本法解釈権について。

　　○基本法解釈権限について－最終裁判所判決が基本法158条について留意

したのは、どのような条文について全人代に照会するかのみであり、全人代の全ての権限範囲については言及していない。(HKS, 99/2/27)

政府が最終裁判所に説明を求めたのは、専ら中国中央政府の権限に関するものであった。きっかけを中港の議論や香港人の関心から生じているとするが、裁判所に対し、ン・カーリン・ケースの判決中の全人代の権限について問いただす行為は、香港政府の意図に他ならない。

これを受けて、2月26日、最終裁判所は説明を行う。説明文はシンプルで明白なものだった。要点は以下である。

○判決後に判決を説明するのは、例外的なことである。
○1999年1月29日の判決は全人代常務委員会が158条によって解釈する権限や基本法に従ってとったあらゆる行為の権限に疑いをもつことなく、特区の裁判所はそれに従わねばならないだろう。裁判所はその権限を疑わない。(HKS, 99/2/27)

結局、最終裁判所は極めて稀な行為である判決の説明を行い、政府の希望をかなえる形で全人代の基本法解釈権限を全面的に認めた。ここには1月29日の判決にあったような、香港の独立性や香港裁判所の基本法立法監視の機能はまるで失われている。

この行為は当然香港の法曹界の怒りと失望を招いた。以下は説明翌日の報道の一部である。

…弁護士や司法の専門家は怒りを示し、この措置によって法治が侵され、政治的圧力に屈した印象を与えるのではないかと警告した。大律師公會 (Bar Society) の会長であるロニー・トン上級弁護士は「私は起こった事に驚き深く失望した。そのような方法を採るに到った全てを遺憾に思う。」民主党党首のマーティン・リー（李柱銘）は「ただ単に北京の誰かが理解しないという理由で、香港の裁判所が出した明確な判決を裁判所自身が説明するのはおかしい。今日は香港の法治にとって悲しむべき日だ」(SCMP, 99/2/27)。

ちなみに、大律師公會は司法界のなかでも、法廷弁護士の主張を代表して発

言する事の多い団体である。香港における法の独立、基本法精神の維持、イギリスの法の伝統であるコモン・ロー精神の維持に関しては敏感である。民主党のリー党首は弁護士である。このような人々にとって、香港返還後に香港社会が拠り所とするのは、香港基本法による法治社会の原則であったはずである。ところが法治の最終結果である最終裁判所の判決が、中国との関係を懸念する政府によって、再度説明を強いられたことは、香港法治の一角を崩されるほどの衝撃であっただろうと思われる。

第3項　中国全人代の解釈

　1999年5月、香港政府は裁判所の説明に続いて、判決に関係する基本法条文の解釈を全人代に依頼する。基本法の解釈とは一体何なのかについては、基本法条文の曖昧な部分を最終解釈権を持つ全人代にはっきりとさせてもらう、細部を決定してもらう事である。また、すでに裁判所が基本法の最終解釈権は全人代にあり、裁判所はその権限に従うとしたわけであるから、政府としては順当に北京に基本法内容の確認をすることが可能になったわけである。

　決定に際しては全人代が一から検討し最終結論を出すという形ではなく、香港政府側から案を提出し、それを基に検討、承認するのである。手順は、解釈に関し国務院の同意を得て、全人代常務委員会の会議を経て、全人代常務委員会が解釈する、というものである。具体的な経過は、董建華が国務院に対しレポート「基本法の関係條例の実行に関わる問題の解決において中央政府の助けを求める（seeking the assistance of the Council People's Government in resoling the problems encountered in the implementation of the relevant provisions of the Basic Law)」を提出する。全人代常務委員会法制工作委員会がこの内容を検討、全人代に対し説明がなされ、全体会議にて採択されるのである。

解釈を求める内容は以下の二点である。

　1）基本法第22条(4)を明確にし、単程証制度を新たに確立する。

　2）基本法第24条(2)を明確にし、香港人が大陸でもうけた子女は、出生時に必ず父母のいずれかが、すでに連続して7年香港に居住している場合、

居留権を有する。

1)は、「中国その他の地区の人は香港特別行政区に入る場合、認可の手続きをとらなければならず、そのうち香港特別行政区に入って定住する人数は、中央人民政府の主管部門が香港特別行政区政府の意見を求めてのち確定する」という部分を明確にするというものである。さらに香港入境條例に盛り込まれた単程証制度を中国中央からも正式に承認を得て、この条文の具体的方策としようというものである。

2)は、香港永久性居民の定義に関する部分であるが、中でも「(香港生まれか、香港に連続7年居住している中国公民の)香港以外で生まれた中国籍の子女」をより明確に定義しようというものである。特に香港に連続7年居住する事によって香港居留権を得た人々の子女への香港居留権付与を制限しようとしている。それらの子女全てに居留権を与えるのではなく、誕生時にすでに親の一方が香港に7年の居住要件を満たしていて、居留権を得ていた場合のみ、子女への自動的居留権付与を行うというように、条文の解釈をすることを目指している。

政府が全人代に法解釈を求める具体的な意図を、いくつかの数字が裏支えしている。政府統計處によってはじき出された「大陸子女167万人」という人数と、「経費910億香港ドル」という費用である。99年1月のン・カーリン・ケース判決に従って大陸子女を香港が受け入れた場合、予想される流入子女の数は約167万人であり、彼らに提供する住宅、医療、教育、交通、社会サービスにかかる費用が910億香港ドルとなり、香港政府は破産に追い込まれるというのである。(『北京週報』、1999 No.24：4、99/6/15) 政府はこの事態を回避するために、基本法解釈を北京の中央政府に依頼すると、終始一貫説明している。

香港の法律の解釈を全人代に求める事が、香港の裁判所や法治にどう影響するかが、関心と懸念の中心である。この点について、中国側は以下のように説明する。

　…法律についての再解釈は終審（＝最終）裁判所の地位を弱めるのではなく、香港のいかなる合法的権利も奪うことではない。香港がもともと最

第 4 章　児童移民問題をめぐる利害対立の構造　173

高解釈権と改正権をもっていないからである。これは「基本法」の中の裁判所と全人代常務委の異なった職責を反映しているだけである。香港政府がこの決定を行った動機は「基本法」の真の法律の内容により法的効力をもたせるためである。今後、香港の裁判所は全人代常務委の解釈によって香港以外の地域で生まれた中国公民が香港永住権をもつかどうかを決めることにしている。これは裁判官の独立性に影響をしない。裁判官は法によって判決する権利がある。もし法律に変化があれば、あるいは法律に関する政府の声明があれば、裁判官は新しい法律に基づいて判決を下す義務がある。…（『北京週報』、ibid.：4）

つまり法律の最終的解釈権が全人代にある以上、全人代が法解釈を行い、法そのものを改める。裁判所は法に基づいた決定を行う「職責」であるから、裁判官そのものの独立性には影響がないというのである。さらに全人代が法解釈を行った後は、裁判所はそれに従うことも「義務である」としている。

ついに6月26日、全人代常務委員会は解釈を採択した。解釈は以下である。

　1、「中華人民共和国香港特別行政区基本法（以下「基本法」と略す）」第22条第4段の「中国その他の地区の人は香港特別行政区（以下「香港特区」と略す）に入る場合、認可の手続きをとらなければならない」という規定は、香港の永住民が大陸部で生んだ中国籍の子女を含む各省・自治区・直轄市の人は香港特区に入ることを要求する理由が何かを問わず、いずれも国の関係法律、行政法規の規定に基づいて、その所在地区の関係機関に申請し、認可手続きをとらなければならず、しかも関係機関が発行した有効証明書を持参してはじめて香港特区に入ることができるということを指すものである。香港の永住民が大陸部で生んだ中国籍の子女を含む各省・自治区・直轄市の人は香港特区に入る場合、もしも国の関係法律、行政法規の規定に基づいて相応な認可手続きをとらないならば、非合法である。

　2、「基本法」第24条第2段の前3項の規定によると、香港特区の永住民は次のものである。(1)香港特区成立以前または以後に香港で生まれた中国公民、(2)香港特区成立以前または以後に香港に通常連続7年以上居住

する中国公民、(3)第(1)、(2)項に記されている住民の、香港以外で生まれた中国籍の子女。そのうち、第(3)項の「第(1)、(2)項に記されている住民の、香港以外で生まれた中国籍の子女」という規定は、本人が香港特区成立以前または以後に生まれたのを問わず、生まれた時、その父母の双方または一方が「基本法」第24条第2段第(1)項または第(2)項の規定条件にかなった人でなければならないことを指している。この解釈が明らかにした立法原意および「基本法」第24条第2段のその他の各項の立法原意は、すでに1996年8月10日の全国人民代表大会香港特区準備委員会第4回総会で採択された「『香港特別行政区基本法』第24条第2段の実施に関する意見」の中で具現されている。(『北京週報』、1999 No.28：6、99/7/13)

以上の解釈の中の、第1パラグラフでは、中国から香港に入境する場合、いかなる理由であれ、管轄機関で手続きをとった上で入境しない限り非合法であるとしている。第2パラグラフでは、香港政府の意図通り、子女の誕生時に既に親が香港居留権を得ていたことを必要条件とした。

さらに解釈内容を伝える記事の最後には以下のように書き添えている。媒体である北京週報は、北京政府の正式な日本語による広報媒体だとみなして良いものであり、政府の意図が表れていると見られる。

　　本解釈の公布後、香港特区裁判所は「基本法」の関係条項を引用する時、本解釈を基準とすべきである。(『北京週報』、1999 No.28：6、99/7/13)

香港の裁判所は1999年1月末に下したン・カーリン・ケースの判決の中で、全人代の立法も香港の裁判所の裁量事項内だとした。しかし上記の意思表示は香港裁判所のその判断を真っ向から否定したことになる。こうして裁判所の2月の説明（澄清）に加えて、中国側は明らかに裁判所が全人代の決定に従う事を求めた。

全人代の解釈を受けて、香港政府の董建華行政長官は、次のように表明した。
　　香港市民の長期的利益に関わり、各界の人々の高い関心を呼んだ一大事が、ついに完全に合法的で合憲な状況下で円満な解決に到った。法治の維持と司法の独立は香港政府の重要任務であり香港が成功するための土台で

郵便はがき

１０２８７９０

１０２

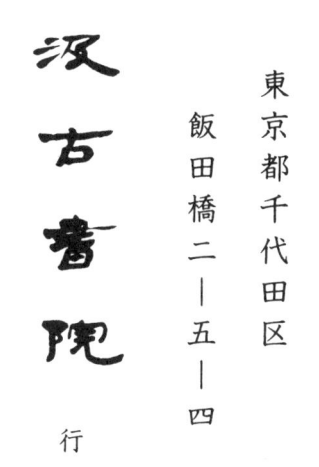

料金受取人払

麹町局承認

7948

差出有効期間
平成21年11月
30日まで
（切手不要）

東京都千代田区
飯田橋二―五―四

汲古書院 行

通信欄

購入者カード

このたびは本書をお買い求め下さりありがとうございました。今後の出版の資料と、刊行ご案内のためおそれ入りますが、下記ご記入の上、折り返しお送り下さるようお願いいたします。

書　名
ご芳名
ご住所
TEL　　　　　　　　　　　　　　〒
ご勤務先
ご購入方法　① 直接　②　　　　　　　書店経由
本書についてのご意見をお寄せ下さい
今後どんなものをご希望ですか

ある。香港政府は今回の逼迫して致し方ない状況下で国務院の協力を仰ぎ、全人代常務委員会に基本法条文の解釈を要請した。今後互いの承諾なくしてこのようなことはないし、法解釈の機会を設けるために承諾を交わすこともない。(『明報』、99/6/27)

行政長官は、今回の法解釈依頼が、「逼迫して致し方ない」状況下の特別措置であったとしている。また今後は安易に解釈をするものではないともしている。これはもし今後も中国中央にとって都合の良い解釈が北京でなされるとしたら香港の独立性を考える上ではマイナスである。それを牽制しての意味である。

しかし法曹界の一部と民主党の立法会議員は今回の措置を強く批判した。民主党のリー党首は「全くお粗末な法治」だと評した。(『明報』、99/5/19) 香港がこれまで守ってきた司法の原則が政治によって覆された印象はぬぐえないのであろう。返還後ゆえに意識せざるを得ない中国政府の存在、さらに大陸と香港機関の、上下関係にこだわるようなあり方に終結してしまった印象を、否定できないのであろう。

第4項 ラウ・コンユン・ケース

1999年1月のン・カーリン・ケース判決以後の居留権問題の推移を追う際、注目しなければならないのが、続く居留権裁判ケースである、ラウ・コンユン・ケースである。ラウ・コンユン（劉港榕）を原告代表とする裁判ケースである。実際上、香港居留権問題の司法における決着をつけた裁判といえる。また返還後の香港と中国との関係を、基本法を元にした点で、統治問題を論じる上でも重要である。

本ケースはン・カーリン・ケースの判決後わずか2週間後に提訴された、政府の法律援助を得た裁判ケースである。ン・カーリン・ケースとは別の裁判ケースとして組まれたのは、原告の状況がン・カーリン・ケースと異なるからである。ン・カーリン・ケースの原告は、97年7月の香港返還を前に密入境などの手段で香港入境を果たした児童が多かった。それらの児童への対策として、97

年7月はじめに修正入境條例が制定されたので、原告は、條例制定以前に香港入境している。ラウ・コンユン・ケースの原告は、返還後、それも修正入境條例制定以後に入境している。彼らは年齢的には成人が多く、入境は密航によるのではなく、双程証を使って旅行者として入境し、そのまま超過滞在している。原告が成人であるということは、一般的には香港入境の目的も、家族が同居しなければ生活できないという切羽詰まった状況下にある訳ではない原告たちである。原告たちは、入境處に拘留され、入境處長から送還命令が発せられている。そこで原告たちは、送還命令の撤回と拘留の中止を求めて提訴したものである。

　ラウ・コンユン・ケースの第1審の判決は99年3月30日に、第2審の判決は99年6月11日に、最終審の判決は99年12月3日に下された。香港の最終裁判所が、中国政府の介入をうけて、居留権問題判断において大きな転換を見せたのは、まさにこの裁判ケースが争われていた最中なのである。ン・カーリン・ケース判決内容を、政府に対し説明した「澄清」は99年2月であり、政府が全人代に基本法解釈を依頼したのが5月、全人代で採択されたのが6月末である。ラウ・コンユン・ケースの最終裁判所判決はそれらが一通り済んだ後の最終結論であるため、最終裁判所の出す判決が大いに注目されたのである。したがって、もっとも重要で、第2審との間に様々ないきさつを経た後のラウ・コンユン・ケースの最終審判決についてまず述べ、第2審、第1審と遡及して、問題を展開し、追跡していきたい。

　最終審から溯って述べるにはもうひとつ理由がある。裁判ケースで扱われる議論は、最初は「入境方法」や「遡及効果」など、重要度に優劣がつけられることなく並列に散在している。ところが判決が下され、法廷がかわりさらに議論を進めていくと、重要な議論が浮き出されて、最後には数点か或いは一点に収束していく。重要な論点に絞られていくのである。居留権裁判にもその特徴が見られる。よって議論を最後の収束点から見ていき、最初の広がりへと戻っていく順序で述べる。その過程でいくつかのトピックが議論の中心から外れていくのも見られると考える。

第 4 章　児童移民問題をめぐる利害対立の構造　177

最終審

　全人代の基本法解釈から約 5 ヵ月後である、1999年12月 3 日に下された。5 判事による多数決で判事構成はン・カーリン・ケース最終審と同じである。判決文（FACV Nos 10 and 11 of 1999）から判決内容を分析する。

　この裁判の収束点は全人代による基本法解釈は是か非かという点である。結論は五人の判事が一致して全人代の解釈を支持した。四対一の多数決で大陸子女の香港残留の訴えは却下され、入境處長の主張が支持され、原告の身柄については入境處長に一任された（pp.93-94）。移民側の敗訴である。

　判決文に示された検討内容は実にシンプルな構成である。まず原告とそのおかれた立場の説明がなされ（pp.3-8）、ン・カーリン・ケース判決への評価（pp.8-13）と、その後の経過（pp.13-23）が述べられ、全人代解釈の経緯が説明され（pp.23-25）、解釈への評価（pp.25-40）、解釈後の変化（pp.40-54）、結論（pp.54-56）という構成である。続くページには首席判事以外の判事の補足が述べられている（pp.56-93）。検討の中心は全人代の解釈についての見解である。これまでの第 1 審、2 審で検討されてきた細部の検討事項は統括され、全人代解釈の中に収束された。判決の要は、全人代解釈への評価がなされ、それに従ったのみであった。

　判決文の中で、全人代解釈の内容は次のように要約された。

　1 ）全人代常務委員会は基本法158条によって解釈権を持つ。

　2 ）基本法22条(4)と基本法24条(2)(3)に関する全人代解釈は、有効で拘束力を持ち、香港の裁判所は追従するべきものである。

　3 ）解釈の効果は次の二つである。

　a ）基本法22条(4)によって、基本法24条(2)(3)の人も含めて、全ての省、自治区、直轄市からあらゆる目的で香港に入境する人々は、住所がある地域の当局に対し、香港入境前に、中国の関係法規に従って許可を申請し、当局が発行した有効な文書を所持しなければならない。

　b ）基本法24条(2)(3)のもとでの永久性居民の資格を得るためには、誕生時に、両親の一方か両方が基本法24条(2)(1)か24条(2)(2)によって永久性

居民でなければならない。

4）解釈は1997年7月1日から有効である。(pp.39-40)

そして解釈の中には、裁判所に対する三つの提起がなされているとする。それは全人代常務委員会の権限、解釈の効果、解釈が有効になる日についてである（pp.27-28）としている。この三点は、香港の裁判所が従わねばならないこととなり、三点全ての点について、最終裁判所はン・カーリン・ケース判決を自ら覆したことになる。

解釈後の入境方法については、次の三点が強調されたとしている。1）居留権証明書が添付された単程証のみによって居留権の行使ができる。2）大陸の住民は中国の出入境管理事務所を通してのみ居留権証明書を申請できる。3）居留権があるという理由だけで審裁所には送還の無効を訴えられない（pp.44-46）。この三点は、あくまで単程証制度によって香港に入境する場合のみ合法的な香港入境とする、と強調するものである。

結局ラウ・コンユン・ケースの最終裁判所判決は、全人代解釈をまとめ、解釈を受け入れる事を判事全員一致で確認し、原告移民の居留権付与を却下するものであった。10ヵ月前に画期的な「オープンドア・ポリシー」を方向づけた最終裁判所の180度の方向転換を印象づけるものであった。

この判決によって、全人代の解釈がそのまま適用されることになり、政府の試算では約167万人とされた居留権をもつ大陸子女の概算数が、対象の範囲を狭められたことにより、一気に約17万人に減ったとされる。この数の激減は、主に大陸子女誕生時の親の身分を制限したことによる。子女の誕生時に親が既に香港永久性居民であった場合のみ、子女に居留権を自動付与するとしたことの結果である。

第2審

第2審判決は1999年6月11日に下された。時期は、香港政府から全人代への基本法解釈が要請されていたが、正式にその解釈が通過する前である。裁定は、三判事の判断が一致して、大陸子女の訴えを認め、入境處長の送還命令の破棄と拘留が中止された。判決文（CACV 108 & 109/ 99）から判断の経緯を分析する。

主な争点は三点である。

　1）原告がもっている香港人の子女としての何らかの証拠を検証しないまま、入境處長が送還命令を出すのは合法か (pp.6-7)。

　2）香港入境條例では、子女が誕生時に親が永久性居民であった場合を前提にしている。本ケースの原告は親が永久性居民になる前に生まれているから、入境條例そのものが適用されないのではないか (pp.7-8)。

　3）身分の立証が不十分でも、香港永久性居民である以上、原告は送還されないはずではないか (pp.9-10)。

それぞれの争点における議論を追ってみる。議論の出発点は99年1月の画期的なン・カーリン・ケース判決である。ラウ・コンユン・ケースは、ン・カーリン・ケースの判決内容と、その後の状況を照らし合わせて判断がなされた。1）と3）の争点は深刻である。ン・カーリン・ケース判決では、香港入境の手続きに中国の出国許可を必要とするのは違憲だとした。ゆえに返還直後に「不法児童移民」対策として決められた制度は違法となってしまった。制度が暗礁に乗り上げていたわけである。にもかかわらず代替制度が作られずにいたので、新たに香港入境申請をしようとする大陸子女はどのように申請するのが効果的なのかはっきりしなくなった。それが1）と3）の問題である。1）は、原告には親が永久性居民である事を示す何らかの証明があるから、入境條例に定められた居留権証明書によらなくても、原告の身分を調べて実際に永久性居民の資格があるかどうかを検証するべきだという原告側の主張である (pp.6-7)。3）は、たとえ身分が立証されなくても、基本法によって永久性居民資格のアウトラインが定められており、実際に永久性居民である以上、生まれながらの権利として自然権として強制的な排除はされないはずである、という主張である (pp.8-9)。

この二点に対し判事の判断は以下である。ン・カーリン・ケース判決以後、大陸住民がどのように香港居留権を申請するかについて、未だ有効な方法がなく、入境處長はこの点を解決していない (p.10)。しかも大陸住民が香港において申請できるかどうかもはっきりしない (pp.15-17)。しかし入境處長の職務は、

申請を受け取り、調べ、申請の妥当性を判断し、妥当であれば居留権証明書を発行する事である。それを止める条項はない。かといって、申請をしただけで、大陸子女たちに香港への入境、残留、強制送還されない権利が発生するわけではない (pp.10-15)。判事は以上のように述べ、1) の主張は通り、入境處長は大陸子女たちがもっている証拠を検証するべきだと判断した (pp.21-24)。3) の主張は支持されず、入境條例は部分的に原告にも適用されると判断した (pp.25-26)。

2) の争点に関しては、原告にも入境條例は適用されると判断された。ン・カーリン・ケース判決では児童を誕生時期によって差別しないと結論され、入境條例の中の親が永久性居民になる前に生まれた子供には居留権を与えないとする部分は違憲として削除された。しかしその点以外の部分は合憲とみなされるので、原告にも適用され、入境條例全体を無視することはできないと判断された (pp.25-26)。

結局この段階での強制送還は適当ではないという判断の元で、原告たちは拘束を解かれ、送還命令は破棄された。こうして先に述べた最終審へと議論が移ったのである。

第1審

第1審判決は1999年3月30日に下された。時期は、ン・カーリン・ケース最終審判決から2ヵ月後、裁判所による「澄清」から1ヵ月後である。判事の判断は、大陸子女の訴えを認めず、入境處長の送還命令の破棄と拘留が中止された。判決文 (HCAL 20 & 21/99) から判断の経緯を分析する。

原告側の弁護士が主張したのは四点である。

1) 基本法24条によって原告たちに香港居留権があるのは動かし難い事実である。入境の仕方が違っていても、居留権を持つものを強制送還することはできない (p.15)。

2) 修正入境條例が、適用対象児童に誕生日要件を付していて、両親が永久性居民になる前に生まれた子どもには適用しないとしている以上、それらの児童には修正入境條例そのものが適用せず、制限の対象外である (p.16)。

3）1999年1月のン・カーリン・ケース最終審判決で、修正入境條例が定めた入境方法は違法とされた。しかしその後新たな入境方法が定められていない。従って現時点で取り決めがなされていない大陸へ送還するのではなく、香港で審査するべきだ（p.16）。

4）原告が強制送還によって大陸に返されれば、後の処遇は大陸側に委ねる事になる。申請者の香港基本法上の権利が保証されない。それでも大陸に送還するというのは理不尽であり、政府の正当な行為ではない（p.17）。

大陸では香港居留の申請が長年通らない事や担当役人の汚職行為などもあるという証言もある（p.26）。

これらの提案に対し、結論から述べると、判事はすべて訴えを却下した。1）と2）の主張に対しては、受け入れられないとした。1）は最初に「居留権がある」と断定している点で（pp.17-19）、2）は身分の確立過程を飛ばしている点で（pp.20-21）、議論の土台部分への疑問が示された。1）ではまず居留権を取得するべきであり、2）では居留権の確立には居留権証明書をもってするべきだとした。

3）は深刻な問題である。判事は以下のように判断した。確かにン・カーリン・ケース後に新たな入境方法が示されないため、申請者たちは居留権証明書を取れずにいる。しかし法律上、居留権証明書を持たない者は居留権が認められない。入境方法が明確でなくても、合法性と法律条文には影響しない。また不法入境と不法滞在の権利もないから、香港での申請はできない（pp.21-26）。

4）について判事は、1999年1月のン・カーリン・ケース判決以後、本判決までの約2ヵ月間、政府と入境處は新たな入境方法について検討中であり、まだ推測も批判もできない。その上で原告を送還することが理不尽であるとは言いきれない。役人が公的利益を考えて送還命令を出したとすれば理不尽とは言えないと述べた（pp.26-28）。

結局、原告の訴えは却下された。確認されたのは、居留権は居留権証明書によって証明されるという点であり、返還直後に制定された修正入境條例が、この判決では支持されたことになる。原告は法に則って居留権を証明していない

ばかりか、不法入境や不法滞在という罪を犯しているとした（pp.31-33）。

このように、第1審、第2審、最終審へと進むごとに、議論は細部から並列的同価値的に始まって、重要性が吟味され論点が絞り込まれていく。第1審、第2審では、香港の入境處が送還することへの議論に対して、第1審では手続きを重んじて子女側の敗訴となったが、第2審ではより子女の権利に対して慎重であることを求め、送還されないという形で子女側は勝利した。ところが、その後の全人代基本法解釈を経て、すべての論点は、全人代解釈の是非と、全人代と香港裁判所の判断間の主従関係へと収束した。結果は、すべての問題を覆う形で、全人代解釈が、つまりは全人代に解釈を依頼した香港政府が提示した内容が、裁判での結論となっていった。

ン・カーリン・ケースからラウ・コンユン・ケースへの展開は、構図を単純化するならば、香港政府の意図、あるいは全人代の意図は、香港最終審の判断すら覆すということになる。全人代決定が最終裁判所裁定を凌駕することで、香港の司法における独立的判断に限界を示したことになる。返還後の香港の法治を標榜する立場の人々にとっては、大きな落胆となった。香港大学法学部教授のヤシュ・ガイは「裁判所が、全人代が決定することに何の疑問ももたないことがはっきりした。もう全人代の言うことを阻止するものは何も無いのだ」と言い（*SCMP*, 99/12/4）、香港の法治への失望を表した。

またこの展開は、香港の法治そのものを問う展開であるとともに、一国二制度のあり方を問う議論でもある。「一国二制度」は、1980年代初めに台湾の問題の解決のために中国側が提示したものだが、香港返還にともなって採用された。1982年から84年の中英交渉により香港の返還が決まり、香港の繁栄と安定を守るための制度の維持が決められ、その原則に従って香港基本法が起された。一国二制度は香港基本法の基本理念となり、香港基本法は中国と香港の間の「一国二制度」による重複しない関係を実現する法的根拠であった。しかし一国二制度そのものがあいまいさを含んでいる概念であり、そこには議論の余地が多くあるはずである。しかも基本法には、香港の自治部分と中央政府が管理する部分が明瞭に区分されているわけではなく、居留権問題を通して管轄権へ

の疑問が挙げられたのである（廣江 2005：69）。

　こうして一連の流れを批判的に見る側と肯定的に見る側に、法律の研究者や実務者を二分する議論が起こる。批判派の代表的論者が、香港大学法学部教授の陳文敏とヤシュ・ガイであり、大律師公會や法律界の多くも批判的立場にある。2人とも人権問題への関心が強く、積極的な発言があることで知られる。陳文敏は、移民を受け入れたン・カーリン・ケース最終審判決に対してなされた、大陸の4法律専門家による批判を問題とする。彼らは香港基本法の起草にも関わっている著名な法学者であったことから、香港政府はその批判を中央政府のものであるとして、最終裁判所に対して前代未聞の判決の説明、「澄清」を求めた。陳文敏は、ここから問題が始まっており、司法の場が政治の場と化してしまった、と指摘する。もし法廷が、官の政治的動機に左右されたり、後の政治、経済、社会的影響を考えて裁定を下すことになれば、政治機構の一部となってしまう。香港司法の独立は香港の成功を支える重要な柱である（Chen等 2000：68-71）、とした。ヤシュ・ガイは、香港政府が全人代に提案を持ち込むことを強く批判し、何らかの制限が必要だとする。政府は今回のケースは「例外的」であるというが、どのようなケースが例外となるのかは定かでないため、無節操に全人代の権力を借用することによって、基本法の全体的目的を壊し、実施を妨害することへの懸念を示している（Ibid.：213-215）。また議論を「親中派」対「反中派」の構図でみるのではなく、それぞれの法律的論点の議論であるべきだとしている（Ibid.：52）。肯定派の代表も香港大学法学部教授の陳弘毅である。陳弘毅は香港基本法起草委員の一人であり、全人代の基本法解釈においても香港側のアドバイザーとしてその判断に深く関わった存在である。一連の経過が司法に対する政治の介入ではないか、との批判に対しては、以下のように反論する。ン・カーリン・ケース最終審判決は、香港の裁判所と全人代の行為を審査する権利という「憲政危機」を招いた。ここには香港の司法権力、特に立法行為に対する司法審査の権力と、中国全国の立法権力、特に全人代の至上と主権、の間の関係が論点であり、重大な憲法上の問題である。この論点が間違いであり受け入れられないというのが北京の反応であり、香港政府

は論点は間違いではないが、判決から誤解を取り除くために「澄清」を求めたのである。こうして香港の初めての憲政危機は解決された。「一国、二制度」の冒険性と実験性に加えて、潜在的な法律文化と価値観念の衝突があれば、この類の危機発生は理解できるし、憲法学の発展には時間がかかるものであるから、司法経験と知恵を積み上げていくものである (Ibid.: 92-96)。

陳弘毅に、全人代の再解釈という手段に対して直接インタビューをした (2001/3/30、香港大学)。当事者としての、次のような回答を得た。

　　質問：全人代の最解釈は、どのようになされたのですか？
　　陳教授：全人代は、再解釈に先立ち、私も含めた香港の法律専門家を、北京に招き、朝から晩までまる三日間の会議を行った。そして決定した。
　　質問：再解釈をする一番の根拠は何ですか？
　　陳教授：香港政府が調査してわかった、大陸子女167万人という数字だ。
　　質問：再解釈をどう思いますか？
　　陳教授：大量の大陸子女の入境を防ぐための致し方ない方策であった。

陳教授は、最後に、全人代の再解釈は、急激な移民流入を防ぐためには致し方なかった、と結論づけた。あくまで香港防衛のための、中国の措置である、とした。

法律界を二分したこの議論で、興味深いのは、前者と後者の主張の図式が、「(香港の) 司法の独立」対「(中国) 憲法の遵守」で、それはそのまま「二制度」の強調対「一国」の強調を示していることである。大量入境への対応も、香港内で結論を出すか、中国大で解決を図るかの議論であったと考える。

小結

第4章と第5章は、児童移民問題への香港政府と中国政府と香港社会の対応を、克明に調べた。調査資料は、主に新聞と雑誌の記事、判例、政府とNGOの発行する資料、関係者へのインタビューを用いた。

第4章「児童移民をめぐる利害対立の構造」の、第1節「香港政府の対応」

では、以下の経緯を追った。返還直後の1997年7月3日、政府入境處の前に数百人の児童移民が、居留権を求めて集まった。彼らが密航者であることや、大陸には数万人以上の予備軍がいると見られることから、世論は香港の安定を乱し社会の負担となるものだとして問題視した。世論を受けて政府は素早い方法で対処した。7月9日には入境法を改定し、大陸の正規の手続きを経ていないときは、居留権も得られないものとした。そして密航を防ぐという共通の目的をもって、香港政府と広東省政府が協力し、代わりに中国からの入境枠の子供の枠を拡大し、移住申請処理の中港間の手続き手順を定めた。

以上の経緯から、児童移民問題をめぐって政府と児童移民支援団体の間に利害の対立があること、香港政府が世論を背景に移民制限の立場をとることがわかった。

第2節「中国の干渉」では、以下の経緯を追った。1999年1月、最初の児童移民裁判が結審し、移民に開放的な判断が下される。一旦は歓迎されるが、判決の中の、香港最終裁判所の権限に関して、中国政府が意見を出す。これを受けて香港政府が最終裁判所に対して、判決の説明を求める。最終裁判所はこれに応じて、最終的な法解釈の権限は中国全人代にあると言明する。さらに香港政府は全人代に居留権に関わる基本法24条の再解釈を依頼し、1999年6月、全人代は依頼どおりの再解釈を通す。この後の12月に、二番目の児童移民裁判の最終審で、判決は全人代の再解釈を受けて、1月の判決とは正反対の判決を下す。つまりこのケースの移民は送還されることになる。以上の過程を調べることで、返還直後の児童移民は香港に居留できたが、その後に続いた子供ではない子女移民たちは、できなかったことがわかった。これ以上の移民を受け入れられないとする政府が、香港と中国の間の統治問題として扱おうとする中国側を利用したともいえよう。また裁判の結果が変化したことから、返還直後の中国と香港との関係が、中国の宗主権的姿勢に規定されていることも示された。

本章で扱った各主体に視点をおいてみる。香港政府は、移民問題を一貫して人口問題として制限する方向で対処した。世論調査が示すように、返還直後の

香港社会への移民の大量流入は、住民の不安を増すことになっただろう。それを考えるとき、政府の判断は無難なものだった。しかしあまりにも究極的な方法を用いたのではないだろうか。移民の制限と引き換えに、香港の法制度の独立を犠牲にした印象は残る。これによって、基本法の限界が、返還後わずかな期間で示されてしまったといえるだろう。移民受け入れが香港の財政上の問題であれば、移民を受け入れた上で、人的物的支援を中国政府に仰ぐ方法もあったのではないか。香港の財政的独立は保たれたが、法律的独立が損なわれた点は看過できない。政府に対する疑問点は、移民を受け入れられないとする根拠のひとつが「大陸子女167万人」という数字だが、それまでの予想に比べて相当大きい。なぜ中国政府と共同で実地調査によって判断しなかったか、それによってより現実的な数字が出たのではないかと疑問が残る。

　中国政府はどうであろうか。移民問題の解決はあくまで香港内部の問題である、としながらも、基本法の再解釈をすることによって、問題に決定的インパクトを与えた。積極的な点は、香港政府と中国中央政府が、共同で中港間の移民問題に取り組んだことである。以後の申請手続きなども、共同でなされることによって、外部からも理解しやすい処理が進むことが期待できる。新聞紙上で移住の資格を得た大陸人を公表する、などの情報公開も、その効果であろう。問題となるのは、基本法の理念である「一国二制度」の評価が、法治の観点からは下がることではないだろうか。中国全人代の最終決定権が基本法にすでに埋め込まれており、それをたびたび行使するとなれば、基本法による法治は、すなわち全人代の優位を意味することになるからである。必要であれば政府をも裁く対象とするのが、司法の独立である。しかし必要とあれば随時法解釈をするという前例を作ったことは、香港そのものの土台の変化を印象付け、中英共同声明に盛られた50年制度不変の原則への信頼が揺らぐことになりかねない。

第5章　香港社会からの対応

　本章では、第4章で述べた香港政府と中国政府の措置に対する、香港社会からの対応を、論点ごとに述べる。第1節では、入境法を改定して児童移民の入境を制限しようとする政府の措置に対して、基本法をよりどころに、児童移民、大陸子女の居留権を守ろうとする法曹界を取り上げる。第2節では、中国政府の介入によって、ラウ・コンユン・ケースに敗北し、法的にはすぐに居留権を獲得できなくなった大陸子女をサポートする、人権団体などのNGOを取り上げる。いずれも香港社会内部から、移民擁護の主張が生まれたことを重視し、その過程を明らかにする。

　児童移民問題は、香港が返還を迎えたという時期的問題、香港が中国華南に位置するという地域的問題を体現したものである。この問題への香港社会内部からの動きは、移民問題への取り組みでもあったが、同時に新香港への提言であると考えられるからである。さらに一国二制度によって、常に香港からは意識される中国の存在に対する、自己主張であり、中国の状況への批判的メッセージと考えることができるだろう。本章で述べる動きは、単に政府や世論への反発ではなく、香港と中国の関係が背景にあって、意味を持つものであると考える。

第1節　法曹界の挑戦

　香港返還直後に大量出現した児童移民に対して、政府は即刻防止策をとった。本節ではそれに続く展開を述べる。中心となったのは法律議論である。香港の法律専門家、実務家、弁護士団体、裁判所を含む法曹界の人々にとって、児童移民問題は、返還後の香港において、香港基本法を軸にした法治が、機能する

のかを試す機会となった。児童移民は香港における法治の試金石となった。

第1項では、既に香港に入境している大陸子女の処遇を巡って法的な論争となり、訴訟が始まる過程を述べる。ここでは児童移民は単なる移民ではなく、基本法の主体として強く意識される。

第2項では、法律援助署がイニシアティブをとって構成した居留権裁判のケースについて述べる。法律援助署は法曹界の主張をバックアップし、児童移民問題を法律手続きのスケジュールに載せるアジェンダ作りに寄与した。さらに児童移民を人権の面から捉えサポートを続けていた人権保護団体と、基本法保護の面から捉えていた法曹界の橋渡しをしたのも法律援助署である。この三つのアクターが有効に結びついて、香港社会に対して法律による解決を印象づけたのである。

第3項では、児童移民問題最初の裁判ケースの議論の過程を述べる。返還直後に始まったシ・カーリン・ケースの裁判は、3審を経て1999年1月に結審する。結果は画期的なもので、基本法に保証された権利を最大限に認め、移民の権利が守られた。判決は移民を満足させるばかりでなく、基本法の精神が返還後の香港において証明された点で、法曹界が高く評価するものとなった。

第1項　訴訟の開始：法律援助署の役割

既に香港に入境していた児童移民の処遇は、改定入境條例によって、大陸に送還され改めて手続きをし、居留権証明書を持って入境することとなった。しかし、このとき香港には既に2,000人以上の大陸子女が不法入境または超過滞在していた。彼らの処遇を巡って論争が巻き起こる。

敏感に反応したのは、大陸子女をすでに手元に呼び寄せていた家族と支援団体、法曹界であった。彼らは政府の措置に即座に反発を示した。家族らが支援団体のアドバイスを受けて行動を起こす。7月9日の改定入境條例成立から24時間とたたない内に訴訟は殺到した (*HKS*, 97/7/11)。7月12日、訴訟費用を工面できない人への援助をする政府部門である法律援助署には、60人の児童と父母が押し寄せ、194通の申請書が出された (*SCMP*, 97/7/13)。（口絵参照）

一方、香港の弁護士の中でも、7月12日には少なくとも100人の弁護士が、大陸子女の援助を志願し、香港大律師公會（Bar Association）や香港律師會（Law Society）も原告となる児童への援助を準備している（*SCMP*, 97/7/13；*HKS*, 97/7/14）。香港大律師公會の会長は、児童の居留権をめぐる問題が、今後の大きな影響と憲法上の含みをはらんでいることを示唆している。7月11日には香港大律師公會が緊急報告会を開き、改定入境條例成立の影響について講演を行い、社会運動家も参加した（『明報』、97/7/10）。

　そうして、居留権を定めた基本法と修正入境條例との間に矛盾があると見られることから、すでに香港入境している児童移民の問題は法廷に持ち込まれる。香港政府の法律援助署の援助か、弁護士の無料奉仕で、児童移民と政府の間の裁判が始まる。

　香港居留権裁判において重要な役割を果たしたのが、間違いなく政府の法律援助署（Legal Aid Department）である。法律援助は、イギリス政治の伝統であり、香港政府がその機能をもったのは、1960年代である。香港の法律援助署は香港政府政務司の下部組織である行政署に属す組織であり、司法組織の律政司とは別系統にある。90年に著された香港政治の辞書によると、香港の法律制度から見て行政上重要な役割を担っているのは三つあり、政府の法律アドバイザーと検察官を抱える律政司、法律援助署、法律執行機関であるとしている。この中で法律援助署に関しては「市民が、手段がないために法律制度の利用を断たれることがないように保証することを義務づけられる」機関だと説明している（Davis and Roberts, 1990：250-251）。具体的には、香港で起こった案件について、訴訟の必要があるとき、訴訟費用支払能力のない原告に費用を肩代わりするのが、主な業務内容である。つまり香港市民だけでなく、実際には香港で起こった案件全てを援助の対象とするので、住民以外が利用することもある。

　法律援助署が訴訟援助を検討する際は、判断の基準として、勝訴する可能性が最も大事にされている。居留権裁判のように、移民が香港政府の一部署を訴える際、やはり政府の一部署である法律援助署が、政府内の他部署の敗訴を目指し努力する構図となる。その場合、法律援助署は身内である役所を守るため

に機能するのではなく、利用者の側に立つのである。同様に香港政府には行政長官の直属機関に廉政公署という部署があり、住宅地に多くの事務所を設け、公務員の汚職を見張る業務を行っている。香港政府に腐敗が少ないことの根拠とされている。法律援助署も、時には廉政公署と同様に、政府の自浄作用を担っている部署であるといえるだろう。

そのような部署である以上、香港政府内部で利益の対立が起こる。例えば、入境法改定直後に臨時立法會の議長（范徐麗泰）が、児童移民が法律援助署の援助で政府を相手取って行う訴訟は、税金の無駄使いではないかと発言した（HKS, 97/7/14）。

法律援助署は、香港で発生した案件に関して、提訴費用など経済的援助をする部署である。一般的に児童移民の家庭では、経済的に恵まれた状況ではない。よって同署に8月9日までに寄せられた児童移民からの援助申請書は1,300通以上に上り、内550件余りが援助を獲得した。

なお、香港の法曹界における弁護士団体については以下である。「香港大律師公會（Bar Association）」と、「香港律師會（Law Society）」がある。2団体あるのは、弁護士がその権限と役割によって、法廷弁護士（大律師；barrister）と、事務弁護士（律師；solicitor）に分かれる、イギリス方式を採っているからである。法廷弁護士は、法廷で訴訟事件を扱う権限を持っている。事務弁護士は、法廷で代理人を務める権限は持たず、法廷弁護士と訴訟依頼人の間の裁判事務の担当や、法律顧問などを役割とする。訴訟を起こす場合、依頼人は最初に事務弁護士のアドバイスを受け、最もその訴訟内容に適した専門性を持った法廷弁護士を推薦されるのが一般的である。つまり、事務弁護士が、依頼人の事情を鑑んで、依頼に沿う立場にあるのに対し、法廷弁護士は、法廷での弁護に責任を持ち、専門的で公平な独立した立場から意見を述べる立場にある。

弁護士も二種類に分類されるため、法廷弁護士の団体である香港大律師公會と事務弁護士の団体である香港律師會は、やや異なった立場を採っている。団体目的に関して、それぞれのインターネット・ホームページ[1]上の簡潔な説明は以下である。香港大律師公會の目的には「香港大律師公會の名誉と独立の維持」

「香港における裁判の進歩」「法廷弁護士として相応しい振る舞い、規律、エチケットのルールの規定」「司法界内の良好な関係と相互理解の促進」が謳われている。香港における法律と法治の忠実な守護を目指す存在であるといえる。香港律師會の目的は「高度な仕事と倫理的実践を奨励する」「事務弁護士に関わる法や規則に従うことを保証する」「事務弁護士への実地の指導と手腕向上への援助」「政府などに対し事務弁護士の意見を代表する」「メンバーへのサービス提供」としている。意見の代表以外は、団体内部へのサービス的な要素が高い。従って香港大律師公會がより香港の法の権威に敏感な反応を示す傾向にある。

第2項　居留権裁判の構成

　児童移民問題の経緯に戻る。香港の居留権を争う児童移民関係の裁判は、すべて移民側が政府入境處長を訴え、強制送還の違法性を問う形をとっている。原告たちは経済的な事情から、自費で自ら提訴するのではなく、正式に法律援助署に法律援護を申し込む所から始まるので、実質的には法律援助署の担当上級官僚によって、原告のタイプが分類され、典型的なケースが選ばれ、裁判の準備がなされていくのである。例えばA、Bという二人の申請者（原告）を同じ裁判で扱うのか、つまり同じグループの原告として同じ争点を争うのかどうか、という法律に照らした判断をする。いずれのケースも、申請書を受理した法律援助署が整理分類し、典型的と見られる条件で書類等が整っているケースを選び出してモデルケースとしたものである。

　法律援助署によって構成された裁判は、2000年までに計6件起こされた。9パターンの原告のケースが取り上げられた。実際に裁判の審問が始まるのは1997年9月18日である。全ての裁判が最終裁判所まで争われた。以下に分類する。

　6件の内、居留権問題の議論をする上で重要と見られるのは次の4裁判であ

---

[1] 香港大律師公會 http：//www.hkba.org/the-bar/aboutus/index.html；香港律師會http：//www.hklawsoc.org.hk/pub/about/ 、2002年3月の記載

る。

　1）ン・カーリン・ケース。呉嘉玲（Ng Kaling）を含めた、条件が異なる四タイプの子女五人を、同時に原告として提訴した。この四人は、改定入境條例成立直後に法律援助を獲得した、550の案件を条件別に分類し、典型的なものを四タイプに絞って、テストケースとして提訴したものである。したがって最も早く提訴されたケースである。裁判そのものは97年9月に始まり、第1審の判決が97年10月9日に、第2審の判決が98年4月2日に、最終審の判決が下されたのは99年の1月29日である。原告の児童はいずれも誕生時に少なくとも親の一方が香港永久性居民であったことが共通点である。当初、同様の条件下にある児童は、不確定ながら香港に1,300名、大陸に60,000名いるといわれた。四つのタイプは以下である。

　　a）返還前に入境し超過滞在した児童で、正式結婚によらない父母から生まれた婚外子。
　　b）返還後の改定入境條例成立前（7月1日）に不法入境した成人（18才以上）。
　　c）返還後の改定入境條例成立前（7月1日）に不法入境した児童。但し児童の住所は中港境界域（沙頭角）である。
　　d）返還後の改定入境條例成立前（7月1日）に不法入境した児童。

　2）チャン・カングァ・ケース。陳錦雅（Chan KanNga）を代表として計81人を原告とする。1）のケースと似た児童が原告であるが、誕生時にまだ親が香港永久性居民の資格を持っていなかった。ン・カーリン・ケースと同時期に法律援護を申請したが、裁判での勝算が低いと見られ、別のグループとなった。97年11月に1）の原告たちに遅れて法律援助を獲得し、第2審から1）の裁判に合流した。このケースと同様の条件下にいる人々、つまり誕生時に両親がまだ香港永久性居民でなかった子女とその子女の子供を合わせる数字については、政府統計處が1999年7月に試算したところでは、議論の余地があるものの、140万人あまりとされている。

　3）ラウ・コンユン・ケース。劉港榕（Lau KongYung）を代表として計17

人を原告とする。1)、2)の裁判原告と異なり、改定入境條例が成立した後に香港に入境した。多くは成人である。すでに本人が中国で仕事や家庭を持っている場合が多いので、中港間の別居家族の同居が香港入境の目的ではないと見られる。同様の背景を持つ人々は1,200名いるといわれる。提訴は1)、2)の裁判がすべて終わった後になされた。1)、2)の最終判決から居留権が獲得できなくなったためである。第1審の判決が99年3月30日に、第2審の判決が99年6月11日に、最終審の判決が99年12月3日に下された。

　4)ン・シウタン・ケース。呉少彤（Ng SiuTung）を代表とする計12人が原告である。原告たちに共通する条件は、中国全人代の基本法再解釈の前に生まれたことである。「誰が原告たちに居留権がないと判断できるのか」を問う裁判。5,114名の大陸子女に影響を与える裁判である（SCMP, 01/9/8）。原告のタイプは3)のケースと同様だが、3)のケースが提訴された後に香港入境をした。3)のケースの最終審判決が移民側の敗訴であったので、新たな争点で組まれたケースである。第1審の判決が2000年6月30日に、第2審が2000年11月27日に下された。時間上も条件上も児童移民問題の最後の裁判である。2001年9月6日に審理が終了したが、判決は後へ延ばされた（SCMP；『明報』、01/9/8）。結局2002年1月10日に最終審判決がだされ、移民側は敗訴した（SCMP, 02/1/11）。

　上記4裁判は、原告のタイプから2つのグループに分けることができる。1)と2)の2裁判の原告は、大多数が未成年である。したがって香港入境の目的も家族の同居（family unification）が第一と見られる。実際に香港の返還前後に、基本法に基づく権利を求めて、密航も恐れず一途に来港した者が多い。また広東省出身者が多い。もう一つのグループは、3)と4)の裁判の原告である。大多数がすでに成人であり、中国で就職や結婚している場合も多く、親との同居が来港の第一目的とは考えにくい。原告たちは、1)と2)の裁判の判決を耳にしてから、自らの香港居留権の可能性を知り、比較的簡単に申請が通る双程証を取得し、旅行の形で香港入境しそのまま超過滞在している場合が多い。来港の目的はむしろ経済的なものではないかと考えられる。こちらは福建省出身者が多い。

また、上記の4裁判以外の裁判は次のようなものである。

5）チョン・フンユエン・ケース　荘豊源（Chong Fung Yuen）を原告とする。大陸の両親が香港を旅行中に生まれた子供の居留権を争うケースである。原告の夫婦は双程証で香港入境し、香港にいる間に出産した。第1審の判決が99年12月24日に、第2審の判決が2000年7月27日に、最終審の判決が2001年7月20日に下された。原告と同様の立場にいるのは当初200人程度だと見られていたが、入境處によると2,202人だという（SCMP, 01/10/6）。3審とも原告であるチョン・フンユエン側の勝訴であり、香港内で産み落とされた子供には、香港の居留権が認められた。出生地主義を踏襲したのである。

最終審で香港生まれの子供の居留権が確認された後は、香港居留権を子供に与えようとする出産を控えた大陸の妊婦の香港大量入境が予測された。入境處と保安部門は密航なども想定して、予防策を講じた。政府の公共医院を管轄する醫院管理局（Hospital Authority）によると、2000年一年間で密航者か旅行者として香港に入境し出産した大陸の女性の数は、7,885人であるという。この数は入境處の予想を越えるものであった。入境處が把握していたのは、710ケースであり、把握できないケースが多くあることを知らされる数字の差である。そこで政府は妊婦の香港での出産を減らすために彼らの負担を増やすことを考えた。もし妊婦の夫が香港永久性居民であれば公立病院での一日の入院費用が68香港ドル、夫婦とも永久性居民でなければ一日3,130香港ドルとすることを考慮した（SCMP, 01/9/7）。

6）タム・ンガーイン・ケース　談雅然（Tam Nga Yin）を原告とする。香港人夫婦の養子となった大陸生まれの子供の香港居留権を争う裁判である。対象者は100人未満である。第1審の判決が99年6月25日に、第2審の判決が2000年3月16日に、最終審の判決が2001年7月20日に下された。第1審では、養子の居留権は認められたが、第2審と最終審では居留権は却下された。

居留権裁判は民事訴訟である以上、以上に挙げた以外のものもある。それは法律援助署が扱わなかった、つまり法律援助を受けられなかったケースである。例えば、3）、4）と似たタイプの原告103人による訴えで、4）の原告たちより、

さらに後に香港入境をした人々が原告となっている (SCMP, 00/7/12)。他の例では間違った滞在許可を付与された超過滞在の大陸人母親の訴えで、改めて出された送還命令の有効性を争うもの (SCMP, 00/7/14)、などがある。本稿ではこれらに言及せず、法律援助を受けたケースを中心に扱う。それは法律援助署によって、複数の裁判ケースが法律上の争点から過不足なく整理されているからである。

第3項　画期的な判決：ン・カーリン・ケース

居留権裁判の中で最初に争われたのが前項1）番のン・カーリン・ケースである。政府と移民の対立であるが、移民側には弁護士と社会活動家や団体が助力した。弁護士たちは基本法に守られているはずの児童移民の居留権を主張した。社会活動家たちは人道的見地から児童に恩情的な議論を続けた。政府は不法入境に厳しく対処し緩慢な入境を主張した。「一般住民の意見」は民意調査によって報道されたが、児童移民問題を住宅、教育、就業問題などとからめ、社会不安要因として捉えていた。民意調査の結果は、政府にとって格好の理由付けとなった。

政府を相手取っての裁判については、政府内の意見も様々であった。肯定的な見方として、董建華が「香港は自由な社会だ。人々はこのような問題で政府を法廷に引っ張り出すことができる」「みんながその子供たちに同情している。しかし同時に彼らの教育や医療や社会福祉など将来について、特区政府がどこまでできるかも考慮しなければならない」と述べた (SCMP, 97/7/13)。董建華は裁判の開始を香港が「自由な社会 (a free society)」であるからだと説明した。否定的な見方としては、范徐麗泰臨時立法會議長が、政府のお金が「不法児童移民」のために使われるのはどうか、法律援助を拒否すべきではないかと述べた (SCMP, 97/7/15)。

ン・カーリン・ケースの法律上の争点は以下である。

1）修正入境條例の合法性、
2）條例の遡及効果の可否、

3）非嫡出子の扱い、

　　4）成長した子女の扱い、

　　5）誕生時に親が香港永久性居民になっていなかった児童の扱い、

　　6）そして最終審には、基本法の解釈権、が加わった。

ここで最も重要であり、居留権裁判の意義が香港の一国二制度にあり方にまで及んで捉えられたのは、1）の大陸から香港への入境方法についてと、6）の香港の憲法である基本法の解釈権をめぐる議論である。

　第1審

　97年10月の第1審判決では改定入境條例が支持され、移民側の敗訴であった。キース判事（Mr. Justice Keith）による判決文（1997 A.L. Nos. 68, 70, 71 and 73）の中で、この裁判の発端を以下のように説明している。

　　7月1日以前、大陸に生まれ住んでいる児童は香港居留権を持たなかった。現在は持っており、香港に来て住むことを希望している。政府は当然彼らに規則正しく入境することを要求する。家と教育を必要とする大量の児童の入境に、香港が圧倒される懸念があるからである。彼らの入境を妨げ、居留権を持つものだけが入境できるということを念押しするために、いくつかの手続きが制定された。これらの手続きは、統合整理された提訴によって一連の法律的挑戦を受けた。…（pp.3-4）

ここで言う「手続き」とは返還直後1997年7月10日に制定された改正入境條例のことであり、「統合整理された」とは法律援助署によってケースが分類され訴訟グループが形成されたことを言っている。ン・カーリン・ケースが最初の裁判ケースであり、その第1審の冒頭で発端が説明されている。

　第1審の争点は以下である。

　　1）改正入境條例の合法性

　　2）改正入境條例の遡及法の有効性

　　3）婚外子の扱い

この中でも、判事は中心的争点は1）の入境手続きの合法性であるとしている。実際に重要な議論もこの点にあったようである。移民側のデニス・チャン

弁護士（Denis Chan S.C.）の主張は、基本法24条が細かい制限をせずに究極的な権利を述べている以上、居留権の立証は後回しにしても香港入境を認められるべきである、というものであった（p.13）。これに対し判事は反論を示し、基本法24条にどのように居留権を証明するかが書かれていない以上、それを定めるのは立法府の責任であり、権利の立証と24条の権利は両立可能だとした。立証のために入境を待たされるのは、権利を奪われているのではなく、権利を与えるよう努めている期間だとした（pp. 13-16）。

一方、入境處側のジェフリー・マ弁護士（Geoffrey Ma S.C.）は、この点を中国法に依拠して捉えた。もし中国法が大陸住民の香港入境を制限しているとしたら、香港に入境のための法を作るのは不調和であるとした（p.17）。この指摘について判事は、基本法24条によって居留権が保証されている大陸住民は、居留権を行使する前に中国当局の許可が要ることを意味しているとし、香港の一国二制度への疑問点だとした。しかし中国当局の許可を必要とする根拠は、むしろ基本法第22条第4項にあるとした。

　　基本法　第22条　第4項
　　　中国のその他の地区の人は香港特別行政区に入る場合、認可の手続きをとらなければならず、そのうち香港特別行政区に入って定住する人数は、中央人民政府の主管部門が香港特別行政区政府の意見を求めてのち確定する。（『北京週報』第28巻第18号、1990/5/1）

判事は後半の文章によって、移民が誰の許可を得なければならないかは明白だとした。そして基本法24条と22条の関係については、基本法の土台である中英共同声明を引いた。

　　中英共同声明　第一付属文書　十三
　　　中国のその他の地区の人が香港特別行政区に入る場合は、現行の方法で管理する。

これによって22条と24条は関係があるということ、共同声明の時点から居留権要求者が先に単程証を取得することが義務づけられている、の二点が明白だとした（pp.17-21）。

2）の遡及効に関しては、改正入境條例の遡及効、つまり法律成立以前に溯って効力を持つことを問題にしている。改正入境條例が1997年7月10日に制定されたにもかかわらず、同年7月1日に溯って効力をもつとするために、その法律を知らずに7月1日から10日までの間に入境した大陸子女は、入境後に定められた法律のために有罪となることの可否を争うものである。法的根拠は香港人権法第12条であり、行為をした時に犯罪でなかった場合は、その行為を告発する可能性がある立法を禁じるものである。この点に対し、判事は告発しなければ遡及法そのものを禁じるものではないとして、原告の主張を退けた。

3）の婚外子の問題は、原告の一人が婚外子であり、親子関係の認定についてである。改正以前からの入境條例には、親子関係の認定について、母と子、父と子では異なる見方をしている。母と子はその誕生によって親子と認められるが、父と子は父親が母親と結婚していることによって親子関係が認められるとしている。原告の一人、チェン・ライワーは母と父が結婚手続きを行う以前に母親が死去した。そのため実際の父親との関係が、入境條例によっては認められない。この点に関しては結果として争点とはならなかった。入境條例の婚外子への差別が認められ、裁判所は、入境手続きにおいて婚外子であるための差別は受けないよう布告することになった。しかし手続きは他と同様に必要である。

結局第1審の判決は、五人全ての原告の訴えを棄却し、中国に戻って単程証の取得を必要だとした（p.32）。

第2審

98年4月の第2審判決では、やはり改定入境條例が支持された。しかし返還以前に入境した児童には適用せずに居留権を認めた。四組の原告としては二勝二敗の結果であった。三判事による判決文（CACV203, 216, 217, 218/ 1997）から、議論の内容を見てみる。

論点は三点である。三判事が個別に意見を述べた

 1）改定入境條例の合憲性、

 2）改定入境條例の遡及法の有効性、

3）入境條例中の永久性居民の婚外子に関する部分の有効性。

中心となる1）の論点について、詳しく見てみる。この論点については3判事の意見は一致した。

議論となる改定入境條例の定める入境方法は以下である。香港の居留権を主張する児童は、大陸で居住地の公安局に申請する。申請は市、省、国という風に行政レベルの承認順序を上り、香港に渡る。香港では、政府入境處が再度調査の上居留権の証明書を発給して中国側に戻す。中国側は全体枠を考慮しながら単程証を発行し、申請時の逆のルートで居留権証明書を貼り付けた単程証を戻し、申請者に渡る。これで申請者は香港入境が許可されたことになり、香港に入境する。

この一連の手続きの合憲性を、判事は二点に分けて分析している。一つは香港入境處が発行する居留権証明書の合憲性、もう一つは中国側の単程証を必要とすることの合憲性、である。前者に関して、判事は、考慮すべき中心的な部分として、次のように前提を述べている。

> それらの児童の秩序正しい移入が必要だということと、居留権申請の真偽を確かめる何がしかの方法があるべきだということは一般に受け入れられている。基本法にはそれについて書かれていない。従って考案する必要がある。しかしどのような方法であれ、それは身分の証明を容易にするものでなければならない。基本法によって許されていない以上、それは居留権を制限したり資格を与えるものであってはならない。…(p.15)

その上で、判事は六つの点を留意するべきだとする。1）権利を持つ児童を一度に入境させるのは無理である。2）永久性居民の身分は真偽を確かめる必要があり、時間がかかる。3）児童が順序正しく入境することは、社会のためであるばかりでなく児童自身も利するものである。住居や教育などの福祉に財源が要るからである。4）入境方法は公平なものでなければならない。5）児童の住んでいる大陸から入境申請することは道理に適っている。6）入境方法は一つだけとする。さもないと混乱を招くからである。(pp.15-16)

判事は、移民側の弁護士の居留権証明書が児童の身分を証明する唯一の方法

となっているという見方に反論した。居留権証明書は、提出された児童の証拠を入境處長が承認したことを示すものであるとした。また、中国の公安部を通って申請することも、不法入境をなくすためには受け入れられることだとした。したがって判事は、居留権証明書は居留権そのものを与奪するものではないと結んだ。(pp.16-17)

二点目の単程証取得についてであるが、移民側の弁護士の主張はこのようなものである。児童が香港での居留権を行使できるかどうかは、中国の当局が一種の旅券である単程証を発給するかどうかに全面的にかかっている。しかもそれは香港政府の手の届かないところである。これは香港の高度の自治と矛盾する。ゆえに改定入境條例の定める入境方法は、居留権の行使を容易にするのではなく、妨げ否定するものである (p.17)。他方、入境處側のマ弁護士の主張は、大陸から香港への移住には大陸の法が当局の許可を義務付けており、中国の一部である香港がその法を守らなければならないというものだ (p.18)。確かに、制度上香港に入境できる人を決める権限は、中国当局の手の中にある。

この点について判事は、香港の入境處長が入境者の身分を確認しているのであれば、さらに中国の単程証を要求するのは、手続きと証明からいって行き過ぎであるという見方を示した (p.19)。マ弁護士に対しては、中国の出入境法が尊重されることだけで香港基本法で定められた居留権を延期する理由とはならないだろうと述べた。その理由として、ある外国人が香港基本法で定められた身分で香港入境してきたとき、外国の出入境法を守ったかどうかは入境處の関知するところではなく、だからといって外国の法を尊重していないとは言えないからだ、とした (pp.19-20)。しかし同時に、第1審でも取り上げられた基本法第22条第4項について検討を加えた。基本法第24条で大陸に住む一部の人に居留権を授与する。第22条では、それらの人々に対し、香港で居留権を行使する前に中国の承認を得るように求めている。基本法22条は中国の出入境法ではない。従って改定入境條例は基本法22条を実施するための手続きを提示するものである (pp.24-25)。第1の論点である改定入境條例の合憲性については、違憲ではないという判断を下した (p.75)。

他の二つの論点は、改定入境條例の遡及法の有効性と、入境條例中の永久性居民の婚外子に関する部分の有効性である。前者に就いては判事の意見が割れ、多数決にて遡及効は返還以前には適用しないという判断がなされた。後者については全員一致で、入境條例の父子関係の定義を違憲として、非嫡出子の区別は否定された（p.75）。

最終審

99年1月29日に最終審判決が出され、画期的な結果がもたらされた。第1審、第2審の判決を覆し、修正入境條例を違法とし、改定條例成立までに入境した児童に即居留権が認められた。のみならず大陸にいる香港子女にも大幅に香港の居留権を認めたことになり、判決では最大限の範囲の大陸子女に香港居留権を認める結果となり、記念碑的な判決であった。返還直後の時期に、香港にとって最も自由な基本法解釈をした判決として、以下に詳しく内容を述べる。

五判事による判決は、全員一致したものとしてまとめられた。判決文（FACV No.14, 15, 16 of 1998）によると、以下のように判断がなされた。まずこの裁判の特徴に就いて、冒頭で以下のように述べた。

> 歴史を通じて、香港住民は中国の他の地域に家族のつながりを持っていた。大陸が開放政策を採ったため、結果としてさらに香港との強いつながりができ、それらの家族の結びつきは更に深まった。1997年7月1日に中華人民共和国が香港の主権を回復して、少なくとも親の一方が香港住民である大陸生まれの中国人が香港での居留権を得た。(p.3)

このケース、ひいては居留権問題そのものが、中国と香港の間の歴史的紐帯に発していることを述べている。さらに続けて本裁判の論点の重要さについて次のように述べた。

> この上告は、彼らの永久性居民としての身分と香港の居留権を問うものである。基本法の厳密な解釈を伴う論点が我々の前に出されるのは初めてである。これらの論点は関係する人々のみならず、新たな体制下での憲法を巡る法律学の発展にとっても非常に重要性を持つものである。(pp.3-4)

よって判決文は、原告である児童移民の永久性居民としての身分と、基本法

の解釈が重要な論点であると述べている。さらに基本法の解釈を問うことは、返還後の香港では最初のことであり、今後の憲法学に影響を及ぼす内容だと捉えている。

論点

続いて、本裁判の争点については、次の五点を挙げている。判決文通りの順序で示す。(pp.30-32)

　　１）本裁判に関係する基本法の解釈権が最終裁判所にあるか、全人代に照会するべきか。(照会問題)

　　２）改定入境條例は合憲か。(入境條例合憲性問題)

　　３）改定入境條例の遡及効は合憲か。(遡及効問題)

　　４）両親が結婚していない場合の父子関係を認めるかどうか。(婚外子問題)

　　５）改定入境條例を成立させた臨時立法會は合法機関かどうか。(臨時立法會問題)

本節の最初に述べた通り、最も注目するべき争点は、１)の照会問題と、２)の改定入境條例の合憲性問題である。最終裁判所の判事が判決文の最初で述べた通り、この二点には、香港の新たな全体状況である一国二制度が具体的に検討されるからである。１)では香港の基本法の最終解釈権という大きな問題を直接的に扱うことになり、２)では大陸から香港に移動する人々の扱いをどちらのオーソリティがコントロールするかという間接的に一国二制度を扱うものである。

基本法についての見解

最重要点である１)の照会問題に入る前に、判事は基本法に関する興味深い見方を示している。法律の面から、或いは裁判所としての一国二制度の解釈にも受け取ることができ、香港返還後の新しい歴史への地域の考えを知る上で無視できない。一つは香港の裁判所に中国中央が決めた法の合法性を判断する権限があるということ、もう一つは香港基本法の目的で、それは住民の自由の保証であるという点である。一つめについて述べた部分を引く。

　　議論となるのは、香港裁判所の権限である。権限は、全人代や全人代常

務委員会の立法行為が基本法に適っているかどうかを判断し、もし適っていなければ無効を宣言する権限である。我々の見方は、香港裁判所がこの権限を持ち、特に基本法との不一致が認められれば無効を宣言する義務を持つということである。正当なこととして、我々はその立場を明白に示す。(p.34)

この部分ではっきりと、香港の最終裁判所に中国中央である全人代とその中心部分である常務委員会の立法行為で決められた法を吟味する権限があると述べている。曖昧である一国二制度に対して、基本法のレベルに限られるけれども、中国中央に盲従するのが香港の司法のあり方ではないと判断している。もう一つはさらに先に進んで、香港の裁判所に法の合法性と判断する権限があるとして、ではどのように判断するのかという点である。

　…法律文の本当の意味を確かめることにおいて、裁判所は文脈、特に基本法の解釈において重要である文脈を考慮してその言葉を検討するだけでなく、その法律文と関係する条文の目的を検討しなければならない。(p.40)

そしてここで強調された法律の目的について、以下のように述べている。

　…住民を（永久性居民と非永久性居民とに）分けた後で、（基本法）第3章が述べているのは、憲法上の自由の保障であり、それは香港（と中国）を分離するシステムの心臓部である。裁判所は第3章の条文に思いやりあふれる解釈をするべきである。第3章は香港住民に最大限の基本的権利と自由を憲法において与えるために、それらの憲法の保障を網羅している。(p.41)

最終裁判所の判事は基本法の精神を住民の自由を保障することであると判断した。そのためには第3章の条文を気前よく解釈してよいとする。それが香港の分離システム（separate system）を支えるものであるとしている。この部分に一国二制度そのものの解釈がなされていて、興味深い。

上記の前提を踏まえた上で、裁判ケースに関わる具体的な判断に移っていく。まず照会問題についてである。問題としているのは、裁判に関係する基本法24条の解釈について、中国中央である全人代に照会するか否かである。ちなみに

最終審になって始めて、第1審、第2審では問題とならなかった基本法の解釈が必要論点として挙げられているのは、裁判で扱う問題が基本法の解釈に関わるとき、解釈を誰が行うかを決めるのが、最終裁判所だからである。まず照会することそのものについて、最初に説明する。

基本法158条

香港基本法は、中国中央のイニシアティブによって返還前に起草、成立したものである。香港の返還後の基本スタンスである一国二制度と同様、香港基本法もまた香港独自のシステムでありながら、最終的な解釈権、つまり判断権は中国中央政府にあるのである。それは基本法第158条に明記されている。一国二制度というものを、基本法において、または法のレベルにおいてもっとも具体的に示した条項であろう。

香港基本法 第158条

本法の解釈権は全国人民代表大会常務委員会に属する。

全国人民代表大会常務委員会は香港特別行政区の裁判所に、案件の審理にあたって、本法の香港特別行政区の自治範囲以内の条項について自ら解釈する権限を授与する。

香港特別行政区の裁判所は案件を審理する時、本法のその他の条項についても解釈することができる。ただし、香港特別行政区の裁判所が案件を審理するにあたって、本法の中央人民政府の管理する事務または中央と香港特別行政区との関係に関する条項について解釈する必要があり、当該条項の解釈が案件の判決に影響する場合、当該案件に対し上訴できない最終判決を行う前に、香港特別行政区終審裁判所が全国人民代表大会常務委員会に関係条項について解釈するよう要請しなければならない。全国人民代表大会常務委員会が解釈を加えた条項を香港特別行政区の裁判所が引用する場合、全国人民代表大会常務委員会の解釈を準拠としなければならない。ただし、その以前に行った判決は影響を受けない。

全国人民代表大会常務委員会は本法を解釈する前に、それに所属する香港特別行政区基本法委員会の意見を求めるものとする。

この条項のポイントは以下である。冒頭に書かれているように、基本法の解釈権は全人代にあるが、自治範囲内の事柄については香港の裁判所が判断できるということが一点である。では自治範囲外は何かというと、中国中央が管理する事務と、中国中央と香港の関係に関する条項である。そしてそれら2つに関する条項を、香港の最終裁判所は全人代に解釈要請しなければならず、一旦解釈されたらそれを準拠しなければならない、ということである。

もう少し158条を詳しく見てみる。この条項の中で、最も一国二制度の本質を示しているのは、特別な条件下では香港の裁判所が全人代に基本法の解釈を要請することを義務づけている点である。香港基本法は中国語と英語を原文とする。この部分を原文で読むと、中国語版と英語版との間に微妙な違いが見られる。以下、日本語訳、中国語原文、英語原文を羅列し注目点に下線をひく。

　　ただし、…香港特別行政区終審裁判所が全国人民代表大会常務委員会に関係条項について解釈するよう要請しなければならない。

　　但如香港特別行政區法院…、應由香港特別行政區終審法院請全國人民代表大會常務委員會…作出解釋、…。

　　However,…the courts of the Region shall, …seek an interpretation of the relevant provisions from the Standing Committee of the National People's Congress the through the Court of Final Appeal of the Region.

日本語で「要請しなければならない」と訳されるような強い義務や命令のニュアンスは、中国語訳からきており、「應～」（～しなければならない）という語によって「全人代に解釈してもらうよう頼まねばならない」という言い回しになっている。しかし英語では shall seek ～（～を求めるべきである）というやや命令調が弱まったニュアンスになり、「全人代による関係条文の解釈を求めるべきである」という表現になっている。中国語で読めば香港の裁判所に選択の余地はなく、ほぼ全人代の判断を仰がねばならないと受け取れるが、英語で読んだ場合、わずかに裁判所の自主性が確保されているように思われる。このニュアンスの違いに表れた、北京と香港裁判所の間の感覚的なギャップは、ン・カーリン・ケース判決後に齟齬を産む事になる。

1）照会問題

判決文（FACV No.14, 15, 16 of 1998）に戻る。基本法158条では、第3パラグラフにおいて、「中国中央政府が管理する事務」と、「中国中央と香港の関係」に関する条項の解釈が、「判決内容に影響がある場合」は中国全人代に解釈を依頼する事としている。つまり条項の内容と影響を限定した。ここで中国中央に照会するか否かは内容と影響がどうであるかの判断になる。

判事の判断は、ある条項が内容と影響の両方において158条に限定されているような場合のみ中国中央に照会するべきだとした（p.46-48）。判事は本裁判での中心的な条項は基本法24条とし、内容において条件に引っかかるものではないと結論した。したがって本裁判ケースに関して、全人代への基本法解釈照会は必要ない、つまり中国中央にお伺いを立てることはしないと結論付けた（p.53-54）。判事は全人代への照会の必要性を極力小さくしたといえるだろう。

2）入境條例合憲性問題

合憲性問題とは、中国から香港に入境する人々を規制する入境條例が、香港基本法に合致しているかどうかの議論である。具体的には、中国政府の関与を定める基本法22条(4)が、香港の居留権を定める24条(3)に影響するかどうかである。22条(4)では「中国の他の地区から香港に入境する人」は中国政府の許可を得ねばならないとしている。24条(3)では香港永久性居民の子として「香港以外で生まれた中国籍の子女」には香港居留権を与えている。

判事は基本法22条(4)をこのように読んでみせた。24条によってすでに香港居留権資格を持っている者は22条の「中国の他の地区から香港に入境する人」の範疇には含まれない。含まれるのは香港居留権資格を持たない人々である（p.58-59）。さらに判事は、入境條例が入境者に義務づけた中国国内での単程証の取得は、中国法を香港に持ち込むことになるとした。基本法18条(3)では全人代が作ることができる香港の法律は香港自治に属さないものに限られている。従って単程証取得を義務づけた入境條例は基本法違反だと結論づけた（p.60-61）。

その他の論点 － 3）遡及効、4）婚外子、5）臨時立法會

遡及効は違憲とした。入境條例を7月1日まで溯って発効することにより、

犯罪の認識なく入境した児童を犯罪者にすることになるとして、国際人権規約を香港に適用するとした基本法39条違反であり、入境条例の遡及法を違憲とした。(p.67-72)

婚外子を居留権から除外する条項は違憲とした。入境條例では、父子関係を認める場合、父母の結婚が前提になっていた。しかし判事は第１審、第２審を支持して、父母が結婚していない場合の父子関係も認める事、つまり婚外子の区別を違法であるとした。その根拠は基本法39条で、国際人権規約の理念である平等と家族を基本的単位とすることに照らしたものである。(p.73-78)

臨時立法會問題とは、修正入境條例を制定した香港の臨時立法會の正当性、合憲性を問うものである。法を通過させた議会が正当でなければ、その法も効力を持たないのではないかとする提起への判断である。判事は臨時立法會は合憲であると判断した。

結果

最終審判決は、児童移民の権利を最大限に認めたものとなった。関係条項の照会問題において、中国中央の判断を仰がずに、香港の裁判所自らが判断できるものとした。入境條例合憲性問題では、返還直後に制定された入境條例を基本法に対し、違憲と判断した。その根拠は、香港への入境移民が、中国政府の許可を必要とする事への異議であった。また入境條例が、制定時から約10日間遡及発効することを違憲としたので、その10日間に不法入境した児童を、放免するものとなった。婚外子の区別もなくし、香港居留権を婚外子という理由で排除されることはなくした。

その結果、既に香港に入境していた大陸子女のみならず、大陸にまだいる香港人子女にも大幅に香港入境の可能性を与えることになった。

最終裁判所の判断の中で重要なのは、大陸子女が香港居留権を得やすい結果をもたらしただけではない。判決を通じて、この問題における中国の権威よりも香港の自主性を重視したと判断を下したのである。その象徴的な部分は、判事の基本法への評価に端的に表れた。香港の裁判所は基本法の精神に則り、中国中央の立法行為を監視し、香港の分離システムと住民の自由を守る権限と義

務があると宣言した。

　裁判所を中心とする香港の法曹界は、裁判期間を通じて、児童移民問題を直接扱っているものの、基本法の精神を守るための議論を続けていたとみることができるだろう。その核心は、返還後に、ともすれば圧倒されがちな中国中央の影響力から、基本法を楯に香港の独立性と自由を守ろうとした部分である。

　この判決は、香港社会、特に法曹界と移民関係者にとって、大いに感動を与えるものだった。翌日の新聞では、主要紙が一面トップで判決の意義を伝えている。判決の歓迎すべき部分とともに、懸念事項についても取り上げていることは、本論第4章第2節でも述べたとおりであるが、判決の持つ意味は、香港にとって画期的なものと受け取られた。『ホンコン・スタンダード』は、「法廷は子供たちにドアを開いた」、『サウス・チャイナ・モーニング・ポスト』は、「画期的な判決」とし、子供たちへの寛容な判決と、香港の裁判所の権利を確認したことへの歓迎を次のように示した。

　　大陸子女、それが嫡子でも非嫡出子でも、香港永久性居民の子供に生まれた場合は、生まれつき香港入境と居留の権利をもつ、最終裁判所は昨日、画期的な裁定を下した…（HKS, 99/1/30）。

　　…そもそも返還後わずか10日目に、臨時立法會が修正入境條例を通したため、一国二制度のあり方が早くも不安材料となっていたのだ。…その入境條例によって、政府は、返還日前に証明書を持たずに香港入境していた大陸子女を送還する権限をもち、司法の独立とコモンロー制度が脅威にさらされる状況の一つとなった。だから今回の判決によって、特区における司法の自主性が尊重されることが確認された。…それから裁判所がしり込みして、政府に反対する判決は下せないのではないかという予感も払拭された。…（SCMP, 99/1/30）

中国政府寄りの『大公報』さえも、判決への歓迎を示した。

　　（本紙レポート）多くの政界人が等しく最終審の裁決を受け入れて尊重しなければならないと認めている。一方政府は関係機関と連絡協議を進め、児童が規則正しく来港できるようにしなければならない。ならびに有効な

措置を講じて社会との連携、住宅、教育、福祉などの問題に対応していかなければならない。…（『大公報』、99/1/30）

法曹界を代表する団体である大律師公會は以下のような声明をだした。

多くの人々に基本法は本当に機能し、それを生かす判事が香港にいることを知らせ安心させるものだ。(SCMP, 99/1/30)

ン・カーリン・ケースの最終審判決は、このように、一国二制度を司法の制度の中で考えるとき、香港にとって、非常に独立的な、自主性を重んじる結果をもたらしたのである。

第2節　人権団体の要求

本節では、前節までに述べた経緯にそって、香港の人権団体などがどのように関与してきたかを述べる。特に、1999年6月の中国全人代による基本法解釈、それに続く同年12月の香港裁判所の再解釈の後には、これらの団体が移民たちをサポートし、政府や当局と対峙する構図となった。移民側にとって、児童移民問題を「人権問題」と捉えて、社会にインパクトを与えた。しかし後には、人権の効力も薄れていく。その経緯を以下に述べる。

ここまで児童移民問題は、香港の返還とともに問題が顕在化し、大陸児童の大量入境を防ぐため、政府や入境處が早速厳しい対応をし、大陸子女の香港移住を難しくした。その政府の措置を受けて、問題は裁判の場に持ち込まれ、ン・カーリン・ケースの最終判断として、一旦は児童移民である大陸子女を全面的に受け入れ、この問題のイニシアティブを握るのは、大陸側ではなく香港側であることを確認した。しかし問題の主導権は大陸側が握るべきだとする中国政府寄りの動きによって、状況が一転し、児童移民に対して閉鎖的かつ問題を中国の行政に委ねることが、法律上確定してしまった。

その間の裁判における流れを再度時系列でたどると、1997年7月香港返還直後に児童移民が大量発生し裁判が始まる。1999年1月、ン・カーリン・ケースの結審の際に香港の最終裁判所は、移民の受け入れのみならず、基本法を拠り

所として香港が自立した地域であることを示した。その判断は、法曹界を中心に支持を受ける。しかし「香港が自主的に決定することができる」とする判断に対し、大陸の法律家などが反発し、中国全人代が大陸の決定が香港の決定を凌駕するとして基本法の再解釈をする。その結果ン・カーリン・ケースからわずか1年後の、1999年12月のラウ・コンユン・ケースの最終裁判所判決の際には、全人代、つまり中国政府の意向を受ける形で全く覆された。ここで全人代の意向を無視できなかったのは、基本法には香港の自立のみならず、全人代の権限もまた明記されていたからである。基本法を拠り所とした法曹界の議論にも、香港の自立性と移民の受け入れを貫くには限界があったのである。

一方、ラウ・コンユン・ケースの結審によって、中国全人代の面目は保たれた。再び児童移民問題は、大陸子女の香港における居留権を問う「居留権問題」となって香港の自治範囲内の問題に戻っていく。つまり、この問題での大陸と香港の関係性にある程度決着がつき、境界を跨ぐ問題は整理されたので、問題対象は、大陸から香港入境を目指す子女ではなくて、すでに香港に入境している5,000人を超える子女に絞り込まれることになった。

本節では、香港の人権団体が、児童移民問題発生以降、居留権問題において見せたプロセスを以下のように述べる。第1項では、返還前後の社会奉仕団体や個人の活動について述べる。第2項では、児童移民問題が法廷に持ち込まれてから、ラウ・コンユン・ケースの最終的な敗訴までの間に、人権を唱えた香港域内の活動を述べる。第3項では、ラウ・コンユン・ケースの敗北後に人権団体が前面に出て運動したものの、移民による過激な事件に発展した後に、移民側の過激さが社会との間の同調性を失っていくまでを述べる。前節の法曹界の動き同様に、香港社会の内部から表れた移民擁護、人権擁護の動きであることを重視する。

第1項　返還前後の児童移民支援者

返還前後の時期、児童移民の前面に立って指揮、誘導、支援していた団体は、社区組織協会 (Society for Community Organization) である。児童移民問題発生

時に最も大陸子女や家族の立場を代弁していたのは、協会総幹事（Director）の何喜華（Ho Heiwa）である。何は返還の約10年前から香港人子女の香港入境を助けてきたことを明らかにしている（『経済日報』、97/7/7）。返還前は「不法移民」であった大陸子女は、当局に捕まれば、すぐに大陸に送還される「即捕即解」と呼ばれる措置を採られた。返還前に密航してきた大陸子女は、1997年7月1日の返還までは香港の当局に見つからないように隠れて暮らし、返還以降は晴れて「基本法によって居留権が保証された者」として、しかるべき権利を主張する。そのような措置を支援してきたのが社区組織協会である。返還直後に何はこう述べている。「彼ら（大陸子女）は7月1日以前は不法移民とされたが、今は身分が与えられる資格がある。送還命令を受けた子供も、今はもはや送還されない」（SCMP, 97/7/3）。こうした措置を信じて入境してきた児童が多いのは、数字からもわかる。1996年一年間で754人だったが、返還前の3月一ヵ月で700人が入境しているという（SCMP, 97/7/3）。

何喜華が返還時に強調しているのは、児童移民問題への政府の無対応と住民の無理解である。政府に対しては次のように批判する。香港基本法が正式に成立したのは1990年のことである。基本法によって香港政府には、たとえ好ましくなくても大陸子女を受け入れる責任がある（『経済日報』、97/7/7）。その時点で香港居留権が返還後香港人の大陸子女に与えられることはわかっていた。しかし政府がこの事に対し無策であったから、返還後に急に出現した大陸子女に対応できないのである（『蘋果日報』、97/7/5）。大陸子女に密航をさせないためには、香港政府が迅速に大陸子女の入境計画を公表して処理し、大陸子女の父母たちの不安を減らすことが重要である（『信報』、97/7/4）。

香港住民に対しては次のように指摘する。社会は大陸子女が密航して香港入境する事を批判しているが、なぜ彼らがそうしなければならないのかは考えられていない。基本法に権利が謳われている以上、社会には受け入れ責任があるのだ。児童移民の香港居留をサポートすることは密航を促すことだと人々は言う（『経済日報』、97/7/7）。ここには新たに大陸から入境してくる「新移民」や密航してくる「小人蛇」への香港住民の冷たい視線が見てとれる。

ではこの頃の香港世論はどのようなものだったのか。児童移民が政府入境處に押し寄せて注目を集めたのは、返還直後の7月3日である。この日に『東方日報』が194人の18歳以上の住民を対象に電話インタビュー調査を行った。結果は以下である。質問文中の「特赦」とは、児童移民が不法入境や不法滞在を犯しているものの、当局から無罪放免の扱いを受けることを指す。

表Ⅴ-① 児童移民に対する返還直後の世論（東方日報）

東方日報の調査（97/7/3）	そう思う	思わない	半々	意見なし
①不法児童移民の香港における永久居留権を認めますか	22%	59%	—	19%
②不法児童移民の特赦を支持しますか	15%	58%	18%	9%
③香港政府が特赦した後、大量密航が起こると思いますか	75%	9%	6%	10%
④不法児童移民の特赦は、住宅と教育の問題を誘発しますか	81%	7%	9%	3%

（出所：『東方日報』、97/7/4）

調査サンプル数が少ないながら、住民の大半が、「不法児童移民」の香港居留権には否定的な態度を示すことがわかる。①と②の質問によれば、約6割が「不法児童移民」の居留権を認めず、特赦をするべきでないと考えている。③と④によれば、特赦することにより、大陸からの大量密航が起こると考える人が7割半で、児童移民問題が住宅問題や教育問題などの社会福祉に直接悪影響があると考えているのが8割である。住民感情が移民を歓迎するムードでないことが表れている。

上記の調査から数日後の7月9日、第4章第1節で詳しく述べたように、香港政府は立法措置を整え、大陸子女が中国サイドと香港サイドで二重に身分確認を経ないと香港入境ができなくなる。この措置について、香港大学社会科学研究センターが行った住民調査の結果は以下である。調査対象は18歳以上の広東語を使う香港住民、538人である。（『経済日報』；『明報』、97/7/10）

第 5 章　香港社会からの対応　213

表Ⅴ-②　大陸子女に対する返還直後の世論（香港大学）

香港大学社会科学研究センターの調査（97/7/8）	賛成／できる	反対／できない	わからない／言えない
①香港人の大陸子女が大陸の公安局の身分確認を経て資格証明書を取得し、さらに香港入境處で二重に身分確認をしてやっと香港居留権を取れることに対して、賛成か。	78.4%	9.5%	12.1%
②現在香港入境している「小人蛇」が、一旦大陸に戻り、二重身分確認後にやっと来港が許されることに対して、賛成か。	80.7%	8.8%	10.5%
③香港政府が「小人蛇」問題を解決できると思うか	50.0%	17.3%	15.8% 半々 16.9%

(出所：『經濟日報』；『明報』、97/7/10)

　質問①では、法曹界から批判を受けた二重確認の措置について、一般住民の感想を問うものであるが、結果は法律の専門家と異なり、約8割の人々が措置に賛成している。同様に質問②でも8割が、すでに香港入境している「不法児童移民」も、一旦大陸へ戻って新措置に従って入境することに賛成している。返還直後は住民の多くが政府の措置を支持しているのである。二つの調査を通してわかることは、一般住民は、「不法児童移民」を歓迎せず、寛容な措置を望まず、より厳しい措置で入境許可することを望む。大量に入境することは香港の社会福祉に悪影響となるが、問題の解決は難しい、というものである。

　興味深いのは質問③の結果で、香港政府が「不法児童移民」問題を解決できるかどうかについては、半数しか期待していない。この問題の深刻さと、移民に対して香港が持つ地政学的な特徴を示していると考えられる。同時に歴史的な特徴ともいえる。第1章で述べたとおり、香港住民のほぼすべてが移民のルーツをもつからである。

　このような世論を批判しつつ、社区組織協会は活動を行う。200以上の児童移民の家族に対し、基本法に盛られた児童の権利について説明を行った（HKS, 97/7/14）。社区組織協会は、すでに入境して隠れて暮らしている大陸子女の状況も把握している。正式に学校教育を受けられない児童は、これらの児童を対

象にした秘密の「学校」に通っている。何はこの状況の責任において政府に批判的で、たとえ「不法児童移民」であろうとも、子供の基本的権利として教育を受けさせるべきだと述べる (SCMP, 97/7/21)。

第1節でも触れたとおり、人権団体の移民保護活動を法曹界と効果的に結び付けるのに法律援助署が大きな役割を果たしたが、もうひとつ人権派弁護士の役割も重要である。彼らは香港における法律の優位や法曹界の権限よりも、移民の立場に立っている。その意味で人権活動家に近い立場である。代表的な存在であるパム・ベーカー（Pam Baker）事務弁護士は、児童移民問題発生以前にも、ベトナム難民の弁護士として知られており、約500人を政府の拘束から解放した経験を持つ。ン・カーリン・ケースから大陸子女側の弁護士として関与した。大陸子女は基本法の元で居留権を持っていると強調しており、彼らの流入は基本法制定時に予測できたことだと指摘している (HKS, 97/7/11)。

第2項　移民問題顕在化後の支援

香港が返還されて児童移民問題がクローズアップし、第一に支援者として注目されたのは、社区組織協會などの人権団体である。しかし児童移民問題が香港政府による立法措置で片付けられていくのに伴って、法曹界が移民側の権利の擁護者として発言、行動するようになる。

児童移民問題の裁判の開始に際して、香港大律師公會が明らかにしたのは、100人以上の弁護士が法律援助を受けられなかった家族への援助を申し出ているということだ (SCMP, 97/7/13；HKS, 97/7/14)。これら弁護士の自発的な行動は、大陸子女の香港入境を防ぐ新法案が、香港の憲法である基本法に違反していると感じたからである。

法的権利を主張する団体である「ジャスティス」の香港代表であるニハル・ジャヤウィックラマは次のように述べる。政府が大陸子女の密航を止めるどのような法的措置をとっても居留権を明記した基本法には矛盾する。彼らは香港に来るためのよりよい方法が知らされないから、どうにかして来ようとするのだ (HKS, 97/7/5)。基本法において彼らが居留権を持った永住者である限り、

どのように入境してきたかは問題ではない。居留権を持っているのに香港から追い出すことができるのか、と強制送還の正当性を疑問視した (*SCMP*, 97/7/6)。

　キリスト教の教会も問題に関与してくる。積極的に大陸子女支援をしている社区組織協会から依頼されて大陸子女に援助するようになる。社区組織協会はカトリックと英国国教会の司教と主教たちが董建華に影響を及ぼし、人道的な制度ができることを期待した。カトリック香港管区のローレンス・リー司教は、1988年に避難所を探していた約50人の大陸の母親に教会内の宿を提供したことがあり、すでに入境している大陸子女の大陸送還には反対している。英国国教会のイアン・ラム・ソウフンは教会としてあらゆる方法で児童移民を助けていくことを表明した。(*HKS*, 97/7/12)

　第1節で述べたとおり、ン・カーリン・ケース最終審判決は、1999年1月29日に下された。画期的なものだった。ン・カーリン・ケース判決を受けて、社区組織に問い合わせが殺到する。最終審判決翌日だけで、100本の電話問い合わせを受ける (*SCMP*, 99/1/31)。またこの時点で申請可能な大陸子女の数は32万人と見積もられている (*SCMP*, 99/1/31)。

　移民に開放的な判決を受けて、香港社会一般が、移民の大量流入へ懸念を抱いたことも否定できない。ン・カーリン・ケース判決直後の世論を示す調査が以下である。調査は民主建港連盟が727人から聞き取り調査を行った。民主建港連盟は中国寄りの政策をとる政党である。

表V-③　大陸子女への99年の世論調査

民主建港連盟の調査 (99/2/初)					
①多数の大陸人の流入は香港の開発にとってよいと思うか？	良い 13.3%		悪い 86.7%		
②流入による香港の雇用機会への影響を懸念するか？	非常に懸念 53.4%	懸念する 31.9%	懸念しない 12.2%	全然しない 0.7%	無回答 1.8%
③もしあなたが彼らへの居留権付与を決められるとしたら、付与する意思があるか？	ある 15.4%		ない 64.2%		無回答 20.4%

④流入によって、政府が税金を上げたり公共支出をカットしたりするのではないか、心配か？	とても心配 45.9%	心配 37.1%	心配しない 12.0%	全然心配しない 1.1%	無回答 3.9%
⑤それらの新移民を世話するだけの充分な財源が政府にあると思うか？	とてもある 3.4%	まあある 17.1%	充分ではない 50.8%	全然ない 23.2%	無回答 5.5%
⑥彼らの香港居留権を制限するように、基本法を修正することに賛成するか？	賛成 65.7%		反対 16.4%		無回答 17.9%
⑦この危機を受けて、移出を検討するか？	はい 19.9%		いいえ 45.7%		考えたこともない 34.4%

(出所：*HKS*, 99/2/8)

　ン・カーリン・ケース判決は、香港の自立性が確保されたことにおいて、法曹界の絶賛を受けたのであるが、同時に移民の香港への大量流入を危惧させるものであった。この調査は、移民大量流入の可能性にのみ的を絞った点が特徴である。質問①では、大量流入に関して肯定的なのはわずかに13.3%であった。否定的だった86.7%とほぼ同数が、質問②において雇用機会への悪影響を懸念している。質問③では64%もの回答者が、はっきりと居留権の付与に反対していることがわかり、ほぼ同数が質問⑥では、さらに踏み込んで、移民流入を防ぐための基本法の修正まで望んでいる。質問⑤では、政府に流入民のための財源が「充分ではない」または「全然ない」と考える人が74%もいて、その結果、83%もの回答者が、質問④で政府が税金を上げたり、公共支出をカットするのではないかと心配しているのである。したがってこの調査からわかることは、大多数の住民が、移民の大量流入とそれに伴う労働市場での競争や、税金など香港全体への負担の増加を恐れ、基本法を修正してでも流入を防ぐべきだと考えていることである。政府にとっては、一見、追い風として利用しやすい世論だといえよう。

　興味深いのは質問⑦で、移出の意思を問うものである。「この危機」という表現など人数のはっきりしない移民の大量流入を暗示している点で公平ではな

いとも指摘できるが、「移出まで考える」と言う約20%の数字は、むしろ政府の対応や処理に期待しない回答者の数字とみることもできるだろう。「考えたこともない」回答者は約34%であるから、残りの約66%は移出を検討済みであると読める。香港はあらゆる機会に移出入が検討され、移住する契機に事欠かない地域であることを示していよう。

このようなン・カーリン・ケース判決後の香港住民の懸念に対して、社区組織協会の代表である何喜華は、以下のように反論している。香港の出生率は低いので、大陸子女を大量に吸収しても、人口の増加は多くはないため、公共福祉上の重圧とはならないであろう。また香港は、10年後には人口の20%が60歳以上となる高齢化社会なので、若年層を移入させることは、長い目で見ればいいことである (*SCMP*, 99/1/31)。香港の人口構成は先進国型の少子高齢化が見られるから、子供の流入は、香港社会の将来のためにむしろ利点があるという見方である。

大陸子女の数に関して、無視できない重要な議論がある。1999年7月、政府統計處は、ラウ・コンユン・ケース最終審判決を前に、大陸子女数に関する統計数字を発表する。数字とその根拠は、「配偶者または子女が中国内地にいる香港住民」と題され、政府統計處から発行された125ページに及ぶスペシャルレポート[1]に示された。結論で、大陸在住の香港永久性居民の子供と孫は、全部で160万人余りと推計している。次表が最終推計として示されたものである。第一世代とは香港永久性居民の子供、第二世代とはそのまた子供を指す。ン・カーリン・ケース最終審判決に従えば、香港永久性居民の子供だけではなく子孫全てが香港居留権を得ることになるため、世代を超えてこれほどの大陸子女が香港の居留権を得ることを予想したものである。

---

[1] *Special Topics Report No. 22- Hong Kong residents with spouses/children in the Mainland of China*, Census and Statistics Department, Hong Kong Special Administrative Region, 1999年7月

表Ⅴ-④　政府統計處が算出した「香港住民の内地子女」数

類別	第一世代	第二世代	合計
登録結婚による子女	188,700	329,100	517,800
登録結婚以外の子女	505,000	581,000	1,086,000
合計	693,700	910,100	1,603,800

(出所：前掲スペシャルトピックレポート「配偶者または子女が中国内地にいる香港住民」p.125)

　調査は1999年3月から5月に行われた（p.1）。政府統計處が1981年から継続的に行っているサンプル調査、「総合住戸統計調査」の一環である。調査は19,300戸のサンプル抽出された家庭に訪問して行われ、うち46,000人の中国籍の住民に対しては、結婚の有無、大陸での子女の有無を質問した（p.7）。非嫡出子に関しては特に私的な内容であるため、質問をする際、全ての回答者の半数には「直接質問法」で直接質問を出した。残りの半数には「ランダム回答法」を用いた。ランダム回答法とは、回答する人のプライバシーを守ることで回答者が正直かつ協力的に回答できるようにする方法で、直接聞きたい質問と、似たような回答が期待できるプライバシーに関わらない質問のどちらかに質問者にはどちらに答えたかはわからないように答えるという方法である。ここでは「大陸に非嫡出子がいますか？いる場合何人ですか？」の質問と、「過去7日間にタクシーに乗りましたか？乗った場合何回ですか？」のどちらかに答えを求めた。回答者は質問者が持ってきた袋の中に入っているフィルムケースを無作為で選び、回答者だけが確認し、ふたがついている場合は非嫡出子の質問に答え、ふたがついていない場合はタクシーの質問に答えた。フィルムケースのふたの有無の割合を4：6に固定し、データを処理した（p.109-112）。こうして収集したデータを基に全香港住民の状況を推測した。

　ところが、政府がはじき出したこの数字に対し疑問が持ち上がった。移民側を支援する団体であるヒューマンライツ・モニターと、人権派弁護士として知られるパム・ベーカーの法律事務所が共同で調査を行い、政府推計とは異なる結果を発表した。香港ヒューマンライツ・モニターは法律と日常生活の両方に

おける人権保護を目的とする独立団体である。外部への配布資料[2]によると、調査の結果、香港永久性居民の大陸子女で香港居留権をもつのは、56万2,000人だとしている。ヒューマンライツ・モニター側は、政府側の160万人という数字は実際より約100万人多く見積もっていると指摘する。こちらの調査は、1999年7月から10月にかけて5,000人以上のパム・ベーカー法律事務所の依頼人である大陸子女を対象に、質問用紙によるアンケートを行った。質問項目には、彼らの両親の結婚状況について問うものもあった。結果、両親の結婚状況が影響する嫡出子と非嫡出子の割合が政府統計とは大きく異なった。政府統計では第一世代の数字に関して、大陸には「登録結婚による子女」つまり嫡出子一人に対し、「登録結婚外の子女」つまり非嫡出子が2.68人存在することになる。しかしヒューマンライツ・モニター側の調査では、嫡出子8.87人に非嫡出子一人の割合になる。その原因としてヒューマンライツ・モニターが指摘しているのは、政府調査の質問方法である。上述のランダム回答法は「タクシーメソッド調査」であり、回答者が「先週何回タクシーに乗ったか」と「大陸に何人の非嫡出子がいるか」の質問を混同して回答する羽目になり、結果的に大陸子女160万人の数字に到達しているものだと訴える。また大陸子女の数以外にも、政府調査の回答者の30%が子供は香港居住を望んでいないと答えている点も重視している。たとえ居留権を行使できる人数が多くても、全員が香港にやってくるわけではなく、それらの人々が社会の負担と考えることはできないとする。ヒューマンライツ・モニター側は、数字は常識から言っても考えられないもので、インチキであり、政府は大きな数字を出すことによって香港住民の不安とン・カーリン・ケース判決への反感を煽り、移民制限的な政策を推し進めるのが狙いであり、政府がこれまでも公共サービスの制限を目的に行ってきたパターンである、と指摘する（SCMP, 99/10/19）。

　児童移民問題を考えるうえで、どれほどの人数が問題対象となるのかは、問

---

[2] New survey on right of abode casts doubt on Government's "taxi method" survey. *Minitor's Letterhead*, 18 October 1999.

題の核心部分であり、政治上でも社会上でも住民心理においても最重要である。しかし世界中の移民難民問題と同様にここでも移民数の予測は難しい。大陸内の非嫡出子を含めた居留権有資格者の数を把握することは、本論文執筆時点では方法がない。近接する数字に迫ることができるのは大陸内の当該部門かと思われるが、広域かつ他部門にわたり、一括した情報がどのように集約されているのか、或いは集約されていないのかも定かでない。

　大陸側の児童移民への行政処理はどのようになっているのか。大陸子女が大陸の広東省で香港の居留権を申請する場合、申請の流れは以下のようになっている。

表V－⑤　居留権申請の流れ

機関	派出所	地区公安局	市公安局	省公安局	（香港側）香港入境事務處
処理内容	①書類を受取る。②書類の真偽を確認③条件の有無を見る。	①再度書類をチェック。②意見を添えて上級へ送る。	①審査（批准なら上級へ。条件落ちなら不批准通知書を発行。）	①審査して批准する。②香港側へ送る。	①親が香港永久性居民であるかを審査する。②本当に親子かどうかを審査する。

（出所：公安局での聞き取り調査から筆者作成）

　この流れをみると、申請者が申請書類を提出してから香港側に渡るまで、省内で4つのチェックポイントを通ることになる。書類の不備や記入の仕方が原因で申請が途中で落とされることは十分考えられる。したがって香港側に届いた申請は、末端の派出所に提出された全申請の一部であろう。部署が上級であればそれだけ末端の申請数はわからないのである。そのうえ、香港の新聞が指摘するような、例えば非嫡出子への差別など（98/4/5, HKS）、中国側のふるいにかけられれば、上級部署に送られる申請はさらに制限されることだろう。したがって申請の流れの先で申請者を計ることはできない。なるべく申請の最初部分に実態に近い人数が計れるのではないかと考える。しかし中国の行政内容

の、しかも返還前後の香港への移民という政治的に微妙な問題であるから、極めて限られた調査の限られた情報からの概算を試みた。

　広東省内の申請者は約40万人前後ではないかと考える。わずかな情報の中で、ひとつの根拠となるのは、「広東省には香港入境申請者の約３分の２がいる」ことを深圳公安局が表明していることだ (*SCMP*, 97/8/19)。それで広東省内の申請者数がわかれば、大まかな全申請者数がわかることになる。もうひとつの根拠は、香港に近い広東省のある市が、香港移住申請書を約２万通販売したという情報を得たからである。申請書類が無料配布ではなく、一部５元の販売であったから、買い求めた人々は必要部数を買ったと推測する。その市は香港に近接しているが、大陸子女が最多の市ではない。そこで広東省21市のうち、香港に近接する８市（汕尾市、惠州市、深圳市、東莞市、広州市、佛山市、中山市、珠海市）が各２万通販売したと考え、他の13市が各１万通販売したとすると、広東省内の合計は39万通である。約40万人と考えると大陸全体では60万人くらいが妥当ではないかと考える。これだと偶然、上述のヒューマンライツ・モニターとパム・ベーカー事務所の調査結果を少し上回る数字となる。政府の数字は、実際よりも大きすぎると言えるのではないだろうか。実際の数字は２つの調査結果、160万人と56万人の間に位置するのではないだろうかと推測するものである。

　ヒューマンライツ・モニターが政府調査に対して指摘したもうひとつの点は、調査が発表された時期である。発表されたのは1999年７月である。移民に開放的なン・カーリン・ケース判決が同年１月に下され、上述のように、中国全人代が移民に閉鎖的な効果を及ぼす基本法解釈をしたのが６月下旬である。６月中旬にはラウ・コンユン・ケースの控訴審で移民が勝利している。７月の調査結果発表はどうしても６月の基本法解釈を後押しする効果を持つだろう。「これほどたくさんの大陸子女が香港に入境して来たらたまらない」という素朴で単純な感想を引き出したはずである。そうして政府は世論を味方につけることができ、ラウ・コンユン・ケースの最終審判決を迎える。

　99年12月のラウ・コンユン・ケース最終審判決は、同年１月のン・カーリン・

ケース最終審判決から、わずか10ヵ月後の大転換であった。香港域内の最終裁判所によって一旦下された開放的な判断から、中国側の干渉を経て、正反対の結果へと変わったことになる。

先のン・カーリン・ケースの判断を評価していた団体からは、当然失望の声が出る。社区組織協会の何喜華は「香港はすでに死んだ」と表現した（『明報』、99/12/4）。これは中国側の干渉と威力の前には、香港の独自性が失われてしまったことを嘆いている。大律師公會の湯家驊は、判決が全人代常務委員会と香港最終裁判所の役割を明らかにしたと言い（『明報』、99/12/4）、全人代の介入とそれに対する香港裁判所の追従に失望感を表した。

第３項　ラウ・コンユン・ケース判決後の失望

ラウ・コンユン・ケース最終審判決は、返還時に遡って、結果的にほとんどの大陸子女の香港居留権を認めないものであったから、香港に違法に滞在し、居留権の許可を待っていた在香港の大陸子女と香港側の関係者には大きな打撃であった。法律的解決に一筋の希望を抱いていた彼らは、結局やり場のない怒りを抗議や抵抗の形で表わすようになる。先のラウ・コンユン・ケース最終審判決後には政府総部の前で暴動、2000年に入ってデモや示威行動が散発的に行われ、８月には別の居留権ケースの判決に反発する関係者が入境處ビルで放火し、この事件で始めて香港政府内に犠牲者が出るにいたる。

こうしてラウ・コンユン・ケースの判決に失望した移民たちが苛立ちを募らせていくとともに、居留権問題の中心的課題には「人権」が浮上してくる。移民側にとって人権は、裁判で敗訴し、もはや基本法によっても自分たちが守られない以上、残された切り札なのである。返還後の新しい香港が「法治社会」であることを標榜した法曹界は、当初基本法を盾にして戦ったが、「全人代決定に従う」という「基本法の条文」によって戦う方策をなくす。そして法曹界と協力して児童移民の香港居留に尽力していた人権団体は宙に浮いてしまった。こうして人権団体は単独で前面にでて、移民の中心的サポーターとなっていく。サポーターである人権団体は、これまで掲げてきた「法治」の理想に替えて

「人権」を主張しながら運動を進めていくようになる。

　人権団体のこのプロセスは、政府や法曹界がたどったプロセスと対比させてみる事が可能である。人権団体にとっては、香港においては人権が守られることが何より重要なのである。返還後の香港において危惧することは、これまでの人権状況が守られるかどうかだったのである。当初人権団体は、移民の人権保護のために、「法治」を優先する法曹界と協力して活動してきたが、基本法という楯が移民にとっては無力化してしまい法曹界にはもはや術がなくなり、人権団体にとって優先されるべき「人権」が未提出の課題として残るのである。ここで人権団体は、純粋に人権保護を獲得するために再度活動する。満を持して人権団体は「人権」を提示する。言い換えれば人権団体にとって、返還後も香港がそれまでと変わらぬ社会であるためには、人権が守られねばならないのである。人権団体は人権保護こそ香港の命脈と考えたのである。政府が「豊かさ」を香港の第一優先課題と考えたように、法曹界が「基本法による法治」を香港の命綱と考えたように、人権団体は「人権の保護」こそ重要だと考えたのである。具体像が見えなかった返還後の香港社会に対して、それらのアクター・アクトレスはそれぞれが理に適った解釈をもって香港社会が守るべき価値を提示したと言えよう。

　1999年末にラウ・コンユン・ケースの最終審判決が出て、大陸子女側の敗訴となった。判決が下された後、約2,000名の大陸子女たちが政府総部前に集まり、警察側と衝突した。植木鉢や石や拡声器を投げつける大陸子女に対し、出動した警察は胡椒スプレーで鎮圧した。数人が軽傷を負ったのみで、逮捕者もないながら、警察と大陸子女の間の返還以降最大の衝突となった（『明報』、99/12/4）。この頃から香港の代表的な英字新聞、サウス・チャイナ・モーニング・ポスト紙では、居留権を求める大陸子女を「居留権抗議者（right of abode protester）」と表現するようになる。それまで多かった「居留権要求者（abode seeker）」の表現と対照的である。当局との衝突が避けられなくなっていることが、報道上の呼称のレベルにも表れている。

　大陸子女や関係者のアピールはいろいろな形で続く。2000年1月20日、1,000

人が参加して、超過滞在していた子女を拘束している拘置所外での徹夜の抗議を行った（*SCMP*, 00/1/21）。3月11日、大陸子女の親たち500人が子供の居留権を要求してデモ行進をした（*SCMP*, 00/3/12）。5月14日、やはり約500人が「基本法の支持」を訴えて入境處から政府総部までデモ行進した（*SCMP*, 00/5/15）。2000年6月には基本法解釈一周年に合わせて抗議デモが行われた。1,200名の参加者のうち、中心となったのは、居留権関係者と、学生の活動団体「学聯（香港專上学生聯會；Hong Kong University Student Union）」である。デモ参加者のうち数十名が、政府ビルの前で夜を明かし、登庁する役人を待ったが、排除しようとする警察側が胡椒スプレーを使うなどの措置を行い、警察官の暴力的な対応を訴える学生もあった（*SCMP*；『明報』、00/6/27）。居留権問題は、99年末のラウ・コンユン・ケース最終審判決後の警察との衝突以降、やや暴力事件に発展しやすい沸騰した様相を帯びるようになる。

2000年8月2日、ある居留権ケースの判決に反発する関係者が入境處に抗議に訪れ、處内で放火する。この事件によって入境處の高級職員1人が犠牲になり、10人以上が負傷し、逮捕者は21人となった。高級公務員の犠牲者に対し、董建華行政長官をはじめとする政府トップが葬儀に参列するなど、最大限の敬意を示すものとなった。新聞などのマスコミも大きく取り上げたため、香港住民の中には、政府への同情、過激になった移民への批判が出てくる。児童移民問題発生当初、中心的な役割を担っていた団体である社区組織協会は、死亡事件を機にサポートを断念する。移民の人権を掲げた抗議運動が突破口を見出せないまま返還から3年が過ぎ、やり場のない怒りや焦りに化していったのが窺える。こうして結果的に「人権」の看板も効力が弱まってくる。

この後、大陸子女の活動に関わったのは、カトリック系団体の「天主教正義和平委員會」で、居留権問題のほかに、人権、貧困、労働問題に対して数人で取り組む職員約6人の団体である。規模も小さいため、大陸子女の活動に協力するだけで、活動方針をたてたり大陸子女を先導することはない。団体の担当者はかつて労働組合で働いていた経験を持つ。かつて中心的に子女をサポートしていた社区組織協会とは役割や影響力も異なる。より大陸子女個人の判断と

行動が動きを定めていく時期になったとみることができる。

　このように特定の団体のサポートがほとんどなくなった時期に、香港で居留権を要求する大陸子女の精神的支柱といわれたのが、甘浩望神父（Fr. Mela）である。彼はかつてキリスト教左派の思想的影響を受けて、1974年にイタリアから香港へ移り、毛沢東思想への憧れから中国経験を経て、香港九竜にやってきた。香港では特定の教会に属さず個人で活動を行っている。84年から船を住まいとする漁民の居留権取得のために活動する。87年からは親の一方が香港人である14歳以下の大陸子女の居留権のために尽力した。99年のン・カーリン・ケース最終審判決後の2月初めに約100人の大陸子女、30～40人の活動家と「居留権委員会」を組織し、討論や直訴やデモなどの活動の中心とした。同年2月初めの政府への直訴の際に居留権を要求する大陸子女17名が当局に逮捕拘束され、このことが、ン・カーリン・ケース裁判に続くラウ・コンユン・ケースを起こすきっかけの一つになっている。ラウ・コンユン・ケース後の居留権運動には、甘神父、天主教正義和平委員會、学聯の協力者が参加している。活動は協力者の熱意と信念に支えられているものの、組織力や特定の理想に全体の意思をまとめていくような状況ではなく、より個人的事情に基づいたやや散漫な全体状況となっている。居留権を要求する大陸子女も香港での労働は許可されず、居留権について先の見通しがたたない。これらの大陸子女は成人がほとんどで、大陸での生活もそれぞれ成り立っていたので、香港での居留意思との葛藤がある。彼らが最後の砦と考えたのが、以下に述べる居留権裁判である。

　香港居留権裁判は、ラウ・コンユン・ケースの結審によって、重要な議論は一通りなされたと見てよいであろう。その後の案件として、「ン・シウタン・ケース」がある。ラウ・コンユン・ケースの提訴後に香港入境した同様の条件下にある大陸子女を原告として、新たな争点について再び入境處長を相手に強制送還中止を求めて提訴したものである。これは居留権問題の基本法に照らした最後の審判であり、基本法を拠り所とする大陸子女にとっても実質的に最後の争いと言えるものである。この裁判の影響を受けるのは、香港に入境している5,000人以上の大陸子女である。原告の共通点は、中国全人代が1999年6月

に香港基本法を解釈する前に生まれていることであり、解釈によって資格を剥奪されることを違法だと訴えるものである。2000年6月30日に第1審判決が下され、大陸子女側の敗訴であった。子女たちはン・カーリン・ケース最終審判決の恩恵は受けず、全人代の基本法再解釈の影響を受ける、というものである。判事は、「…原告たちが6月の解釈を頂点に事態の変化をほとんど心に描けなかったことを考えると、私は原告たちが必ず感じている失望感を小さいとは思わない。…」と述べ（SCMP, 00/7/1）、原告への同情を表した。また判決では、政府が出した譲歩である「寛免政策」の対象者を広げることも斥けた。「寛免政策」とは、97年7月1日の返還の日からン・カーリン・ケース判決の99年1月29日までの期間に居留権を当局に請求したものは、大陸に送還されないと言うものである。つまり返還直後の児童移民には譲歩をしたが、ン・カーリン・ケース判決を耳にして大陸から入境した子女には適用しない措置である。裁判所の外には400人の大陸子女と関係者が集まり、判決に落胆したが、抗議を続けることを誓った（SCMP, 00/7/1）。この判決に落胆した大陸子女は多いと見られる。「寛免政策」が合法とされた第1審の判決後、半年間で累積1,000人以上の大陸子女が自主的に大陸に帰り、当局によって送還されたのは300人であった（『東方日報』、00/12/12）。

　第2審判決は同年12月11日に下され、大陸子女側の敗訴であった。原告たちは全人代の基本法解釈の影響を受けるという採決である。「寛免政策」についても第1審と同じ判断をした。判事は「…訴えを退けることで、香港居留権を望む多くの大陸住民の望みを打ち砕くことはわかっている。しかし我々は彼らの望みを一旦棚上げしなければならなかった。我々が相当と考える法を、単純に適用しなければならないのである。…」と述べ（SCMP, 00/12/11）、現状での法律的限界を残念であると表明した。法廷では100人以上の大陸子女が傍聴し、裁判所には600人を越える人々が集まった（『太陽報』、00/12/12）。

　最終審は2002年1月10日に下され、同じく大陸子女側の敗訴であった。争点は全人代の再解釈から誰が逃れられるか、である。原告側の主張は、ン・カーリン・ケース最終審判決によって、香港政府が措置を行い、大陸子女は権利が

決まったかのような「合法的期待」を抱いた。ところがわずか半年後に全人代の再解釈によって情勢が逆転したが、「合法的期待」を抱いた大陸子女は特に手続きも行わず、中にはまだ大陸にいたままで、香港居住のタイミングを逸したのであり、居留権が認められるべきだというものである。五人の判事のうち四人は、「…裁判所が合法的期待を実行しない以上、政策決定者も法に対して逆に動くことになるという原則は根本的なことである。…」として、香港政府への訴えは斥けられた（SCMP, 02/1/11）。このン・シウタン・ケースの結審によって、大陸子女の居留権裁判における議論は終わったことになる。結果はラウ・コンユン・ケースの最終審判決に従うものであり、大陸子女の敗北である。

政府は判決を支持して、大陸から合法的に入境してくる大陸子女との公平さを保つために、特赦は行わず、自ら大陸に戻ることを求めた（『明報』、02/1/13）。一方、法廷での居留権付与に失望した大陸子女は、政府の特別措置を求める。「寛免政策」の対象者拡大を求めて、約1,000人が徹夜集会を催し、甘神父はこう述べた。

　　「約300名の敗訴者はまだ裁判を継続することができるだろう。なぜなら「寛免政策」の条件に合っており、単に文書や証拠の不足が問題であり、法律的道筋で居留権を取得できると信じる」（SCMP, 02/1/16）

入境處や政府ビルにおける請願もたびたび行われた。入境處によれば、この時点で香港に留まって居留権を要求する大陸人は8,100人である（Ibid.）。

2003年5月の法律援助署の情報によれば、居留権を要求していた大陸子女の約80％は、香港での居留権要求運動をやめて、自主的に大陸に戻ったと見られる。居留権を得る見込みがないと判断して、大陸に戻り、改めて申請をするなどの方法をとるものと見られる。

小結

本章「香港社会からの対応」では、第4章で述べた政府と中国の移民制限への動きに対する、社会の反応を、新聞や雑誌の記事、判例、NGOの資料、関

係者のインタビューから追跡した。

　第1節「法曹界の挑戦」では、香港政府の移民制限措置に対して、基本法による法治を訴えた法曹界の議論、とくに裁判における議論について調べた。

　返還直後の児童移民の顕在化後、政府はすばやく入境法を改めた。これによって、すでに香港にいる児童移民は、大陸へ強制送還されることになるが、移民側は基本法違反だとして提訴する。移民と家族を支援するNGOと裁判による解決を公的に支援する法律援助署の協力、法曹界の支援によって、児童移民を原告として居留権を争う裁判が起される。1審では移民が敗訴し、2審では部分的勝訴であり、1999年1月の最終審では全面的勝訴となった。その内容は、まず香港の裁判所が中国中央の判断を仰がずに判断できるものとした上で、返還直後に改定された入境條例を基本法違反として無効にした。この判断によって、すでに香港にいる児童のみならず、大陸にいる香港人子女にも大幅に香港入境の可能性を与えることになった。この結果は、勝訴した移民や支援団体のみならず、香港の司法の独立を証明したものとして、法曹界にも歓迎された。

　以上の経緯から、政府の法改正という初動措置に対して、最初に異議を唱えたのが法曹界であり、居留権問題は、基本法が機能するかどうかをみるリトマス試験紙となったこと、香港の法曹界にとって、「基本法による法治」が、返還後の香港における最重要価値だとみなされていることがわかった。返還直後に、このような香港のあり方に対する主張があること、主張が香港社会内部からでてきたものとして、重視すべきである。

　第2節「人権団体の要求」では、1999年12月以降、法的対抗手段が出尽くした移民を、NGO団体が、人権を訴えて支援していく過程を調べた。

　返還の10年前から、大陸にいる香港人子女の香港入境を支援してきた団体があり、返還直後も移民側の主張を代弁してきた。当初から世論は移民に同情的ではなかった。しかし支援団体は、政府の大陸子女数の計算に異議を唱えるなどの、積極的な活動を行った。ラウ・コンユン・ケース後には、法律による解決策がなくなったため、支援の意義は「人権」の擁護となり、当局との直談判や示威運動など地道な活動が中心になる。しかし進展が見られないことに苛立

つ移民による、暴動に近い行為が起こることで、「人権」のスローガンも弱くなる。最後の裁判でも敗訴したため、多くの移民は香港での運動をあきらめて自主的に大陸に戻っていった。

　以上の経緯から、児童移民に始まる居留権問題において、香港社会の自主的な主張が、法曹界に続いて、人権団体からも持ち上がったことがわかった。彼らにとって、居留権問題は専ら人権問題として提起され、香港の価値は、人権が守られる場所にあり、ときには中国の人権侵害からの保護であると考えることがわかった。

　児童移民問題は、香港のもつ時期的問題と地域的問題が表出したものである。この問題への香港社会の対応は、移民問題対応であり、新香港の問題への対応である。本章で述べた二つの動き、法曹界の「法治」の主張と、人権団体の「人権擁護」の運動は、新香港を方向付けようとする自己主張であり、直接には香港政府と香港住民への訴えであり、間接的には中国と一国二制度問題へのメッセージと見ることができる。新香港には、大陸が背後にあり、大陸と香港の関係の問題は、常に意識されるものと推測されるからである。

　本章で扱った各主体に視点を置いてみる。香港の法曹界は、返還後の香港の運営にとって最も大事なのは法治であるとした。返還前の香港では、選挙制度など民主主義的な価値や香港人の自由を危ぶむ見方も強かったが、法治が守られることを肝要だとした。返還の過程で、行政長官の選出や臨時立法會の設置などを見る限り、新香港の政治においてはもはや中国の力を排除することはできないが、最終裁判所が香港内に設置されていることや、独立した基本法があることによって、司法の独立には期待があったと見られる。香港が単に「変わらない」のではなく、より「独立した」立場にあることは、司法のあり方によって示せると考えたのではないだろうか。返還後の政府に最も多くイギリス人が残ったのも、司法の分野であることからも窺える。一方、問題点は、法曹界が、移民問題を、専ら基本法の権利付与の実験台と捉えた点である。香港の司法の独立を支持するものであり、移民問題そのものを捉えて、移民問題が伴ってい

る社会問題群には関心が払われなかったのではないか。ゆえに実際問題としての移民流入への具体的な解決案などを示すことがなかった。基本法に埋め込まれた限界を突きつけられると、方策をなくすのもそのためであろう。基本法については、政治の影響を受けにくくするための改正を求めていくべきである。

　人権団体については、すべてが NGO の形態をとっているため、存在基盤は脆弱である。しかしそれゆえに中国に対する異議やメッセージは発信しやすい。状況や主張に応じて組織を作ったり組み替えたりすることが容易であり、ヒトの出入りが激しい社会にもなじむものである。人権を唱えることは、政府の政策への直接的な非難にも繋がるから、香港で中国に対して人権を訴え続けることは、表現の自由度を試すことにもなる。この点で人権団体の小規模だがさまざまな試みには意味があったと思う。問題点は、後半の子女移民の主流であった、福建省からの移民の動機や状況判断と、団体の取り組みとの間に温度差があったのではないかと言う点である。移民はそもそも法治や人権を信じてやってきたのではなく、児童移民問題をひとつのタイミングと捉えてやってきた。NGO はそれ自体は小さな組織であっても、横の自由なつながりによって強みをもつものである。しかし数に勝る福建移民のつながりの方が、強く情報力に優れていたと見られる。それゆえに団体の活動が福建移民に対しては効果が薄かったと見られる。

　以上の議論を総合的に見ると、香港社会が移民問題において交わした議論は、表面は居留権問題であったけれども、根底には、新香港が中国を意識しつつ、守るべき社会価値についての議論があったと考える。返還前の懸念は、中国とイギリスが政治イデオロギーを異にすることから、「民主主義」や「自由な」文化習慣に関わるもの、つまり国家制度から問題をみる、表からみたものだった。しかし、実際に移民問題を通して吟味された命題は、「香港の人口増加にどう対処するか」、「香港は独立した法治システムを維持できるか」、「香港と中国の間には統治被統治関係が生じるのか」、「香港では人権は配慮されるのか」といった、移民問題という裏側から見て、各分野に横断的に関わるものだった。

したがって、児童移民問題の研究史で触れた、チャン・フー・ガイの法律研究 (Chan, Fu and Ghai, 2000) や、ロやプーンの政策研究 (Lo, 2000；Poon, 2000) が取り上げた以上の幅広い問題群に関わっており、本論はそれらの研究がカバーしなかった議論を含めて問題を総体的に見ることを重要だと考え、社会全体を見通し、分析の対象とした。

結論

　本論の出発点となる問題意識は、1997年の返還後の新香港が、ある限界と可能性をもってスタートしたという時期的状況とともに、歴史的香港の地域的状況にあった。また、この地域は移民によって構成された移動性の高い社会である。本論が取り上げた児童移民問題は、返還とともに表れた新しい問題であるが、ヒトの移動そのものは英領香港の開始よりも早くからこの地域にあるものである。その意味でも、返還後の移民問題は、香港がもつ新しい問題と伝統的な問題が交差した、香港地域を分析する格好の検討素材であると考え、本論で明らかにする課題にすえた。

　本論文は以下のように章を組み立てた。香港における国家的制度を論じた第1章は、時間的なつながりにおいて第2章を、国家による制度の表と裏の関係において第3章を論じるうえでの前提となっている。そして第1、2章と連なってきた時間の流れと、第3章の制度の裏側に脈々と続いてきた移民の流れが、合流する事件が児童移民問題である。問題の発生を受けて、第4章の移民への制度的な制限がなされ、第5章の理念的で独立的な香港社会の主張を引き出していく。裁判による決着がなされた後は、問題の当事者も再度大陸へ移動して、問題そのものが次第に消散していく。返還を境に制度が変わるという時間の推移を横軸にとり、歴史的で地理的な移民現象を縦軸にとって、返還前後の移民社会香港の特徴を、テーマごとに章に分けて論じたものである。

　各章で明らかになったことを以下にまとめてみる。
　第1章「イギリスの香港移民政策の経緯」では、香港住民の移動の権利を定める法的身分を通観した。香港住民には、1960年代までイギリスの臣民として、それ以降はイギリス属領民としての権利が、イギリス領（コモンウェルス）

の中の一部として定められ、付与された。1980年代以降は、中国国籍法の制定、返還を決めた中英交渉と、それに続く中英の措置を受け、イギリス籍住民としての権利と「中国人」としての権利を行使でき、結果的に東アジアでは最も広域を移動する権利を持ち合わせていた。

　第2章「香港返還前後の展開」では、返還の効果ともいうべき返還前後の状況の推移をみていった。返還前には、天安門事件後の香港からの移出とイギリスの国籍措置によって、香港住民の移民行動は促進された。またこの間に返還後の憲法に相当する香港基本法が制定され、返還後にむけて準備をする預委會の設置などがあったが、いずれも中国中央政府主導であり、中英交渉同様、香港住民の頭越しに新香港の準備が進んだ。したがって新香港を見通すことが困難であったため、主に政治や経済や文化の面への懸念が中心的に挙げられた。ところが返還によって直接表れた問題は、法律と権利の入れ替わりに乗じた中国からの子供の移民問題であった。

　第3章「児童移民の背景」では、中国から香港への移民状況、児童移民の位置づけをし、香港の移民現象の連続的な状況を明らかにした。戦後は香港の人口が、中国人移入民によって、10年ごとに概ね100万人ずつのペースで増加し、そのため1970年代以降は移入を抑制するようになり、80年代からは定数割り当て制になる。公的に移民数が制限されると、それを補うように非合法な入境方法が利用されてきた。また中国のなかでも、伝統的に中国南部、華南からの移出民が多く、香港に移住した男性が故郷に家族を持っている場合がある。児童移民の背景には、中港に分居する家族があり、やむなく非合法入境し同居を果たすものである。また華南の伝統や地域性から、出国機会を窺がっている人々が多い。広東省出身者が中心の児童移民に続いて入境した大陸子女移民は、児童移民問題に乗じて入境した、福建省出身者が多かった。

　第4章「児童移民をめぐる利害対立の構造」では、顕在化した児童移民問題への対応や議論を追うことで、移民をめぐる利害関係を明確にした。香港政府は、移民を残留させないよう直ちに対処した。世論は政府の措置を支持した。一方、移民側には援助する人権団体があり、香港法曹界は基本法遵守の立場か

ら移民の居留を支持した。後に中国政府は、香港政府の依頼を受けて、移民抑制のための法的措置を政治的に行った。ここでは移民問題への政治的処理の道筋が見られた。

　第5章「香港社会からの対応」では、移民問題の政治的処理に反応して、法曹界や人権団体の香港社会の側から発せられた移民支持の動きを明らかにした。そこには「法治」や「人権」といった具体的な理念が伴っていた。これらは移民問題解決のためにだされたものだが、それ以上の意味がある。中英交渉以降、新香港のあり方の策定は、香港の頭越しに行われてきた。それゆえに、返還後の移民問題を通して、香港内部から、新香港のあり方に対する、社会の意思が表現されたと考える。その主体となったのが、法曹界と人権団体であった。児童移民に始まる居留権問題は、関連裁判の終結とともに大方の決着がつき、社会的議論も収まる。しかし移民が阻止されたわけではなく、大陸子女の存在や香港移住への動機が、新たな移民の可能性を内包している。

　以上のように、時期的状況と地域的状況を1〜3章で扱い、新香港の状況が最もよく反映された具体的移民問題の展開を4〜5章で明らかにした。

　本論での問題の捉え方と結論を、これまでの研究に照らしてみる。
　香港社会が移民問題において交わした議論は、表面は居留権問題であったけれども、根底には香港が返還後にどのような社会価値を重視するかについての議論があったと考える。とりわけ香港社会の内部から提示された「法治」や「人権」といった、香港が今後維持すべき具体的な概念は、返還前後の中英主導の新香港成立時にも、基本法の中にも表れなかったものである。新香港の基本である、「一国二制度」と「港人治港」という外側からみた位置づけや、中国との関係性だけでは不十分な、新香港の価値的な方向性を示したといえるだろう。

　返還前の懸念は、中国とイギリスが政治イデオロギーを異にすることから、「民主主義」や「自由な」文化習慣に関わるもの、つまり国家制度から問題をみる、公的制度からみたものだった。しかし実際に、移民問題を通して吟味さ

れた命題は、「香港の人口増加にどう対処するか」、「香港と中国の間には統治被統治関係が生じるのか」、「香港は独立した法治システムを維持できるか」、「香港では人権は配慮されるのか」といった、移民という非公式な現象からみて、各分野に横断的に関わるものだった。したがって、児童移民問題の研究史で触れた、チャン・フー・ガイの法律研究（Chan, Fu and Ghai, 2000）や、ロやプーンの政策研究（Lo, 2000 ; Poon, 2000）が取り上げた範囲よりもさらに幅広い問題群に関わっており、本論はそれらの研究がカバーしなかった議論を含めて、問題を総体的にみることを重要だと考え、それらを詳しく追跡した。

児童移民に始まる香港の居留権をめぐる議論は、それらの返還前に提示された問題に対して、予期しなかった移民問題を通して、答えないしは方向性を示していったといえるだろう。議論は香港の主権や統治の問題と深くかかわるものであった。いい換えれば、返還による社会の不安や不確実性が、移民問題への対応を通して浮かび出たものであり、児童移民問題への対応経過をみることによって、返還後の香港社会の状況の基本的状況が示されたといえよう。

本論は、返還前にコットレルやロベルティが示した香港返還悲観論（Cottorell, 1993 ; Roberti ; 1994）に対しては、香港社会のむしろ返還後に現れた地域内部の主体的な面を示すことができたし、チェンとロらによる香港後を予測検討する研究（Cheng and Lo eds., 1996）に対しては、政治環境、法治、報道の自由などいくつかの項目に対して、具体像と課題を提示することができた。

本論を全体としてみたとき、政府が法や制度を定めて社会に規定をつくるという縦関係と、底流には常に移民が流れているという横関係を視野に入れて、政府、社会、移民の3者を関係付けて論じたところに特徴がある。香港の法律と制度の研究史で言及した、蘇の研究（蘇、2002）や呉・李・曲の研究（呉等、1997）では、専ら香港の法律や制度が、中英の政府によって決定され住民に影響を与えたことを述べている。しかし本論で取り上げた香港の移民にかかわる制度は、移民の実態との間で、相互に影響し形成しあう関係にあり、法制度の対象である移民そのものに言及しなければ、制度空間を立体的に捉えることができない。香港の移民研究史で紹介したように、香港の移民を扱う研究も多い

が、それらを規制したり促進したりする、制度的側面のみではなく、移民行動が必然化してしまう社会的要因から論じることが必要である。

スケルドンなどの返還前の移民ブームについての議論（Skeldon ed., 1994）や、メンスキなどの返還前のイギリスの法改定とその反応としての移民ブームの議論（Menski ed., 1995）では、移民を促した原因として、返還が最大のインパクトとされて、その反応として香港を出て行く移民が捉えられている。しかし香港の移民現象を考えるとき、地域への移入と移出の両方が活発で、出て行く移民をしのぐ数の移民が同時期に入っていることを軽視できない。よって、返還前の移民ブームさえも、数ある香港の移民パターンのひとつに過ぎず、香港とその周辺の制度社会が常に異なるタイプの移民を生み、移動を促していると捉える必要がないだろうか。そのためにはやはり政府の措置と移民だけではなく、香港社会内部の要因も視野に入れて、総合的で立体的な視点をすえる必要がある。そうすると、児童移民問題も、香港の移民史、途切れずに底流を流れるヒトの流れからみれば、ひとつの移民パターンに過ぎない。この問題が仮に解決されても、中国あるいは海外からの移民が止まることはないといえるだろう。

社会の底流としての移民現象については、スケルドンもはっきりと言及している。スケルドンは、香港を「空間的流動性をもつ社会（a spatially mobile society）」とする。住民のうちに移民が占める比重が歴史を通じて大きく、人口の57%が香港生まれとなった1980年になっても、香港を本籍地とする人がわずかに2.4%に過ぎないため、表面的にしか香港に根を下ろさない。中国内と香港を行き来する習慣があり、それは毎日である場合も一生のうちに何度かである場合もあった。その延長として、1990年代の初めには全香港住民が年に5回境界を往復した計算になる。香港はその発端から、広東という後背地と世界との間の結節点（a link）として、初めから海外に方向付けられてきた（Skeldon, 1994：21-25）。これに付け足すならば、2000年には全香港住民が境界を年に7回往復した計算になるほど増えており、流れは加速している。

しかし、移民は常に政府によって制限されるものである。香港においては移民と移民問題への対応が、社会に議論を促し、新しい香港への活力になり、さ

らに新たな移民を生み出していく。政府のコントロールと社会の底流である移民の流れは、別々に推移しているが、密接に関係しあっているのである。香港社会がもつ制度と活力と移り変わりの速さが、さらに周辺地域との間の移動を促している。返還といった歴史的転換点や、それに伴う制度の変化も、流れに対して方向や勢いをつける弁のような作用をし、香港の移民を吸収し押し出していくポンプのような機能と一体になっている。その意味で、香港を研究する場合の方法的な枠組みとして、本論では、新しい問題と古い問題、あるいは表の制度と裏の習慣、表層部と底流部を同時に分析し、全体構造を把握した。

　居留権問題を通してみた新香港の状況評価をふまえて、中国と香港の対応についてまとめたい。中国は、英領香港史上、一貫してイギリスの統治と植民地化を認めずにきた。その姿勢は中英交渉にも反映されて、中国は香港の主権と統治権に関して妥協しなかった。改革開放とともに、香港社会がもつ経済的優位性を、香港周辺に経済特区を作ることで中国内に取り込んでいこうとした。それを可能にしたのが、香港住民をあくまで「中国人」として扱った、属人的な対応であり、その結果もたらされたのが香港住民の中国内への自由移動である。そうして返還を迎える。直後に現れた移民問題を、中国政府は中央の政治力によって解決した。香港政府の依頼に基づくものではあったが、中国政府は香港自身の問題に深く介入して、問題の収束を図った。

　香港社会は、法治と人権の重要性を訴えて、それに対抗した。人権の観点は法律による解決が済んだ後で前面に出たものであるが、法治、司法の独立は、問題顕在化後直ちに出された香港社会の対抗手段であった。中国中央から下される政治力に対して、香港は法治を守る対処をする。

　中国の政治に対する香港の法律、この構図をどのように見たらよいであろうか。いくつかの見方が考えられるが、ここでは香港史を貫く2つの力に注目して考えたい。香港には、中国からの遠心力（脱中国／反中国）と中国への求心力（親中国）が常に強く働いている。その2つの力は、香港の誕生とともに生じたというよりは、移民傾向の強い華南社会にあるものが、香港の位置／制度／構

成要素においてバランスを保って存在している。互いに拮抗し、緊張しているので、節目や出来事に応じて、バランスを崩し、敏感に親中国か反中国のどちらかの方向に動くことになる。宗主国であるイギリスが提供した統治の枠組みは、遠心力に方向とエネルギーを与え、中国の影響力を弱め、ポジティブに働いた。

香港は中国の外にあって、常に中国にないものを用意していた。そうすることで外の世界に対して、中国より優位性をもちながら、中国との厚い共通基盤をもつ地域として戦略的な役割を担ってきた。香港は中国と積極的に関与してきたのである。外の世界と中国が混乱／矛盾／齟齬なく繋がることができるように、仲介役を果たしている。中国が人治／法則なき政治力／予測不可能に圧倒されている社会であるとすれば、香港に望まれるのは法治／法律による秩序／予測可能性であろう。香港には、中国との間に差別化を図り、外の世界と中国の間に入るために、是非とも法治の考え方を獲得していることが望ましいのである。

本論では、香港と移民の関係に関しても、改めて考察できたと考える。移民研究者のコーエンは、グローバル化の時代の都市と移民について、次のように指摘する。グローバル化の時代に特徴的な機能をもった権力の中心地、「グローバル都市（global cities）」が、香港を含めて世界に20数ケ所ある。「グローバル都市」は、第一に多くの多国籍企業が本拠地にしていることが重要で、その結果世界経済における取引が増大、集中し、次第に国家的な特徴が失われ、世界的な役割が国内的な役割より重要となる。さらに世界的運輸の中心地であり、通信が発達し、通信網の中核であることで、情報の発信源となる。このような都市の存在を含めて、グローバル化の特徴と移民（ディアスポラ）の因果関係は明確には示せないとしながらも、「グローバル都市」にあっては、世界的存在としての移民の権力も重要性も高められ、また彼らによってグローバル化がさらに進展する、と指摘している（Cohen, 1997：165-169）。

本研究を通して「グローバル都市」と移民との関係をみると、さらに踏み込んだことがいえるだろう。香港における膨大な商取引、運輸や通信の能力に関

しては、本論では触れていないが、すでに認められるところである。そして移民に対してアドヴァンテージを与える土地であることも、香港が移民を始終引き付けていることから説明できる。香港のグローバル性については疑う余地がない。では香港という都市と移民との関係についてはどうであろうか。スケルドンが指摘するように、香港は歴史的に海外志向をもつ移民が形成してきた場所であり、それだけでも移民志向の強い社会である。そのような所与の条件のほかに、中英によって定められた制度が、移動を妨げずむしろ促すような役割をしていた。さらに華南という移出志向の強い地域に囲まれている地理的な要因も、香港に移民が集まる原因となっている。こうして移民都市・香港が形成されてきた。このように都市のありようが移民を生み出し、移民が都市を特徴づけていく。さらに移民行動が促進され、新しい移民が生み出される。都市と移民は一方向的に関係しているのではなく、相互に影響しあって、移民フレンドリーな都市、都市フレンドリーな移民をつくっていく。移民の循環が都市をよりグローバル化していく。

　香港の古くからの優位性であり生命線の一つは、移動の自由の確保である。香港住民は中国とイギリスの両方の権利を行使して、つまり属人的には中国に、属地的にはイギリスに属性をもつことによって、結果的に広い範囲を移動する権利を得た。本研究の聞き取り調査で、福建省泉州で新規ビジネスを行う人に子女移民の動機について聞いたところ、香港人の身分が最も国内外の移動に便利だから、と答えた。香港人の可動性を物語っている。同時に、フロー型移民社会である香港が、中国に対してどのように機能してきたかを示している。香港が移民社会であることは、分析の出発点でありゴールでもある。香港社会の分析には考慮すべき点であろう。

　香港人の二重の属性についても考えてみる。中国への帰属は属人的なもので、どこに住んでいようと、血縁関係やすでに内面化した文化や歴史の共有など、変更不可能な属性である。対象が仮に理不尽であっても、説明できない同意を引き出せる。他方、イギリスへの帰属はやや選択的なもので、変更可能な地域

への帰属であり、社会システムへの参加であろう。

　近代の国民国家建設においては、多くの場合、文化や歴史を共有する「民族」が、唯一の国家を作るという考え方であったから、国境の内側で文化も社会制度も共有していくうえで、様々な社会装置によって、ソフト面もハード面も統一されていくのが特徴的だった。多くの場合、個人と国家の関係は一対一対応の硬直したものであった。

　香港には国民国家建設の歴史はない。国籍のばらつきに見られるように、住民が一堂に納まる国家のような入れ物はなかった。そうすると、住民にとって香港の返還とは単に属地事情の変更であったといえないだろうか。

　その上で香港の移民について考えると、返還を前に流出した移民は、自ら帰属する社会システム／生活環境を選ぼうとした人々であろう。そこにコモンウェルス諸国を始めとする、条件によって市民権や国籍を許可するような求人型の国家システム／国家経営の需要があった。そうして属地的には移出した人々も属人的なつながりは依然として強固だから、「太空人」や「回流移民」の現象のように香港との間を行き来する。児童移民や大陸子女に関しても同じようにみることができるだろう。積極的に香港の社会システムを選びとろうという姿勢がうかがえる。

　本論で明らかになったことを受けて、今後検討すべき課題については、次のように考える。

　香港を見ていく上で最も重視するのは、中国と香港との関係であり、すなわち一国二制度がどのように開拓、運用、応用されていくかであろう。

　地理的には中国の一部であり、制度的には外部であった香港が、改めて中国に返還されたところから一国二制度は始まった。香港はすでにグローバル都市として、どちらかというと外に向かって機能と役割が確立され発展を続けている。中国は広大な内部に多地域多民族による強い分裂拡散圧力を抱えつつ、強い力で一体化させようとしている。一国二制度は、その中国国家のなかに、多様性地域性を認めながら収めていこうという試みである。新たな個人－国家関

係と都市－国家関係が生じる。香港の歴史的役割、英領下で進展した機能に新たな特徴がプラスされていくのか、変化していくのか、注視していきたいと思う。その場合、一国二制度は、都市の側から見れば、自治の問題となって、他のあらゆる地域に応用可能なモデルを創出していく期待も膨らむ。

本論では返還後の移民をめぐる中港の協力がどのようになされたかを見てきた。移民は伝統的にこの境界線を跨いでいく流れを作っており、その歯止めには限界があることがわかった。では移民と同様に境界を越えていく他の問題に対してはどうであろうか。例えば1997年7月に始まったアジア通貨危機や、2007年からの金融危機と2008年からの世界同時不況などの経済危機問題、また2003年3月以降に発見、問題化した新型ウイルス（SARS）や、2005年5月以降に中国各地に散発した鳥インフルエンザなどの病原菌、また本論でも取り上げた蛇頭の犯罪などには、今後どのように対処し、中港境界を扱っていくのか、これらの対応をみることで、移民問題では方向性が示されなかった、他の新香港への懸念事項、例えば経済問題、環境問題や医療衛生、モラルなどへの答えが出てくるのではないだろうか。

新香港の居留権問題を提起したのは、中国からの移民であった。また居留権の議論の中で、香港社会の主張とも言える「法治」や「人権」を中心的に唱える人々は、コモンウェルスなどからの移民が多かった。香港には、移民によって問題が見出され、移民によって香港社会に有効な新たな価値観がもたらされ、選別されていく特徴がある。香港の移民状況については、さらに広範囲に見ていく必要がある。特に継続的に香港に流れ込んでいる、インドやネパールなど南アジアからの移民、フィリピン人、日本人移民などは、新旧香港社会が必要とする役割を担ってきた。また返還前に一旦海外に移住したものの、香港との行き来をつづける回流移民は、新しい現象である。彼らは今後どのように香港と関わっていくのか。

香港を単一の移民社会と見る以上に、東アジアの一角として機能する場合もある。複雑化する蛇頭の密航ルートの中に、中国－マカオ－香港、というもの

があった。そのほかに中国北部、朝鮮半島、台湾、日本などの状況を反映して、東アジアを移動する移民ルートに、香港が組み込まれ、機能していく可能性がある。返還前には香港からアメリカ大陸、ヨーロッパ、オーストラリアへの移住が盛んになされ、すでに「回流移民」や家族の分住によってネットワークができている。これらは香港をひとつの重要ポイントとする東アジア大、環太平洋大、世界大のルートの循環移民だと捉えることができるだろう。視界をより大きく広げたときに、香港がどのような機能を果たすのかについても今後見ていきたい。

新香港の社会の注目点として家族があげられると思う。香港の移民社会のなかに表れた新しい状況に、「通常」とは異なる家族の形態があった。児童移民の背景には、中港をまたいだ分離家族、「包二奶」による二重家族が見出された。別の移民ケースではあるが、回流移民も「太空人」と呼ばれる分離家族の単身者である。香港から、または香港への移動によって、家族の形態が変化していることは明白である。フロー型の移民社会であるからこそ、このような分散、拡大した家族形態ができたのであろう。しかし中国では、憲法にも盛り込まれてあるように、家族をひとつの社会構成として扱い、福祉や管理の基礎単位としている。移民社会の影響としての家族の変化とともに、中国との間でどのような議論に発展するのか、今後見ていく必要がある。

最後に、本研究で検討した内容を、日本に照らして考えてみたい。
危急の問題として、移民と国家/国民/国籍の関係がある。日本は伝統的に血統主義をとり、戸籍制度とリンクさせて厳格に日本国籍と日本国民を定めている。血統以外の理由による国籍の取得（帰化）は容易ではない。日本に住むものは日本人以外はすべて外国人として管理の対象となる。
移民状況に関しては、香港が移動に価値をおく社会であるのと対照的に、日本は定着に価値をおく社会である。移民は様々な不利益を被ることになる。しかし日本に暮らす外国人は増えている。外国人が暮らせば、日本で家族を持つ

ことも子どもが育つこともある。また逆に、日本人が外国へ行き、家族をもつこともある。そういう広がりができていくと、日本国民の範囲、国籍や権利のありようについて、社会全体の議論が必要となってくる。

例えば2008年に国籍法が改正され、結婚していない日本人男性との間に生まれた子どもも日本国籍を取得できるようになった。国籍要件が緩和されているのだが、このようにいきなり国籍要件を変更すると、日本国民の範囲を変えることになり、混乱を招きかねない。やや柔軟なしくみが求められよう。

本研究にはいくつか参考例がある。香港のように「香港人は誰か」という正式市民については保留して、入境と居住の権利について定めていく、という方法がある。イギリスでは1960年代から流入移民への議論をきっかけに、広義の「イギリス人」の中にいくつかの段階を設けて、入国、居住、就労の権利などを制限する、という方法をとった。中国では日本と同じように中国国民は血統によって定まるが、香港住民や東南アジア華僑などはみなし中国人として外国人とは異なる「華僑」として、入国などを自由にしている。

では日本に相応しいしくみはどのようなものだろうか。移民と移動の時代にあって、様々な社会的変動が加われば、「日本人である」ことと「日本に住む」ことを捉えなおすきっかけとなるかもしれない。香港にみられるような多重的な属性が生まれることはあるだろうか。日本国民とは誰かについても議論が広がっていくだろう。現状は血統が重んじられているが、今後どうなっていくだろうか。どういう方向性が標榜されるのか、されるべきか。考えていきたい。

また児童移民問題を通して浮かび上がった、香港社会が重視する価値に相当するものは、日本ではどのように見いだせるであろうか。どのような局面でどのような社会価値が、日本人によって唱えられるのか。それは香港が返還にあたって表出したように、歴史的な転換点においてみられるのだろうか。広い視野をもって注目していきたい。

参考文献一覧

(英語資料)

(一次資料 - 政府資料)

1996 Population By-census, Census and Statistics Department, Hong Kong

British Nationality Law: Discussion of possible changes, Cmnd. 6795. 1977. London: HMSO

British Nationality Law: Outline of proposed legislation, Cmnd. 7987. 1980. London: HMSO

Foreign and commonwealth Office, *A Year Book of the Commonwealth 1983*, 1983. London

Hansard of Legislative Council, 1990-2000. Hong Kong = 『立法局(會)會議過程正式記録』

Home Affairs Department, Hong Kong Government, *Survey on new arrivals from China* (February - April 1996)

Hong Kong 1996 Population By-census. Hong Kong: Census and Statistics Department

Hong Kong 1997. Hong Kong: Information Services Department

Hong Kong: The Facts - Immigration, 1980-1999, Immigration Department, Hong Kong

香港政府インターネット公式サイト (www.justice.gov.hk, www.legco.gov.hk, www.info.gov.hk, www.lcsd.gov.hk)

Immigration Department Annual Report, 1997-98 and 1998-99, The Government of the HKSAR

Judgements of the Court of Final Appeal of Hong Kong. (right of abode cases, 1997-2002)

Partnership for Progress and Prosperity: Britain and Overseas Territories, Cm 4264. 1999. London: TSO

"Persons from the mainland of China having resided in Hong Kong for less than 7 years." In *Special Topic Report,* No.25. 31-46. 2000. Hong Kong: Census and Statistics Department

(一次資料－新聞、雑誌)

Asia Week
Far Eastern Economic Review
Hong Kong Lawyers
Hong Kong Law Journal
Hong Kong Standard
South China Morning Post
The Times

(二次資料)

Baldwin-Edwards, Martin, (1992), "Migration policy." In S. Bulmer, S. George and A. Scott eds., *The United Kingdom and EC Membership Evaluated,* London: Printer, 212-219.

Castles, Stephen and Alastair Davidson, (2000), *Citizenship and Migration: Globalization and the politics of belonging,* New York; Routledge.

Castles, Stephen and Mark J. Miller, (1993), *The Age of Migration: International population movements in the Modern World.* London: Macmillan. ＝ (1993) 関根政美・関根薫訳、『国際移民の時代』、名古屋大学出版会。

Cesarani, David, (1996), "The changing character of citizenship and nationality in Britain." In *Citizenship, Nationality and Migration in Europe,* ed. D. Cesarani and M. Fulbrook, London: Routledge, 57-73.

Chan, Johannes, H L Fu and Yash Ghai eds. (2000), *Hong Kong's Constitutional Debate: Conflict over interpretation*, Hong Kong: Hong Kong University Press. ＝佳日思・陳文敏・傳華伶編（2000）、『居留權引發的憲法争論』、香港大学出版社。

Cheng, Joseph and Sonny Lo eds. (1995), *From Colony to SAR: Hong Kong's challenges ahead*, Hong Kong: The Chinese University Press.

Chiu, Hungdah, (1990a), *Nationality and International Law in Chinese Perspective.* Baltimore: Md.: School of Law, Univ. of Maryland.

―――, (1990b), "Nationality and International Law in Chinese Perspective" In: *Nationality and International Law in Asian Perspective*, ed. Swan Sik Ko, Martinus Nijhoff

Cohen, Robin, (1997), *Global Diasporas*. London: UCL Press. ＝（2001）駒井洋・角谷多佳子訳『グローバル・ディアスポラ』、東京: 明石書店。

Constable, Nicole, (1997), *Maid to Order in Hong Kong: Stories of Filipina workers*, Ithaca: Cornell University Press.

Cottrell, Robert, (1993), *The End of Hong Kong: The secret diplomacy of imperial retreat.* London: John Murray.

Cradock, Percy, (1994), *Experience of China.* London: John Murray. ＝（1997）小須田秀幸訳、『中国との格闘: あるイギリス外交官の回想』、東京：筑摩書房。

Davis, S. G., (1949), *Hong Kong in Its Geographical Setting*, London: Collins.

Davis, Stephen and Elfed Roberts, (1990), *Political Dictionary for Hong Kong*, Hong Kong: Macmillan

Dixon, David, (1983), Thatcher's people: The British Nationality Act 1981. *Journal of Law and Society* vol.10 no.2: 161-180.

Dummett, Ann, and Andrew Nicol, (1990), *Subjects, Citizens, Aliens and Others: Nationality and immigration law.* London: Weldenfeld and Nicolson.

Drower, George, (1989), "A rethink on Britain's dependent territories?."

In *The Round Table* 309, 12-15.

Fawcett, James, (1988), "Nationality and citizenship." *The Round Table* 281, 9-14.

Fransman, Laulie, (1982), *British Nationality Law and the 1981 Act*, London: Fourmat.

Ho, Elsie S. and Ruth Farmer, (1994), "The Hong Kong Chinese in Auckland." In Ronald Skeldon ed., *Reluctant Exiles? : Migration from Hong Kong and the New Overseas Chinese*, Hong Kong: Hong Kong University Press, 215-232.

Hook, Brian, (1996), "From repossession to retrocession: British policy towards Hong Kong 1945-1997." a draft of conference at Lingnan College, Hong Kong.

International Social Service Hong Kong Branch, (1997), "A Study on the Chinese New Immigrants in Hong Kong." the final report of the study.

Juss, Satvinder S., (1993), *Immigration, Nationality and Citizenship*. London: Mansell.

Lam, Kit-chun, Fan Yiu-kwan and Ronald Skeldon, (1995), "The Tendency to Emigrate from Hong Kong," In Ronald Skeldon ed., *Emigration from Hong Kong*, Hong Kong: The Chinese University Press, 111-134.

Lam, Kit-chun and Pak-wai Liu, (1993), "Are immigrants assimilating better now than a decade ago?: a case of Hong Kong," Occasional Paper 31, Hong Kong Institute of Asia-Pacific Studies, The Chinese University of Hong Kong.

Lau, Alex K. L., (1997), "A study of the nationality issues of Hong Kong residents." BRC Working Papers, Hong Kong: School of Business, Hong Kong Baptist University.

Lee, Jane C. Y., (1997), "Nationality and right of abode." *In The Other Hong Kong Report 1997*, Hong Kong: The Chinese University of Hong Kong,

253-266.

Leyton-Henry, Zig, (1990) - (1995), "Race Relations and Immigration." In *Contemporary Britain: Annual review* 1990-1995, Oxford: Blackwell.

Lo, C. P., (1992), *Hong Kong*, London: Belhaven Press.

Lo, Sonny Shiu-hing, (2000), "The Politics of the Debate over the Court of Final Appeal in Hong Kong." In *The China Quarterly* 161, 221-239.

―――, (2009), The Politics of Cross-Border Crime in Greater China: case studies of mainland China, Hong Kong, and Macao, New York: M.E. Sharpe.

Macdonald, Ian A. and Nicolas J. Blake, (1991), *Immigration Law and Practice in the United Kingdom*. London: Butterworth.

Menski, Werner, (1995), "Transfer and immigration implication for Britain." In W. Menski ed., *Coping with 1997: The reaction of the Hong Kong people to the transfer of power*, Staffordshire: Trentham.

Miners, Norman, (1995), *The Government and Politics of Hong Kong*. Hong Kong: Oxford University Press.

Patten, Chris, (1998), *East and West*. London: Macmillan. =(1998) 塚越敏彦・岩瀬彰・渡辺陽介訳『東と西』、東京: 共同通信社

Poon, William S. C., (2000), "A study of the immigration policy towards Mainland children seeking right of abode in Hong Kong." dissertation of the degree of Master of Public Administration, The University of Hong Kong.

Roberti, Mark, (1994), *The Fall of Hong Kong: China's Triumph and Britain's Betrayal*. London: John Wiley & Sons.

Shah, Prakash, (1995), "British nationality and immigration laws and their effects on Hong Kong." In Werner Menski ed., *Coping with 1997: The reaction of the Hong Kong people to the transfer of power*, Staffordshire: Trentham, 57-119.

Silva, Frederic A., (1996), *All Our Yesterdays: The sons of Macao, their history and heritage,* Macao: Livros do Oriente.

Sinn, Elizabeth, (1989), *Power and Charity: The early history of the Tung Wah Hospital, Hong Kong,* Hong Kong: Oxford University Press.

Siu, Yat-ming, (1999), "New Arrivals: a new problem and an old problem." In Chow and Fan eds., *The Other Hong Kong Report 1998,* Hong Kong: The Chinese University of Hong Kong, 201-228.

Skeldon, Ronald ed., (1994), *Reluctant Exiles? : Migration from Hong Kong and the New Overseas Chinese,* Hong Kong: Hong Kong University Press. = (1997) 可児弘明・森川眞規雄・吉原和男監訳『香港を離れて－香港中国人移民の世界』、京都：行路社

―――, (1994), "An international migration system." In ibid., 21-51.

――― ed., (1995), *Emigration from Hong Kong: Tendencies and Impacts,* Hong Kong: The Chinese University Press.

Skeldon, Ronald, John Jowett, Allan Findlay and Lin Li, (1995), "An assessment of available data sources for the analysis of the tends in migration." In ibid., 79-109.

Smart, Josephine, (1994), "Business immigration to Canada: deception and exploitation." In Ronald Skeldon ed., *Reluctant Exiles? : Migration from Hong Kong and the New Overseas Chinese,* Hong Kong: Hong Kong University Press, 98-119.

Thatcher, Margaret, (1993), *The Downing Street Years.* London: Harper Collins. = (1993) 石塚雅彦訳『サッチャー回顧録』、東京：日本経済新聞社。

Twine, Fred, (1994), *Citizenship and Social Rights.* London: Sage.

Wakamatsu, Kunihiro, (1997), "The position of the British government towards harmonisation of European immigration policy." Policy Paper, Warwick: Center of Research in Ethnic Relations, University of Warwick.

Watson, James L., (1975), *Emigration and the Chinese Lineage,* University of

California Press. ＝ (1995) 瀬川昌久訳、『移民と宗族: 香港とロンドンの文氏一族』、京都: 阿吽社

White, Barbara-Sue, (1994), *Turbans and Traders: Hong Kong's Indian communities.* Hong Kong: Oxford University Press.

White, Robin M., (1987), "Hong Kong: Nationality, Immigration, and the Agreement with China", *International and Comparative Law Quarterly* Vol.36

―――, (1989), "Hong Kong, nationality and the British Empire: Historical doubts and confusions on the status of the inhabitants". *Hong Kong Law Journal* vol.19 no.1, 10-42.

Wong, Siu-lun, (1988), *Emigrant Entrepreneurs: Shanghai industrialists in Hong Kong,* Hong Kong: Oxford University Press.

Yer, Anthony, (1995), "Planning and management of Hong Kong's border." In Cheng and Lo eds., *From Colony To SAR: Hong Kong's challenge ahead,* Hong Kong: The Chinese University Press, 261-291.

(中国語資料)
(一次資料－政府資料)
香港政庁《一九九〇年英國國籍法（香港）（甄選計劃）令》
香港政府入境事務處『1997至98年度年報』
香港政府入境事務處『1998至99年度年報』
香港政府統計處 (Census and Statistics Department, Hong Kong),《香港人口趨勢 (Demographic Trends in Hong Kong) 1981-1996》, 1997
香港政府統計處 (Census and Statistics Department, Hong Kong),「在内地結婚的香港居民 (Hong Kong residents married in Mainland China)」,《專題報告書第15号》從綜合住戸統計調查搜集所得的社會資料 (Social data collected via the General Household Survey), 1-16.〔1996〕
香港政府統計處 (Census and Statistic Department, HKSAR),「有配偶或子女在

中國内地的香港居民 (Hong Kong residents with spouses/children in the Mainland of China)」,《第22号專題報告書》, 1-125. 1999

香港政府統計處 (Census and Statistic Department, HKSAR),「内地来港定居未足七年人士 (Persons from the mainland of China having resided in Hong Kong for less than 7 years)」,《第25号專題報告書》, 31-46. 2000

香港政府統計處 (Census and Statistic Department, HKSAR),「回流香港人士 (Returnees to Hong Kong)」,《第25号專題報告書》, 47-67. 2000

《香港特別行政區居留權》、配布用小冊子、1997

(一次資料-新聞、雜誌)

『澳門日報』

『大公報』

『東方日報』

『快報』

『九十年代』

『廣角鏡』

『香港経済日報』

『明報』

『蘋果日報』

『信報』

『信報財新聞』

『星島日報』

『太陽報』

『華僑日報』

『文匯報』

『新報』

『亞洲週刊』

(二次資料)

戴耀廷（2000）「憲法性法律」陳弘毅・陳文敏・李雪菁・鍾建華・李亞虹編《香港法概論》、香港：三聯書店。

《当代中国的福建》、（1991）、当代中国出版社。

李後（1997）《回歸的歷程》、香港：三聯書店。

朱國斌（1997）《中國憲法與政治制度》、香港：三聯書店。

李双元・蒋新苗（1999）《現代国籍法》、長沙：湖南人民出版社。

呉志森・李正儀・曲阿陽（1997）《香港居民的國籍和居留權：1997年前後的延續與轉變》、香港：香港大学亞洲研究中心。

薩本仁・潘興明（1996）《20世紀的中英関係》、上海：上海人民出版社。

蘇亦工（2002）《中法西用－中国伝統法律及習慣在香港》、北京：社会科学文献出版社。

許家屯（1995）《許家屯香港回憶錄》上・下、台北：聯合報。＝（1996）青木雅子・小須田秀幸・趙宏偉訳『香港回収工作』、東京：筑摩書房。

(日本語資料)

(一次資料－新聞、雑誌)

『朝日新聞』

『香港通信』

『北京週報』

『読売新聞』

(二次資料)

愛みち子（2000）「イギリスの国籍政策：香港住民に対する第二次世界大戦後の国籍付与を中心に」、『年報　地域文化研究』3号、東京：東京大学大学院地域文化研究専攻、1-23。

浅井敦（1985）『中国憲法の論点』、京都：法律文化社。

旦佑介 (2007)「20世紀後半のコモンウェルス：新しい統合の展望」、木畑洋一編著『現代世界とイギリス帝国』、京都：ミネルヴァ書房、135-166。

浜井祐三子 (2007)「多民族・多文化国家イギリス」、木畑洋一編著『現代世界とイギリス帝国』、京都：ミネルヴァ書房、63-93。

濱下武志 (1996)『香港: アジアのネットワーク都市』、東京：筑摩書房。

――― (1997)『朝貢システムと近代アジア』、東京：岩波書店。

――― (2003)「交差するインド系ネットワークと華人系ネットワーク：本国送金システムの比較検討」、秋田茂・水島司編『現代南アジア6 世界システムとネットワーク』、東京：東京大学出版会、239-274。

廣江倫子 (2005)『香港基本法の研究－「一国両制」における解釈権と裁判管轄を中心に』、東京: 成文堂。

石田玲子 (1987)「イギリスにおける英連邦移民政策の展開（上）」、『歴史学研究』582号、1-12。

金丸輝男 (1985)「歩き出したEC旅券同盟 Passport Union」、『デモクラシーの思想と現実』、法律文化社、262-289。

――― (1995)「ECSCの誕生からEUまで：欧州統合の歴史」、金丸輝男編『ECからEUへ』、大阪: 創元社、20-26。

河口充勇 (2004)「「回遊」型移住に関する一考察：香港を事例として」、『ソシオロジ』第48巻3号、京都：社会学研究会、67-83。

木畑洋一 (1997)「帝国の残像：コモンウェルスにかけた夢」、山内昌之・増田一夫・村田雄一郎編『帝国とは何か』、東京：岩波書店、203-223。

――― (2000)「帝国からの自立」、小林稔・木畑洋一編『イギリスの歴史：帝国＝コモンウェルスのあゆみ』、東京：有斐閣、227-270。

木畑洋一編著 (2007)『現代世界とイギリス帝国』、京都：ミネルヴァ書房

木村和男 (2000)「帝国の変容」、小林稔・木畑洋一編『イギリスの歴史：帝国＝コモンウェルスのあゆみ』、東京：有斐閣、169-226。

小林昌之 (1999)「中国の憲法制度」、大村泰樹・小林昌之編『東アジアの憲法制度』、東京：アジア経済研究所、117-150。

古賀正則・内藤雅雄・浜口恒夫編（2000）『移民から市民へ：世界のインド系コミュニティ』、東京：東京大学出版会。

興梠一郎（2000）『「一国二制度」下の香港』、東京：論創社。

牧野巽（1985）「中国の移住伝説」、『牧野巽著作集』第5巻、東京：御茶ノ水書房、3-163。

莫邦富（1994）『蛇頭』、東京：新潮社。

森川眞規雄（1990）「隔離された少数民族から中国系市民へ：トロントの香港『新移民』」、『つくばカナダ・セミナー報告集1』、つくばカナダ・セミナー実行委員会、100-117。

森田靖郎（2001）『蛇頭と人蛇：中国人密航ビジネスの闇』、東京：集英社。

中居良文（1997a）「香港返還後の中国：ポスト冷戦期の主権と統治」、『国際問題』442号、38-57。

─── （1997b）「中英交渉の初期的展開」、沢田ゆかり編『植民地香港の構造変化』、東京：アジア経済研究所、3-63。

中嶋嶺雄（1997）『香港回帰－アジア新世紀の命運』、東京：中央公論社。

中野謙二・坂井臣之助・大橋英夫編（1996）『香港返還：その軌跡と展望』、東京：大修館書店。

中生勝美（1997）「植民地の法人類学：香港法文化の形成」、沢田ゆかり編『植民地香港の構造変化』、東京：アジア経済研究所、65-89

中曾根佐織（1995）「市民のヨーロッパ」、大西健夫・岸上慎太郎編『EU統合の系譜』、東京：早稲田大学出版会、163-186。

中園和仁（1996）「中国への返還を控える香港：英国の撤退と香港住民に対する責任」『国際問題』430号、38-57。

─── （1998）『香港返還交渉：民主化をめぐる攻防』、東京：国際書院。

西澤治彦（1996）「村を出る人・残る人，村に戻る人・戻らぬ人：漢族の移動に関する諸問題」、可児弘明編『僑郷華南：華僑・華人研究の現在』、京都：行路社、1-37。

沼崎一郎（1997）「香港のインド人企業家」、瀬川昌久編『香港社会の人類学：

総括と展望』、東京：風響社。

沢田ゆかり編（1997）『植民地香港の構造変化』、東京：アジア経済研究所。

斯波義信（1995）『華僑』、東京：岩波書店。

シーガル、ジェラルド（1993）『香港的命運』、同文書院インターナショナル。

高橋茂男（1996）「移民と頭脳流出」、中野謙二・坂井臣之助・大橋英夫編『香港返還：その軌跡と展望』、東京：大修館書店、162-166。

竹中康之（1995）「人の自由移動：出入国、居住の権利を中心にして」、金丸編『ECからEUへ』、大阪：創元社、206-211。

竹内実（1991）『中華人民共和国憲法集』、東京：蒼蒼社。

田幸大輔（1999）「香港特別行政区の法制度」、大村泰樹・小林昌之編『東アジアの憲法制度』、東京：アジア経済研究所、151-180。

富永智津子（1995）「香港のインド人移民：歴史と現状」、『移民研究レポート』Vol.3. 仙台：宮城学院女子大学キリスト教文化研究所、26-50。

谷垣真理子（1995）「香港」、岡部・安藤編『原典中国現代史 台湾・香港・華僑華人』、東京：岩波書店、156-242。

戸張東夫（1991）「香港特別行政区基本法と『一国二制度』」、可児弘明編『香港および香港問題の研究』、東京：東方書店、37-57。

王向華（1997）「香港の一日系スーパーマーケットの組織文化」、瀬川昌久編『香港社会の人類学：総括と展望』、東京：風響社、253-277。

山下晴海（1996）「福建省における華僑送出地域（僑郷）の地理学的考察：その地域的特色と移住先との結びつき」、可児弘明編『僑郷華南』、京都：行路社、38-55。

矢谷道朗（1999）「マカオの統治と法体制」、大村泰樹・小林昌之編『東アジアの憲法制度』、東京：アジア経済研究所、181-218。

安田信之編（1993）『香港・1997年・法』、東京：アジア経済研究所。

図表一覧

図Ⅰ-①	香港住民の英国籍の変化（～1997）	65
表Ⅰ-①	英国属領一覧	65
図Ⅰ-②	香港をめぐる国籍地図	80
表Ⅰ-②	英中の国籍	83
表Ⅱ-①	1980年以降の流出移民	96
表Ⅲ-①	香港人口の推移	118
表Ⅲ-②	中国から香港への割り当て入境者数の変化	120
表Ⅲ-③	大陸子女の変化	130
表Ⅲ-④	返還前の「不法児童移民」数	143
表Ⅲ-⑤	大陸子女数の見積もりの変化	145
表Ⅳ-①	アクター・アクトレスと問題の捉え方	151
表Ⅳ-②	中国からの移民に対する世論（民主建港連盟）	167
表Ⅴ-①	児童移民に対する返還直後の世論（東方日報）	212
表Ⅴ-②	大陸子女に対する返還直後の世論（香港大学）	213
表Ⅴ-③	大陸子女への99年の世論調査	215
表Ⅴ-④	政府統計處が算出した「香港住民の内地子女」数	218
表Ⅴ-⑤	居留権申請の流れ	220

略語一覧

BC	British Citizens	英国市民
BDTC	British Dependent Territories Citizens	英国属領市民
BN (O)	British National (Overseas)	英国国民（海外）
BOC	British Overseas Citizens	英国海外市民
CI	Certificate of Identity；身分証明書	身元証明
CUKC	Citizens of United Kingdom and Colonies	連合王国および植民地市民
DI	Documents of Identity；簽証身分書	身元文書
FEER	Far Eastern Economic Review	『ファー・イースタン・エコノミック・レビュー』誌
HKS	Hong Kong Standard	『ホンコン・スタンダード』紙
JLG	Joint Liaison Group	合同連絡小組
NGO	Nongovernmental Organization	非政府組織
SAR	Special Administrative Region	特別行政区
SCMP	South China Morning Post	『サウス・チャイナ・モーニング・ポスト』紙
EC	the European Community	欧州共同体
EU	the European Union	欧州連合

用語一覧

(あ行)

一国二制度
(One Country Two Systems)
国のなかに二つの異なる政治体制がしかれること。台湾との統一のために鄧小平が提案したといわれる。香港の基本的統治のありかたとして、基本法に盛り込まれた。

英国属領
(British Dependent Territories)
1981年英国国籍法で、それまでの「英領植民地」から名称変更し、住民には「英国属領市民」権が付与された。香港を含めて15ヵ所。2002年に「海外領」に名称変更。住民は「英国市民」に変更された。

(か行)

回郷証
(Home Visit Permit)
香港およびマカオの住人に対し、「中国人」として、中国国内への入国、つまり帰郷を保証する身分証明書。広東省政府が発行する。

改定入境條例
本論文では、返還直後の児童移民の出現を受けて、政府が直ちに改定した入境法のことを指す。中国側の正式な手続きを経なければ、香港の居留権をみとめない、返還に遡及して発効する、というもの。居留権裁判で、基本法に照らして「合憲」かどうかを争った。

回流移民	香港返還を前に、香港から海外へ一旦移住したが、移住先から香港へ戻る移民。SCMPによれば1992年一年間で8,000人、その年の流出移民の12%にあたるという（1994/5/24）。
学聯（香港專上学生聯會；Hong Kong University Student Union）	居留権問題が法律的議論を終えた後半になって、移民の居留権要求に、活動参加する形で支援した、学生の団体。
寬免政策	97年7月1日の返還の日からン・カーリン・ケース判決の99年1月29日までの期間に居留権を当局に請求したものは、大陸に送還しないという政府の措置。つまり返還直後の児童移民には譲歩をしたもの。
基本法 (The Basic Law)	中華人民共和国香港特別行政区基本法。香港の「憲法」に相当する。香港は国家ではないが、憲法性の法律として、本論では「合憲」「違憲」の表現を用いた。
基本法22条	香港基本法第22条。香港入境に際しては手続きが必要だということと、入境者数は中国中央と香港の協議で決める（4節）、などを定めた条項。
基本法24条	香港基本法第24条。香港の居留権を定めた条項。児童移民問題の発端は、香港居留権を持つ人の香港以外で生まれた中国籍の子女、に香港居留権を付与する（2節(3)）、という部分である。

用語一覧　261

基本法158条	香港基本法第158条。基本法解釈権を定めた条項。香港自治範囲内の条項については、全人代が香港の裁判所に解釈権を授与する。中国中央が管理する事務、または中央と香港の関係に関わる事務に関しては、全人代に解釈を依頼しなければならない、とする。
僑郷	中国南部（華南）、特に広東省、福建省、海南省にある、華僑、華人の故郷。歴史的に移民を送り出している地域では、住民の移出志向が強い。福建省泉州もそのひとつ。
血統主義 （jus sanguinis）	国籍付与の原則。生まれた場所に関係なく、親の国籍を受け継ぐ、血統による付与原則。
港澳同胞	中国政府が、香港およびマカオ（澳門）の中国系住民を呼ぶ際の呼称。
港人治港	香港人が香港を治める、との意味。1984年の中英交渉で決定し、基本法に盛り込まれた、返還後の香港の基本的統治方法。
コモンウェルス （the Commonwealth）	英国と旧英帝国から独立した国家が属する連合体。英語などイギリス文化の共有を特徴とするが、イギリスからの移民が多い国と、そうでない国があり、1960年代以降、居留権や国籍の扱いに差がでた。

（さ行）

生地主義　または 出生地主義（jus soli）	国籍付与の原則。血統に関係なく、その土地で生まれた人には、国籍を付与する、という原則。

全人代 (National People's Congress)	全国人民代表大会。中国の国会にあたる。
双程証	中国から香港へ、旅行する際に、中国政府から出される往復ビザ。旅行ビザ。
自首	不法に滞在している児童移民が、返還後、放免または滞在許可を求めて、入境處に申し出ること。
即補即解	不法入境者に対し、調査せずに即刻送還する措置。返還前に採られていた。
蛇頭	中国からの陸路、海路の密航を手配、実行する組織。合法移住ができないとき、これに頼ることがある。行き先や方法によって、「渡航費」も異なる。密航のネットワークはすでに世界中にあるといわれる。
最終裁判所 (終審法院; the court of final appeal)	香港における最高裁判所。香港返還後、それまでロンドンにあった、3審制の最終裁判所を、香港に設けた。裁判長は、行政長官同様、中国側の意向を汲んで指名された。
社区組織協会 (Society for Community Organization)	返還時に、児童移民や家族の立場を支援、代弁していた。協会総幹事（Director）は何喜華（Ho Heiwa）である。返還の約10年前から香港人子女の香港入境を助けてきたという。

小人蛇 (Child IIs)	「子供の密航者」と言う意味。返還直後に児童移民が出現した際、香港の新聞などでこう呼ばれた。同じ意味で「蛇童」とも呼ぶ。
居留権証明書 (Certificate of Entitlement to abode)	香港人の大陸子女が、大陸側での数度のチェックと香港側のチェックを経て、両側の証明書が合わさって香港入境の許可が下りたことを証明する文書。改定入境條例によって定められた。
新移民 (Chinese new immigrants)	中国から香港に入境してきて間もない移民を、香港でこう呼ぶ。概ね香港の生活文化に不慣れで、経済的教育的水準が低く見られるため、香港では区別され、入境は一般に歓迎されない風潮がある。児童移民も新移民の一部と見られたため、当初は冷淡に受け止められた。
遡及法 (retrospective law)	成立した日よりも遡って発効する法。修正入境條例は7月9日に成立したが、7月1日に遡及して発効するとしたため、裁判の争点のひとつとなった。

(た行)

大陸	「香港」に対比して用いる、香港以外の中国の地域をさす。
大律師公會 (Bar Society)	法廷弁護士（大律師；barrister）をメンバーとする法曹界の団体。香港における法の独立、基本法精神の維持、イギリスの法の伝統であるコモン・ロー精神の維持に関しては敏感である。

タッチベース政策 (touch base policy, reach base policy, 抵塁政策)	香港に密入境しても、香港中心地までたどり着けば居住権を与えるとする移民政策。1980年に廃止された。
中英交渉 (Sino-British Debate)	1982年から1984まで、中国と英国の間でもたれた、秘密外交交渉。この交渉によって、香港の返還が正式に決められた。妥結内容は、中英共同声明として、まとめられた。
中英共同声明 (China Britain Joint Declaration)	「中華人民共和国政府とグレートブリテン・北アイルランド連合王国政府の香港問題に関する共同声明」。1982年から1984年の中英交渉によって、合意した内容をまとめた文書。香港返還後の基本的方針、が盛り込まれている。
太空人	1990年前後から外国の居住権を取得する動きがあった。香港に単身残った働き手が、外国に住む家族に会うために、フライトで移動するとき、このように呼ばれる。「長距離通勤」や分離家族の現象。
単程証 (One-way Entry permit)	中国から香港へ、合法的に移住する際に、中国政府から出される片道ビザ。
中国公民	中国国籍法で定められた、中国の国民。血統主義で付与される。

澄清 (clarification)	99年2月、香港最終裁判所判事が、ン・カーリン・ケースの判決内容を、政府に説明した行為。香港法曹界は、前代未聞のことであり、司法の政治への屈服だとして、反発した。
チャン・カンガァ・ケース (Chan KanNga case)	陳錦雅を代表として計81人を原告とする。ン・カーリン・ケースと似た児童が原告であるが、誕生時にまだ親が香港永久性居民の資格を持っていなかった。99年の1月最終審で勝訴。
天主教正義和平委員會 (Justice and Peace commission of the Hong Kong Catholic Diocese)	小規模なカトリック系団体。社会正義を掲げて、人権擁護活動などを行う。ラウ・コンユン・ケース後の移民を支援した。
特赦	児童移民問題において、移民側が求めた措置。政府が、子供である、という特別な事情で、入境法違反を問わずに、無罪放免として、居留を許すこと。

(な行)

入境處 (Immigration Dept.)	香港の出入境を管理する、政府部署。出入国管理局にあたる。

(は行)

包二奶　　　　　　　二人の妻がいること、愛人を持つこと、を意味する中国語。児童が非嫡出子となったり、家庭不和となったり、相続問題がでたりするので、中国、香港、台湾で社会問題化している。

パトリアル
(patrial)　　　　　1971年、イギリス居留権付与のために定められた概念。本来は母国を意味するが、父母、祖父母の内一人をイギリス本国出身のCUKCに持つ人という意味に用いた。

ヒューマンライツ・
モニター
(Human Rights
Monitor)　　　　　人権擁護団体。人権派弁護士と活動をともにし、児童移民を支援した。

法律援助署
(Legal Aid
Department)　　　政府政務司行政署に属する組織。司法組織の律政司とは別系統にある。香港で起こった案件について、訴訟費用を持たない人を援助する。児童移民問題では、勝訴見込みのある原告を選んだ上で、児童が入境處長を訴える裁判を手配した。

香港永久性居民
(Permanent Resident)　香港の「国籍」にあたる、永住権をもつ住民の法的な呼び名。1987年にできた権利。香港生まれか、香港に通常7年居住で付与される。児童移民問題は、永久性居民の中国生まれの子供の居留権をめぐる問題である。

香港律師會
(Law Society)　　事務弁護士（律師；solicitor）をメンバーとする香港法曹界の団体。

用語一覧　267

(や行)

預委會（籌委）　中華人民共和国香港特別行政區籌委曾預備工作委員曾。パッテン総督の香港政治改革に反対して、中国が返還前に設置した、返還準備委員会

(ら行)

ラウ・コンユン・ケース
(Lau KongYung case)
劉港榕を代表として計17人を原告とする裁判。最終審判決は99年12月に下された。中国全人代の基本法再解釈をうけて、最終審では移民が敗訴した。

臨時立法會
(Provisional Legislative Council)
中国政府が、パッテン総督の民主化に反対して、指名により組織し、返還時成立した立法會。

(わ行)

ン・カーリン・ケース
(Ng KaLing case)
呉嘉玲を含めた、条件が異なる4タイプの子女5人を、原告として提訴した裁判。99年の1月の最終審ではほとんどすべての香港人の大陸子女に居留権を認めた、画期的な判決。

ン・シウタン・ケース
(Ng SiuTung case)
呉少彤を代表とする計12人が原告である。実質的に、児童移民から始まる居留権問題の最後の裁判。2002年1月に最終審で、移民側は敗訴。

あとがき

　本書は、2003年7月に、東京大学大学院総合文化研究科地域文化研究専攻に提出した博士論文『香港返還と移民問題1980〜2000－児童移民を中心に』を加筆修正したものである。

　私が最初に香港の地を踏んだのは1983年、初めての海外旅行だった。忘れ難いのは入境時の印象だ。キャセイパシフィック航空の小ざっぱりした飛行機が東京から4時間ほど飛び、着陸態勢に入ったかと思うと、雲を抜け、突然空中都市が現れる。しかし都市が上空にあったのではなくて、機体が地表近くの町中を飛んでいたのだ。滑走路を滑っている時それに気づいた。機内から出ると狭いタラップが用意されていた。数段下りたら、荒くコンクリートが貼ってある地面だった。空港らしいが建物にも周辺にも何の飾りもなく、地味で最小サイズだ。恐ろしく機能的にできていて、あっという間に大量の乗客を街中に導いてしまう。空港というよりちょっとしたゲートか地下鉄の駅のような感じだった。ここが当時の香港を象徴する啓徳機場で、移民都市香港とのファーストコンタクトだった。街中はエキゾチックだったが、どこも未完成に見えた。そして何を急いでいるのかわからないが、皆忙しそうだった。

　2度目の香港入境は、中国大陸からだった。1986年中国遼寧省の瀋陽大学に語学留学している時だった。中国東北からだと香港は南端でだいぶ遠距離にあるのだが、中国国内に住む「西側」からの留学生にとって、一番近い先進国、自由主義圏、商品豊富な消費天国、「西側文明」圏が香港だった。地続きの交通の便と出入境の容易さ、中国語など共通要素があることからそう感じたのだった。この時は中国と香港の大きな違いを意識しないわけにはいかなかった。ソフト、ハードの両面で、可視部から不可視部にいたるまで、境界線を挟んで極

端に異なっていた。不便で遅くていつも不足している大陸側に対して、便利で速くて何でもあるのが香港だった。中でも時間感覚の違いは鮮明だった。今となれば、両地の違いは、香港が大陸に対してアドヴァンテージを持てるように発展してきたのだろうと想像がつくけれども、当時はただ違いに驚き、両者が互いを見る目を意識しただけだった。

香港を深く知るようになるのは、㈱オリエント時計の駐在員として香港勤務をしたときであった。香港返還前の過渡期にあたり、北京の天安門事件に香港がゆれた時期でもあった。ビジネスとプライベートな生活を通してよくみると、香港には特異な地域性があった。ヒト・モノ・カネ・情報の超域的な移動の容易さと激しさとスピードは一目瞭然だった。人的物的ネットワークが密集しているのに、組織への依存をせず、個がダイナミズムを持っていた。その特徴は、中国大陸や日本などの周囲の地域と対比したとき、一層際立っていた。日本の人や企業が香港に進出するというのは、経済的な優位があるからだけれども、社会の特性からみると、香港は日本や中国とは違う方向性をもってかなり進展した社会ができていると思った。

その後、私は大学院で研究を始める機会を得て、地域を分析する手法を学び始めた。香港のような小地域を見ていくにも、多様なアプローチと無数の分析材料があることを多くの先生や先輩から教わった。学び始めたころ、香港に対して抱いていたクエスチョンマークが減っていくのではないかと単純に期待していたけれども、そうはならなかった。

大学院に入った1996年は香港の返還を翌年に控えていた。世界中が香港に注目し、百家争鳴の様相で議論がなされた。そして返還後の香港は目が離せない状況となった。手探りの一国二制度を実践していく過程である。世界のあらゆる地域に応用可能な地域主義の可能性を模索している。香港と決して疎遠でなかった私にとっても、香港がこのような興味深い挑戦の主体になっていこうとは、想像していなかった。

本論はこのような現在進行形の地域状況を踏まえてまとめたものであるから、

中間レポートと申し上げるべきかもしれない。もちろん筆者が未熟であるために、本論にはいたらない部分も多い。それらは、変化を続ける香港地域が投げかけている多くの課題とともに、今後取り組んでいきたいと思う。本書を手に取って下さった読者の方々からは、忌憚のないご感想を伺いたい。是非電子メールを送っていただければと思う。(アドレス・hkmigration@gmail.com)

本論が扱った児童移民問題は、返還後、中国から香港に「自由行」と呼ばれる旅行が順次自由化された結果、多くの中国人旅行者や訪問者が香港に来るようになり、中港間のヒトの出入りが活発化した。したがって児童移民問題と居留権問題に関わる当事者たちも、この「自由行」を利用して、かつてのような密航に頼らなくとも香港入境が以前よりたやすくなり、ひとつの解決策ともなっていると思われる。

本書のもととなった論文を書くにあたって、多くの方々にお世話になった。ここにせめてお名前を記して、心からの感謝を表したいと思う。

濱下武志先生には、おおよそ研究に関わるすべてにご指導を賜り、本書に貴重な序文を書いていただいた。時に停滞する私の研究に常に解決策を与えて前進を促してくださった。先生から受けた高水準のご指導に比して、私は甚だ実力不足だった。お詫びを申し上げねばならない。先生の研究と指導に対する完璧なお取組みに触れ、多くの方がそうであるように、私も感動し、研究者としてだけでなく、人間の生き方に多くの示唆を与えていただいた。

草光俊雄先生は、私の指導教官を快くお引き受け下さり、本論文の主査をしてくださった。研究者としての基本的姿勢についてご教授くださり、私は品性と節度を備えた研究とはまた論文とはどのようなものかを学んだ。

石井明先生からは、長年大きな構えの温厚なご指導に与った。日々どのように研鑽を積んでいくかの教えの中で、本論も育てていただいた。

木畑洋一先生、並木頼寿先生には、ご多忙の中、本論の指導と審査にお時間を割いていただいた。いくつもの貴重なご指摘によって、本論のそこかしこが

裏打ちされた。

　塚田明子先生、高畠克子先生、福澤佳代子先生には、研究環境の改善にお骨折りいただき、研究に取り組む姿勢について貴重なアドヴァイスをいただいた。

　香港でも多くの方のお力をお借りした。香港大学の黄紹倫先生、盧兆興先生、法律援助署のトーマス・クォン弁護士には、フィールドワークに関し、いつも効果的なアドヴァイスをいただいた。
　そして何よりも、児童移民問題と居留権問題に直接関わり、研究論文や報道記事では掴みにくい事情をご説明くださった方々に、深くお礼を申し上げたい。それぞれの方のお立場を考えて、ここにお名前を挙げることは控えるが、トピックの重要性と緊張感を教えてくれたのは、この方々の肉声であった。

　本書の出版にあたっては、汲古書院の坂本健彦氏と石坂叡志氏にご尽力いただいた。富士リプロの櫻井英明氏と佐久間功次氏にもご協力をいただいた。
　なお本書は、独立行政法人日本学術振興会の平成20年度科学研究費補助金（研究成果公開促進費・学術図書）の助成を受けた。関係各位に感謝する。

　他にもここに書ききれない多くの方々のご協力、ご助力があって、本書は形を得ることができた。私ひとりの力では研究が形を結ぶことは決してあり得なかった。それらすべての方々に心からの感謝を申し上げたい。

　最後に家族にお礼を言いたいと思う。両親と祖母トクは論文作成中あらゆる支えになってくれた。23年間のパートナーであり「天使」であったマトーは、徹夜続きの作業をいつも傍らで見守ってくれる精神的支えであったが、出版直前に急逝した。「フロー型移民社会」の発想を喚起したのはマトーに他ならない。よって本書をマトーに捧げたいと思う。

The Hong Kong Handover and Migration

Summary

Paying attention to the changeover of Hong Kong society, this book's main topic focuses on the child immigration issue, which occurred during the handover period as a turning point, and the right of abode issue which is continuously taking place. The child immigration issue reflects not only Hong Kong's insecure position but also the historical state of the relationships between Hong Kong and China.

In order to analyze the child immigration issue, three directions are adopted in this book: (1) the social background under the British rule (chapter 1 and 2); (2) people's movement from China to Hong Kong (chapter 3); and (3) measures taken by China, Hong Kong, and some groups in Hong Kong (chapter 4 and 5). These three analyses clarify the basic status of post-handover Hong Kong, and examine the features of Hong Kong as a migration society.

In 1984, a year that marked the handover of Hong Kong's sovereignty and its transfer of power, the future of Hong Kong was determined by British and Chinese governments. In 1989, when the handover was already scheduled, the Tiananmen massacre occurred in China's capital city, Beijing. Reacting to the failure of democratization in China, the British side re-considered Hong Kong people's status and took some procedures regarding the nationality of Hong Kong people. The Chinese side drafted the Hong Kong Basic Law from 1985 to 1990, which is now a constitution after the handover on July 1, 1997.

The institutions in Hong Kong were changed largely by shifting of the suzerain power. Then Hong Kong society had to deal with complicated institutions and a state of confusion. As a result of the situation, the society did not share a common and unified system, but there were overlapping and a lack of nationality, right of abode and passports.

In Hong Kong's sense of values, the people tend to choose their status that confers upon them a maximum guarantee of movement. "Nationality" is one of typical collective notion of any modern nation-state. But in Hong Kong, even the nationality is a subject of individual choice, meaning that the Hong Kong people are not unified uniformly by one total system. It is clear that the Hong Kong system is affected by both the British and Chinese through the analysis of the approving process of nationality.

Before the handover the Hong Kong society under British rule was full of a sense of stagnation and urgency because the future vision was not in sight. At that time, the societal debates focused on the image of Hong Kong as dependence and regression, meaning that "the handover of sovereignty will change Hong Kong."

Then we witnessed the handover moment on July 1, 1997. The first event after the handover as a direct effect was the immigration from mainland China. The immigrants, they are children and illegally entered, therefore they are called "small snakes" (snake means illegal immigrant in Cantonese). They tried to migrate to Hong Kong by seizing the opportunity of the change of institutions from the British to Chinese.

Facing the child migration phenomenon soon after the handover, the reactions of Hong Kong society was not something frail. Debates in the society were divided into four stages: (1) Hong Kong government enacting immigration law and restricts child immigration; and (2) the local legal profession supportive of the child immigrants in their quest for acquiring the right of abode in accordance with the Basic Law. Then child immigrants won a case in the final court. (3) The Chinese central government intervened in the issue, and the child immigrants and mainland children eventually lose the court case. (4) Finally, human rights organizations supportived those immigrants.

Among the four stages, the most important action was that of the legal professions and human rights organizations. They came from inside of Hong Kong's society, carrying concrete notions such as "the rule of law" and the protection of "human rights." This two notions were concrete appeal to the government and the public, spreading the message of how the "One Country, Two Systems" should be applied and demonstrating an indicator for the future directions of Hong Kong.

The child immigration issue reflects Hong Kong's and its region's vital conditions of time and space; the condition of time was the handover of Hong Kong, and the regional condition was its location in South China where strong tendency of migration could be easily discerned. Struggling with the double conditions means a persistent wrestling with the circumstances of the "new" Hong Kong. It also means nothing but coping with the ambiguous or the opaque "One country, Two Systems" and mainland China behind the system.

Since the Sino-British negotiation in the 1980s, the arguments for the future Hong Kong were mostly closed and confidential, and kept by only Britain and China, leaving Hong Kong out of argument all the time. Against this, the legal professions and human rights organizations in Hong Kong seemed to argue what Hong Kong's future directions should be. So their arguments were certainly self-assertions of Hong Kong society. In other words, the debates over the child immigration was, though superficially a debate over the right of abode, actually a debate over the social values which Hong Kong should basically maintain after the handover on July 1, 1997.

The debating process of the child immigration issue reflects also the feature of Hong Kong as a migration city. Migrations are always subjects of restriction by governments. In the case of Hong Kong, measures taken in response to the migration problems accelerated and deepened the societal debates, empowered the new Hong Kong, and produced a new wave of migration. Hong Kong society is, so to speak, a society of "flow style migration." The child immigration is just a one of migration patterns. Even if the problem is solved, immigrations from China or overseas will never stop.

This study observes and explores the migration issue historically and structurally from the perspectives of the government, the society and the immigrants. Therefore, this analysis can have a clear grasp of not only the fundamental circumstances and the directions of the new Hong Kong but also the mutual and dynamic relationships between the Hong Kong-China region and migration.

香港回歸同移民

簡　介

關注到香港嘅歷史改變，呢本書以回歸期間為轉列點，探討兒童入境同埋居留權問題。兒童入境嘅問題唔單止反映出香港唔穩定嘅位置，同時亦睇出咗香港中國關係嘅歷史上嘅狀態。

為咗分析兒童入境問題，呢本書有三個方向：1) 第一、二章係關於英國統治之下香港嘅社會背景、2) 第三章關於中國去香港嘅人流、3) 而第四、五章度會睇下中國、香港、同香港入面嘅團體作出嘅反應。呢啲分析會搞清楚香港喺回歸之後嘅狀況同埋作為一個移民社會嘅特徵。

自 1984 年來，香港主權移交就開始由中國同英國政府共同決定，而係 1989 年，當回歸嘅時間表定咗落嚟之後，就發生咗北京嘅天安門事件。為咗應付中國民主化嘅失敗，英方就重新考慮香港人嘅身份同國藉問題。1985 至 90 年期間中方起草咗係香港回歸之後有憲法地位嘅基本法，香港政府嘅結構亦因宗主國既交替轉變，社會亦因此要面對過渡期中因制度上改變而產生的複雜及混亂情況。結果，香港社會並冇一個一致統一嘅社會系統；相反香港社會出現互相重疊（或缺乏）國藉，居留權同埋護照。

喺香港人嘅價值觀裡面，會傾向選擇一個比到佢哋最大移動自由嘅保障嘅身份。近代國民國家裡面，國藉係一個典型嘅集體身份嘅概念嘅體現；但香港嘅情況係，國藉也係可以自由選擇嘅東西，香港缺乏大家都應該遵循嘅一個總體系統，而喺香港人尋找佢哋國藉嘅過程裡面，絕對係同時受到中國同英國嘅影響。

喺回歸之前英國統治下，香港社會因為前途未明所以充滿閉塞嘅感覺同埋迫切

感。同時間喺社會裡面嘅討論,集中於香港嘅倚賴同埋退步地形象,就係回歸之後會唔會改變香港。

1997年7月1號回歸之後對香港社會最明顯、直接嘅影響就係從中國內地嚟嘅移民。呢啲非法入境同埋未成年嘅移民,往往就被叫做「小人蛇」,佢哋把握咗回歸期間制度同埋法律上嘅改變而移民香港。

面對移民問題,香港社會嘅反應並唔係手足無措。社會嘅討論主要有四個階段:1)香港政府制定入境法例,限制新移民兒童入境;2)本地法律界支持新移民兒童爭取基本法賦予佢哋嘅居留權,佢哋嘅申訴最後亦都被終審庭裁定為合法;3)中國中央政府介入事件裁定終審庭判決無效;4)最後人權組織支持呢啲新移民。

而喺呢四個階段裡面,法律界同埋人權組織嘅行動最為緊要同關鍵,分別代表咗香港社會對法治嘅尊重同埋保護人權嘅具體價值。而呢兩個概念都係由香港社會裡面出嚟的。佢哋亦都係政府同大眾所認同及追求,代表咗一國兩制之下香港應有嘅價值,對中國嘅要求,一國兩制應該係香港點樣實施嘅主張。亦反映咗香港未來嘅方向。

新移民問題反映咗香港同埋整個地區獨特嘅時空條件。時間上係香港回歸中國;而地區嚟講,則喺南中國裡面顯而易見移民嘅傾向。喺呢一個雙重特定條件之下,香港社會無可避免要面對一個新嘅現實情況,特別係對一國兩制這概念同中國嘅含糊或唔清楚。

自從1980年代中英談判以來,香港嘅前途基本上喺中英雙方內部嘅談判內容;香港社會都係冇發言權或任何影響力可言。正因為咁,香港法律界同埋人權組織亦都好活躍就住香港前途問題上發言,某程度上反映咗香港社會內部嘅聲音同埋主張。換言之,雖然有關於新移民兒童嘅討論主要係集中喺居留權問題;實際上喺

反映香港社會回歸之後內部對價值嘅爭論。

喺新移民兒童入境問題討論裡面,亦反映咗香港作為一個移民城市嘅特徵。移民往往受到政府嘅監管;喺香港情況嚟講,因移民問題所採取嘅措施不但加快及加深咗社會嘅討論,給予咗了動力鞏固咗「新香港」概念嘅形成,更導致新一批移民嘅出現。而作為一個「流動型移民」社會,兒童移民問題只係香港社會眾多移民模式中嘅其中一種;就算問題被解決,嚟自中國及海外嘅移民係唔會停止。

呢一次研究會喺政府、社會、移民嘅角度,從歷史同埋結構上分析,觀察移民問題。所以我哋唔單止會對「新香港社會」嘅基本情況同方向有所認識,亦都會理解到香港、中國同移民嘅互動關係。

香港回归和移民

摘　要

関注到香港的歷史改变，本书以回归期间为焦点，探讨大陆儿童入境及居留权问题。儿童入境问题不仅反映了香港由于回归引起的不稳定，也凸显了香港与中国的瓜葛的历史上的样子。

本书拟从三个视角分析儿童入境问题：1）第一、二章讨论英国殖民地下香港的社会背景、2）第三章集中阐述中国流向香港的人流、3）第四、五章分析中国、香港及香港内部团体作出的反应。通过以上论述将阐明香港回归後的状况及作为移民社会所具有的特征。

1984 年对于香港来说，发生了历史性的转变。决定了其主权将由英国正式移交中国政府。香港主权的移交是只中国和英国政府的决定而已。在主权决定回归後的 1989 年，即发生了天安門事件。为此英方开始重新考虑香港人身份及国籍问题，以应付中国民主化的失败。1985 至 90 年期间中方起草了在香港回归後有宪法地位的基本法，香港政府的结构亦因宗主国的交替中英政府的介入发生改变，社会也要面对过渡期中因制度改变而产生的複杂及混乱情况。结果，香港社会没有出现统一的社会系统；相反，社会上国藉，居留权及护照的重叠，空白现象更为普遍。

香港人的价值观中，倾向于选择一个保障他们最大移动自由度的身份。近代国家中，国籍虽然是一个典型的集体身份概念的体现；但香港的情况是，国籍也是一个可以随便选择的对象。香港人在寻找他们的国籍过程中，同时受到了来自中国及英国的双重影响。

回归之前,在英国统治下的香港社会,因前途未卜笼罩着强烈的闭塞感及迫切感。就是在这种气氛下,社会上的讨论也集中在依赖性和倒退的香港的形象,就是「回归后香港是否会变?」的命题抒发这个形象。

1997年7月1日香港迎来了回归的那一刻。回归后,对香港社会最明显、直接的影响就是来自中国内地的移民问题。这些非法入境的未成年移民,经常被称为「小人蛇」,他们适时地把握了回归期间制度上及法律上的改变,企图顺当地移民香港。

面对移民问题,香港社会的反应并非手足无措。社会上的讨论可分为四个阶段:1)香港政府制定入境法例,限制新移民儿童入境;2)本地法律界支持新移民儿童争取基本法赋予他们的居留权,而申诉最后亦被终审庭裁定为合法;3)由于中国中央政府的介入,事件裁定终审庭判决无效;4)最后人权组织支持这些移民。

在这四个阶段中,法律界及人权组织的行动最为重要及关键,分别代表了尊重法治及保护人权的价值。这两个概念都是从香港社会自身产生出来的,是对政府及大众舆论的呼吁,也是向中国及一国两制的模式发出的一种要求和声明。代表了一国两制下香港的特有价值,也预示了香港的未来方向。

新移民问题反映了香港及整个地区独特的时空条件。时间上香港回归中国;地区层面而言,则是华南地区有明显的移民倾向。在双重特定条件之下,香港社会无可避免地面对着一个新的现实环境,即如何对应不透明的一国两制这种新概念以及其背后的中国政府。

自从1980年代中英谈判以来,香港的前途基本上是中英双方内部的谈判内容;香港社会并没有发言权或任何影响力可言。因此,香港法律界及人权组织的活跃就意味着对香港前途问题的发言,从某程度上也反映了香港社会内部的声音及主

张。换言之，虽然有关於新移民儿童的讨论主要是集中在居留权问题；实际上也反映了香港社会在回归之後，对尊重原有的社会价值问题曾有过争论。

在新移民儿童入境问题讨论中，亦反映了香港作为一个移民城市的特徵。移民往往受到政府的监管；就香港情况而言，因移民问题所采取的措施不但加快及加深了社会的讨论，对於「新香港」概念的形成给予了动力，更导致了新一批移民的出现。但作为一个「流动型移民」社会，儿童移民问题只是香港社会众多移民模式中的其中一种；纵使问题解决，来自中国及海外的移民亦不会因此而停止。

本研究围绕移民问题从政府、社会、移民的全方位角度，以结构性及历史性的眼光来分析，观察移民问题。我们不仅会对「新香港社会」的基本情况及方向提供参考，同时也起到了初步了解香港和移民之间关系的作用。

資料編

児童移民問題を理解するために有用な資料をまとめた。
判決文が歴史研究で使われることは少ないが、当該文には問題を考える上で必要な議論が網羅されているので紹介する。

資料編　目次

報道記事翻訳

1997年7月1日	香港経済日報	「小人蛇のラッシュ」	287
1997年7月1日	香港経済日報	「新移民、数は多く分配は少ない」	287
1997年7月4日	信報	「市民と数百の密入境児童、居留権を要求」	288
1997年7月10日	SCMP	「居留身分法案承認」	289
1997年7月10日	経済日報	「民意調査、8割が「小人蛇」送還に賛成」	291
1997年7月12日	SCMP	「児童たちは居留権争いに法律援助を獲得」	291
1997年7月13日	文匯報	「香港人の大陸子女の来港枠を増加」	292
1997年9月19日	HKS	「居留権の却下は香港自治の放棄である、と弁護士」	294
1999年1月30日	HKS	「法廷は子供たちにドアを開いた」	294
1999年1月30日	HKS	「裁定は懸念材料を増やした」	296
1999年1月30日	大公報	「政界：市民は大量密航を恐れ、社会の重圧になることを心配」	297
1999年2月8日	人民日報	「大陸の法曹界、香港特別行政区最終裁判所の判決につい

		て意見を発表」	298
1999年2月9日	人民日報	「最終裁判所と基本法の立法意図は逆行する」	299
1999年2月27日	裁判所の声明		300
1999年5月19日	明報	「香港政府は全人代に解釈を求め、居留権対象子女は20万に減少」	301
1999年6月27日	明報	「全人代が基本法を解釈、居留権人数は160万から17万に」	302

判決要約

ン・カーリン・ケース

第1審（1997年9月） 304
第2審（1998年3月） 310
最終審（1999年1月） 313

ラウ・コンユン・ケース

第1審（1999年3月） 319
第2審（1999年5月） 322
最終審（1999年12月） 328

児童移民関係年表 332

# 報道記事翻訳

(左：トピック、中：記事翻訳、右：留意点)

1997年7月1日　香港経済日報
「小人蛇のラッシュ」(問題化しつつある、速やかな解決が望まれる)

大陸の子女	基本法24条規定によれば、「永久居民」が香港以外でもうけた中国籍の子供もまた「永久居民」であり、特区の居住権を持つ。この中には大陸生まれの子女が含まれるが、その数は少なくない。民間の調査に依れば約13万人、それに対して中国側の6万人、香港政府の3万人となっている。 　中国と香港の間の行き来が盛んになるにしたがって、結婚して出産する、その数が少なくなることはないだろう。	大陸子女数の見方にずれがある。 民間〉中国側〉香港側
問題の深刻さ	もし審理の手順が依然として不効率であれば、汚職状況が生じ、子供たちが香港にやってくる日はさらに遠くなり、大陸に居る永久性居民は危険な手段に走り、不法に入境する事件はなくならないだろう。 　不法入境には、もとより身の安全はない。かりに不法入境に成功しても、送還されることになるのか？基本法が付与した居留権を剥奪してもいいのか？一つ先例があれば、不法入境を助長することにならないか？特区社会の彼らに対する受け入れ能力はどれくらいか？	

1997年7月1日　香港経済日報
「新移民、数は多く分配は少ない」(問題がすでに出ており、日増しに酷くなる。現在は解決方法がないため、自然と悪化している)

	現在大陸から単程証を持って香港に入境してくる人の数は一日に約150人、言いかえれば一年に55,000人位になる。香港の20年後の人口は820万人にもなり、新移民の累積数は、増加分の6割にもなる。 　香港の現人口密度をもってすれば、1平方キロ毎にすでに5,990人という状況であり、社区組織協会の総幹事、何喜華は「新移民は陸続きを来港し、将来どんどん人口圧力を増し、社会問題が出てくるであろう」と見る。	何喜華は問題は深刻化すると見る
教育問題	教育問題、短期的には、政府はどれくらいの費用がかかるか、どれくらいの教師が必要かを考慮しなければならない。毎日香港にやってくる新移民の学童は約66名、一つ半のクラスに相当する。長期的には、学習の内容をどのように統一していくのか？将来これらの子供たちは労働市場に送り出されることになり、そこでまた就業問題が出てこないだろうか？	毎日1.5クラス分の児童が入境している。 学習内容も異なる
就業問題	就業問題、現在成人となった新移民の内、一定の水準の教育を受けているのは、わずか10数パーセントであるが、彼らはすでに受けた学識を生かして生活を向上していく機会に恵まれているか？それとも再履修するか？大部分が低学歴（中	低学歴、低収入な新移民たち。

住宅問題	学3年以下）の新移民にとって、現に直面しているのはもとより就業困難からくる経済的な問題だ。もし彼らの安価な給与が香港の労働力の脅威となるなら、さらなる社会矛盾を引き起こすことになる。 　住宅問題、一般的に新移民の住宅状況は御粗末だ。一家6,7人が100平方フィートの「箱」の中に暮らしており、児童の成長には有害である。しかし現在凍結した住宅計画と、7年間の待機期間をどのように協調させ、急増する要求に対応するのか？	劣悪な住宅事情 香港の挫折した住宅計画との兼ね合いが指摘される

1997年7月4日　信報
「市民と数百の密入境児童、居留権を要求－入境處は基本法に基づいて暫定的に送還せず」

不法児童移民の要求	数百名の不法入境児童とその父母、昨日湾仔入境處ビルに集まり、特区政府に対し、基本法に基づき彼らの居留権を与えるよう要求した。入境處の麥桂炘副局長は、香港居留権を主張するこれらの不法入境児童に対しては、当局は身分を確認する必要があり、直ぐには送還しないと述べた。	不法児童移民の扱いの基本的な理念において、董建華と入境處との間にずれがある
董建華の言明	董建華行政長官は、すでに次のように警告している。香港住民は決して大陸の子供たちを密航によって香港に呼ばないように、なぜならあらゆる不法入境児童は皆送還させられるから、と。しかし麥桂炘副局長は、昨日はっきりと、当局は必ず法に則って処理すると強調した。	董建華－不法児童移民は送還
入境處副局長の言明	数百名の請願者たちは、昨日、不法入境した彼らの子供たちを伴い、特区政府始動の第一日目に合わせて入境處ビルに請願に押し寄せ、一階ホールは大変な混雑となった。彼らの主張は、不法入境してきた子供たちは、皆彼らが香港永久性居民になってから大陸で産まれた子供で、基本法24条によってこれらの子供たちは皆香港永久性居民である。入境権をもち、あらゆる制限なく、護送や送還を拒否する権利がある。彼らは特区政府が基本法の規定に従って、不法入境した子女たちの永久居民の身分を承認するよう要求した。	入境處－あくまで法に則る 基本法24条
	入境處の麥桂炘は、請願者の代表と一時間弱の接触の後、当局はこれらの不法入境児童の件の処理を基本法に基づいて行うことを承諾した。居留権保持を主張するすべての不法入境児童を、当局はまず保釈外出させ、当局が彼らの身分を調査するまで待たせる。調査結果によって彼らが香港居留権を持たないことがわかれば、不法入境児童はすぐに元の居住地に送還される。	このような決定を役所が単独でできるのだろうか？
児童の身分照会	送還令を受け入れた多くの案件も重ねて検討 　入境處の麥桂炘は、当局はこれらの不法入境児童に居留権資格があるかどうかを確定する際、彼らと父母の関係の証明によって本人の身分が決まると表明した。不法入境児童と父	

既に送還令が出ている案件	母が進んで身分証明を提供しない場合は、当局は大陸の関係部門に身分確認を要請することになる。 　６月30日までに入境處に自首したものの、まだ香港に止まっている不法入境児童は全部で1000人以上いる。入境處はすでに一部の児童には送還令を出している。麥桂炘は基本法はすでに発効しており、当局はすでに送還令を出している件も含めてこれらの1000件以上の案件を再度検討し、彼らの身分獲得を確認後、送還するかどうかを決定するだろうと述べた。	既に送還令が出ているが実際にはまだ香港にいる児童、1,000人以上にも、基本法上、居留権が発生している
大量密航の予測	当局が、これらの居留権を主張する不法入境児童を、保護してすぐに送還する（即捕即解）措置を取らないことによって、大量の児童が密航してくる可能性については否定した。なぜなら当局には密航を防ぐ充分な措置があるからとしている。	世間の心配 特赦から大量密航への悪循環
援助団体	この度の請願行動を発起した社区組織協会総幹事の何喜華は、最近は大陸から密航して来ることはかつてより難しくなっている、と表明している。しかし、最も重要なのはやはり特区政府がこれらの香港人が大陸でもうけた子供の入境計画を、迅速に公表して処理することだとしている。そうすることで父母たちを十分安心させることができ、大量の密航騒ぎが起こることはないだろう、という。	社区組織の主張 政府は児童入境の見通しを示すべきだ

1997年7月10日　SCMP
「居留身分法案承認－立法会議員は法廷争いへの可能性の増大を無視して政府を後押し」

法案成立	香港居留権を求める大陸児童に事前の居留権証明の取得を課す、論争の的である法案が、昨夜性急に成立した。 　基本法を侵害するとして、法律専門家や人権運動家から非難を受けている中で、臨時立法会では45対6で法案は承認された。 　7時間の議論の末、三読を一会の会議で行い、性急な成立を求める政府の意向を受けて法案は成立した。	立法会賛成45 反対6（A.Wong, D.Chan, 民主と生活協会の4人）
保安長官	保安長官のピーター・ライ・ヒンリンは法廷で挑戦を受ける恐れに対し、法案は決して基本法や人権法と敵対するものではない、と強調した。 　移民法（修正）第5条例のもとでは、7月１日以降に基本法によって居留権を与えられた大陸の児童は、身分が確定する前に居留権証明書を申請しなければならない。申請は香港の外でしなければならない。 　同法はまた7月1日まで遡及するため、すでに特区に入っている2,000人以上の児童の運命は不明である。 　ライ氏は昨夜、いつこれらの児童が送還されるかについては「運用上の詳細」だとして答えを避けた。 　彼は「案件は入境處長が扱うだろう。いつものように敏感	ライ保安長官が推進した法案らしい。 論点はいくつかある １既に香港にいる子の処遇 ２身分証明の仕方 ３法案の通し方

	に注意深く、彼らが児童であることを考慮していくだろう」と述べた。	
政府の議論	政府はこの立法が大陸児童の大量流入を止める唯一の有効な手段だと繰り返している。	
廃案の内容	臨時立法会議員たちは、法案の遡及性と基本法24条を事実上侵害することに批判的である。24条では親の内の一人が香港永住性居民であれば、香港居留権が与えられるとしている。しかし、遡及部分を破棄した自由党の修正案は採択されなかった。	議員が皆遡及法に反対したかどうかは、新聞毎に異なるので、微妙と思われる。
	ライ氏はその法を実施するのは難しいし、仮に遡及性を破棄したら、まだ順番を待っている人に対して公平ではなくなる、という。	ライ氏－児童の公平な扱いを
	また別の廃案は、民主と生活協会(Association of Democracy and People's Livelihood)のブルース・リュウ・シンリーの提案だが、法案の言葉を変えて、児童がその証明書でなくても特区パスポートか永久性居民のＩＤカードで身分証明ができるようにするものだった。	民主と生活協会－他の文書でも身分証明を
	アンドリュー・ウォン・ワンファは、彼が委員会で提出した修正への支持を得られなかったため、法案には反対した。	A.Wong－送還を後に延期
	彼の修正案は香港にいる大陸児童が送還命令に対する彼らの訴えの結果がわかるまで香港に残れるようにするものだった。	
法案の狙い	しかしライ氏は、このような修正は提訴システムの悪用につながりかねない、と警告した。	ライ氏－遡及しなければ余りにも多くの児童を受け入れることになる
	法案が成立する以前に香港に入境していたと主張する大陸児童の数は、入境處に自首した1,400人をはるかに上回ると、彼は言う。	
	「この措置なくしては、住宅、教育、福祉のセクターが、彼らのために膨れ上げる要求にこたえるのは困難だろう」とライ氏はいった。	
	「これは合理的で、合法的な措置なのだ。」	
入境枠の増加	一方で、政府は単程証を持っての香港入境枠150人のうち、児童の枠を現在の66から90に増やすよう、大陸当局との協議に向けて努力した。	児童の入境枠を広げる動き
	もし枠が増えれば、66,000人の香港居住を待っている大陸児童が、2年で香港入境ができる、と彼は言う。	
	独立立法会議員のドミニク・チャン・チョイヒと民主と生活協会のメンバーは、法案と一日での通過に反対した。チャン氏は「基本法違反だ。危険な方法で法案を通すことは、政府の信用に関わる」と語った。	D.Chan、民主と生活協会－法案と法案の性急な成立に反対

1997年7月10日　経済日報（明報にも掲載）
「民意調査、8割が「小人蛇」送還に賛成」

意識調査	（本紙レポート）香港大学社会科学研究中心が行った民意調査によって、香港人の大陸子女が大陸の公安局の身分確認を経て居留権証明書を取得し、さらに香港入境處で二重に身分確認をしてから香港居留権を取れるという行政手順を、8割近くの回答者が支持していることがわかった。 　その他、現在香港入境をしている「小人蛇」が一旦大陸に戻り、二重身分確認後にやっと来港が許されるという手順へも、8割以上の回答者が賛成している。 　しかし特区政府が「小人蛇」問題を解決できるか、という質問に対し、「できると思う」と答えたのは半数のみだった。 「小人蛇」解決條例草案への市民の即時反応調査 調査日：97年7月8日 サンプル数：538人 回答率：49.8% 調査方法：機械によるサンプル抽出後、係による電話インタビュー 対象者：18才以上の広東語を使う香港住民	一般市民は、不法児童移民の家族への同情は薄いことがわかる 同時に「小人蛇」問題が解決の難しい問題であるとも認識している
大陸子女の扱い	質問1：香港人の大陸子女が大陸の公安局の身分確認を経て居留権証明書を取得し、さらに香港入境處で二重に身分確認をしてやっと香港永久居留権を取れることに対して、賛成か？ 賛成 78.4% 反対 9.5% わからない／言えない 12.1%	大陸子女の厳重な身分確認に賛成しない人も2割いるとも取れる
現在香港にいる児童の処遇	質問2：現在香港入境をしている「小人蛇」が、一旦大陸に戻り、二重身分確認後にやっと来港が許されることに対して、賛成か？ 賛成 80.7%　反対 8.8% わからない／言えない 10.5%	今香港にいる「小人蛇」を送還することに賛成できない人も2割弱いる
「小人蛇」問題の難しさ	質問3：特区政府が「小人蛇」問題を解決できると思うか？ 解決できると思う 50%　解決できないと思う 17.3% 半々だ 16.9% わからない／言えない 15.8%	当面の措置には賛成だが、解決は難しいと思っている人が3割近くいるということか。

1997年7月12日　SCMP（Ng Kang-chung）
「児童たちは居留権争いに法律援助を獲得」

法律援助	香港人の大陸子女は、基本法が認めた居留権を否定する論争のまとである新入境條例に対抗する法律援助を勝ち取った。

法律援助署	6人の親が昨日法律援助申請が認可され、他の6人も今日認可される模様だ。全部で134人の親たちが申請書を法律援助署に提出した。法律援助が認められたら、法律援助署は弁護士の雇い入れを援助し、法廷で入境（修正）第5号條例に挑戦する。	
支援団体	大律師公會（Bar Association）と香港律師會（Law Society）が新條例は基本法を侵害していると考え、メンバーに児童の両親には無料で奉仕するよう促している。	大律師公會－香港社会で発言力をもつ
有志弁護士	少なくとも17人の法廷弁護士と事務を扱う弁護士が、助力を申し出た。両方の会のメンバーが今日の午前に会議を開き、一連の活動について話し合う予定だ。社会活動家は昨日、より多くの親たちが大陸の子女の居留権のために法律援助を申請するよう促した。	
何喜華	社区組織の総幹事で、児童移民を援助する何喜華は、法律援助署の援助決定に興奮しているという。「我々には居留権を勝ち取るチャンスがある。それでなければ法律援助署がわざわざ援護をしたりしないだろう」と何は言った。「全ての影響を受けた親が法律援護を受けられるといいんだが」と。	社区組織が援助の中心
有志弁護士（D.ウォン）	弁護士のダニエル・ウォン・クォクトンは親たちへの奉仕を申し出ている。「臨時立法会はおそらく良い意図で新法を通したのだろう。しかし結局全ての法的原則を放棄してしまった。だから我々は反対している」と言う。	弁護士の奉仕が加わる
人身保護令状	ウォンがいうには、親たちは人身保護令状、つまり送還を妨げる法廷の命令を申請することができるとのことである。新法は、香港居住を求める大陸生まれの児童に居留権保証を取得することを課している。また役所にはすでに香港にいる児童を送還する権利を与えている。しかし基本法24条には、大陸に生まれた香港人の子供は居留権を有すると書いてある。特に他の条件は示されていない。	
法律援助署	法律援助署の副部長、ハリー・マック・ファイマンは昨日、法律援助が提供されるのは、裁判で勝つだろうと思える合理的な基礎があるからだと述べた。マックによれば、134通の申請書が法律援助署に届いている。昨日、72人の超過滞在者と不法入境者が入境處に自首した。19人が送還された。	政府の一部である法律援助署が、この時点で、裁判では不法児童移民に勝算があると見ている

1997年7月13日　文匯報（本紙レポート）
「香港人の大陸子女の来港枠を増加－葉（入境處長）が週内に北京で居留権証明書について協議、4年で次々来港を保証」

葉劉淑儀	入境處長の葉劉淑儀が先ごろ明らかにしたところでは、今

293

北京急赴	週北京に赴き、国家出入国管理局長と会い、香港人の大陸子女の来港手順について話し合う。	
新たな来港審査手順	葉局長は昨日、香港のテレビ番組に出演し、特区政府の修正入境條例は決して基本法に違反していない、と重ねて述べた。彼女は新たな審査手順は、極めて透明度が高い…一つは居留権証明書にははっきりと発行日が記される。仮に入境處が今年９月に証明書を発行するとすれば、大陸の公安部門は３年後にやっと証明書を、発行した単程証に貼り付ける。つまり検討する時間を十分とったのだ。二つめは申請書を提出した父母は、香港の「個人資料私隠條例」に基づいて入境處に対し、申請の進度を問い合わせることができる。	「個人資料私隠條例」
大陸との協議内容 広東省公安局	彼女本人は今週北京に向かい、国家出入国管理局長とこの計画をどのように実施するかを話し合う。例えば入境處はいつ第一次居留権証明書を支給するか、公安部門はいつ第一次居留権証明書を単程証に貼るか、第一回めの来港人数は何人にするか、などである。	
	彼女は、６万6,000人の大陸子女は４年以内に順次来港することを保証し、児童の来港がむやみと遅延されないと信じていると述べた。	この時点では４年以内を目標にしている。これだと１日45人でクリアできる。
	また広東省公安局は、今年６月から父母の両方が香港にいる大陸子女の案件を優先的に処理しており、毎日66人を超えている。このように香港と広東の双方が児童の来港枠を増やすことはできないかと検討している。入境處は慎重に枠を90人に増やすことを検討していると彼女は言う。そうすると、夫婦が別れて暮らしている場合や、成人と家族が別れている場合や、その他の場合の申請は、児童への対策によって一定の影響を受けることになる。	
香港政府の大陸子女数過小評価	今年の上半期にすでに1,400人の不法児童移民が入境處に自首し、この数字は去年一年間の数字の２倍であり、1,000人以上の不法児童移民が香港に隠れているとみられる、と彼女は表明した。香港政府が大陸子女の数を低く見積もっていたことも認めた。	
	彼女は、入境處には送還を執行する決意があるという。なぜなら送還する能力を持つことが、根拠のない噂や大規模な密航を防ぐ唯一の方法だとする。どのような作業であっても個別の処理をする。特区政府は一度も特赦をするとは言っていないとした。	大規模な密航の波を止めるため、根拠のない噂を防ぐためには、送還しかないというのが、最も説得力をもつようだ。
	彼女は、新法例に挑戦しようという一部の法曹界に人々に対し、また法律援護署に司法命令を申請している多くの「小人蛇」家庭に対しては、残念だと感じている。しかし特区政府が勝訴する可能性についてはまだ考えていないという。	
入境處からの呼び掛け	彼女は、家長は不法児童移民を隠匿しないこと、最も良いのは早く中国の原籍地に帰って単程証を申請することだ、と呼びかけた。香港では以前から不法入境者と超過滞在者に対し、適当な時期に適当な行動をとることを指摘した。	「行街紙」に対する誤解が多いことを表わしている

「行街紙」	「行街紙」の発行は決して本人をしばらく香港に留め置くことを意味しているのではなく、ただ入境條例第36条第1項に基づいて発行しているだけだ。拘留するかわりにその人を当面の措置として外出を保証しているに過ぎないのだ、と説明した。	入境條例第36条第1項 局長または警務人員の裁量で、決められた担保を行えば、拘留せずに釈放されるという内容の規定

1997年9月19日　HKS（Neil Western）
「居留権の却下は香港自治の放棄である、と弁護士」

不法児童移民の最初の審問	政府が未成年者の特区居住の権利を奪えば、移民問題に関して香港の自治を放棄したことになる。昨日の画期的な法廷審問でこのような主張が聞かれた。 　また突然の大陸移民を防ぐために、遡及法を使って「法の力の悪用」をすることは罪であると、張健利（デニス・チャン・キョンリー）は主張した。	児童が持っている根源的な権利である居留権を奪えば、香港の自治にえいきょうすると主張。
原告の主張	張はテストケースの5人の原告の代理人であり、基本法が保証している権利に条件を設ける政府の措置は違法だとの主張をしている。	
	7月1日に香港にいた、少なくとも親の1人が永久性居民であるあらゆる人の居留の権利が、今取られるか拒否されようとしているのだ、と彼は言う。	すべての人の権利に影響する、という主張。
	人々のもつ根源的な権利を、居留権の行使に条件をつけることで、政治的便宜のために犠牲にしようとしている。 　第一審法廷のブライアン・キース判事が下すテストケースへの裁定は、香港で暮らすために戦う数百か数千の未成年者の運命を左右する。	
法律援助	法律援助は大規模なケンカに援助することになり、集まった申請1,527件のうち、すでに957人に援助を決めた。	法律援護、この時点までで957人に援助決定
5人の経緯	5人の原告は8才から19才までで、7月1日に入境處に現れ、人権法の24条にある居留権を主張した。 　しかし彼らは逮捕され、全員が後に大陸への送還命令が出された。張は、送還命令は24条の根源的な権利を侵害しており、あってはならないものだ、と言う。 …	
政府の代理人	政府側の代理人はジェフリー・マで、政府の措置を弁護している。法廷での争いは最終裁判所まで持ち込まれると見られる。 …	

1999年1月30日　HKS（Lily Dizon）
「法廷は子供たちにドアを開いた」

最終審判決	大陸子女、それが嫡子でも非嫡子でも、香港永久性居民の子供に生まれた場合は、生まれつき香港入境と居留の権利を	非嫡子への判決は第一審から変わらない。

	持つ、最終裁判所は昨日、画期的な裁定を下した。	
大陸の法	特別行政区最高位の裁判所、最終裁判所は、香港の居留権を求める数万の子供たちにドアを開き、この問題での香港裁判所の権利を確認した。	大陸法の否定
	どのような大陸の法もここでは違法であり、大陸の子供の入境や居留権を制限できないこととなった。	
保安部門の心配	婚外子の案件についても、基本法は平等の原則を重視しており、あらゆる差別に反対の立場である。	
	しかし保安局長レジーナ・イップ（葉劉淑儀）は「大陸からの大量児童移民の流入が予想され、香港社会に大きな圧力となるだろう」と警告した。	
	思うに、大陸に居る今回居住権を獲得した子供たちはすでに大きくなっており大人といえるのではないか、とも説明した。	
不法児童移民	控えめな見積もりとしては、1997年半ばに66,000人の大陸の子供が特別行政区に親戚を持ち、居住申請をしている。	少なくとも66,000人いると見られる。
遡及法違憲	しかし、4人の原告以外にも、この裁定で一旦は1,000から1,500人の子供、1997年7月10日の移民法では違法となった、すでに不法入境した子供たちの運命が決まったことになる。	7月10日が香港滞留、大陸送還の境目になる
	法廷は法律の遡及的な効果を違憲として排除したからである。	
	「今日は人生最良の日」と社会活動家の何喜華は言う。彼は境界を隔てた家族（cross-border families）のために戦ってきた。	
張弁護士	「私は（法廷の戦いに勝つことに）とても自信があった。審問が始まった日は私の誕生日だったから」と彼は言った。	
	4人の原告の代理人であるデニス・チャン・ケンリー（張健利）は「これは記念碑的な決定だ」と言った。	
イー弁護士	しかし4人（去年7月1日に香港入境のン・カーリン（呉嘉玲）9才，妹ン・タンタン（呉丹丹）8才，ツウイ・クエンナン（徐権能）20才，と、1994年入境のチェン・ライワー（張麗華））の弁護士はこれ以上の発言は辞退した。	出生時に親が香港永久性居民でなかったために香法律援助を拒否され、第二審から別になった。
	マーガレット・ン・ゴイイーはもうひとつの居留権請求案件の81人の子供を代表する立場にあり、決定の背後にある「理論（Reasoning）」は結果そのものと同じ位重要である、とした。	
	法廷は、物議をかもしている訴訟を、基本法の解釈を全人代に任せるという形で逃げることをしなかった。司法局長のンが「法廷はしっかりした法的基盤を提供することを確認した」と言った通りとなった。	
弁護士協会	声明の中で、香港弁護士協会は法廷の裁定を誉め、「多くの人々に基本法は本当に機能し、それを生かす判事が香港にいることを知らせ安心させるものだ」と評した。	
	最終裁判所法廷は、先の上訴法廷の決定を棄却し、これらの子供の香港に居住する権利を制限した香港入境條例を違憲	入境條例は違憲

7月10日以前の入境者	であるとした。 　政府は、1997年7月10日布告の條例第3号の一部、大陸住民は特別行政区に入境する前に許可証を取得しなければならない、を主張した。 　法廷はこの主張を退けて「その條例は大陸に住む香港居留権所持者に対して、香港入境前に許可を取得することを求める点において、違憲である」とした。 　判事は、香港の永久居留を認められた大陸住民に対し居留権証明書の取得を求める条項は、この条項が公布される前に入境したものには適用しないとした。	7月10日以前に入境した者は証明は不要。
7月10日以後の入境者	しかし法廷は、法制定後に永久性居民の身分を要求する者は、居留権証明書の取得をもって、最初に主張を裏付けねばならない、と強調した。	7月10日以後に入境するものは証明が必要。
大陸との協力	イップは以下のように述べた。特別行政区政府は法廷の要請に従って、大陸側と新たな方法作りをするであろう。 　入境處は大陸の当局に、今回の裁定と関係する法について説明するであろう、とも述べた。	
大陸当局の反応	「香港側が居留権証明書を用意するまでに、大陸の当局には単程証を発行してもらいたい」。 　しかし公安部出入境處の担当者は、公式返答の前に最終裁判所の判断を注意深く検討しなければならない、とした。 「あなたがた香港メディアは、今日はたくさんの問い合わせをしてくる」とその担当者は言った。 「しかし我々は今さっきそのニュースを聞いたばかりだ」 「公的な返答の前に、我々はその訴訟を検討しなければならない」 　広州では、広東省公安庁が大きな懸念を表明した。大陸の政府報道機関である新華社とチャイナ・ニュース・サービスは昨晩付けでは裁定を報道していない。…	

1999年1月30日
「裁定は懸念材料を増やした」HKS

判決の魅力	最終裁判所は居留権問題について判決を下した、それには歓迎すべき側面と心配すべき側面の両面がある。歓迎すべきなのは判決がついにこの問題を終結させ、さらに重要なことは、香港居民を親に持つ誰にでも特別行政区の居留権を確立したことである。	この二つの記事は、裁定に対する相反した住民感情を表している。一方で歓迎し、一方で懸念する。むしろ懸念の方が増していく要素をもっている。
判決の懸念材料	しかし同時に非常に心配なのは、おおよそ72,000人の児童がこの判決を待っていたことである。彼らがまだ大陸にいるのは、香港と中国の当局が正当な書類を持って秩序正しく入境することを望んでいたからだ。	
密航	この裁定によって、我慢できない人たちは、少なくとも片親が香港居民であれば、制限を無視して入境してくるだろう。言い換えれば、これこそ蛇頭の出番である。彼ら違法集団は	三合會（Triad）とは中

	たびたび三合會とも関係を持ち、密入境者を香港に連れてくることで生活している。	国の秘密結社で犯罪行動も行う。
	彼らはスピードボートに子供を乗せて、両岸のパトロールボートをすり抜けるように密入境するであろう。さもなければ彼らはもっと危険な方法で子供を連れ込もうとするかもしれない。	
	仮に合法的な入境がスピードアップされても、手続きにそれなりの時間がかかるであろう。また子供を香港に来させるだけではなく、サポート・サービスや教育機会が適切でなければならない。	
	不運にも、法廷の判決によって適当な手配は不可能となった。入境處と大陸当局との間での早急な話し合いが持たれなければならない。	対象人数が激増したため。
親への報償	両親に協力を求める一つの方法は、香港に入境するまでの間、少し待機してくれた親に対し、両側の政府から報償を与えることであろう。その報償は例えば定住のための財政的支援、人気のある学校の席、援助付きかまたは即座に割り当てる住居などであろう。約束は絶対履行で。	大陸子女は入学できる学校が限られている。
	心に留めるべき重要なことは、児童たちを蛇頭の餌や香港への不法入境の危険にさらすべきではないことである。もし蛇頭のような者の手によって一人でも子供が死ねば、その責任を第一に負うのは、社会の安定や罪なき児童の命を考えることなく人民主義的な意見を追求した政治家であろう。…	公営住宅に入るには通常時間がかかる。

1999年1月30日　大公報
「政界：市民は大量密航を恐れ、社会の重圧になることを心配」

議員の反応	（本紙レポート）多くの政界人が等しく最終審の裁決を受け入れて尊重しなければならないと認めている。一方政府は大陸の関係機関と連絡協議を進め、児童が規則正しく来港で着るようにしなければならない。ならびに有効な措置を講じて社会との連携、住宅、教育、福祉などの問題に対応していかねばならない。	親中派の新聞であるのに、すべて判決を歓迎している。ただし司法管轄権には触れていない。移民の重圧を強調している。
梁振英	行政会議メンバーの梁振英は、政府は早めに最終裁判所の判決文を検討し、法例の修正が必要かどうかを決めることになるだろうと述べた。大陸子女は必ず大陸で居留権証明書を取得してから来港できることを決めた条文を、臨時立法会が通過させたことは絶対に間違いではない、と強調した。大陸子女来港定住に関する問題は、彼ら自身のみならず政府全体と社会にとっても一大事である、と言った。彼は、社会の各界も皆今回の判決に関心をもっており、中でも香港の教育施設への判決の影響は大きいに違いないと言った。	梁振英は準備委員会副主任を務めた。
鄭耀棠	香港特区全人代代表の鄭耀棠は、最終裁判所の最後の判決は必ず守られなければならないと認めた。市民は大量密航が引き起こされるのではないかと心配している。政府はこの件	

	を迅速に中央政府と協議しなければならない。当初大陸政府は居留権証明書の申請方法や、居留権をもった児童を順序よく来校させる、など気を遣うことが多いだろう、さらに香港はまだ準備不足だが、大量の児童の流入で家庭、社会、教育、住宅などに問題が及ぶだろうと指摘した。彼は政府に早急な準備を促した。	
范徐麗泰	立法会主席の范徐麗泰は、最終裁判所の判決を尊重すると表明した。しかし彼女は立法会主席であり、中立を保つ必要があり、この件への論評は避けた。	
曾鈺成	立法会議員曾鈺成は、最終裁判所の判決を尊重すると表明したが、重ねて臨時立法会が当時通過させた居留権の法例は正しく、居留権を持った児童を秩序良く来港させたため、大陸にいる居留権を持つ子女の数を返還前より大幅に減少させ、香港社会の安定に寄与した、と述べた。	曾鈺成は民主建港連盟(親中派)議員である。
	曾鈺成はこの裁決が間違った情報となって、誰でも不法入境すれば居留権が取れるという誤解を生まないことを願うと言う。また大量密航が起きないことを望むが、政府には慎重な態度で大陸と協力を図り、早急に居留権を持つ児童を入境させ、有効な措置を講じて香港社会にかかっている重圧を減らしてもらいたいとした。	
	彼は最終裁判所の判決を経て、居留権の條例は非常に明確になり、97年7月1日から7月10日には遡及しないものの、7月10日からは有効であり、その中には曖昧な部分はない、と述べた。	
周梁淑怡	別の立法会議員、周梁淑怡は、今回の裁決が、無証明児童とその家長に誤解を与え大量密航の原因になり兼ねない、と懸念を示しており、彼女は政府に、早急に大陸の関係当局と協議を進め、同時に境界パトロールの強化を希望した。	周梁淑怡は自由党議員(保守派)議員である。

1999年2月8日　人民日報
「大陸の法曹界、香港特別行政区最終裁判所の判決について意見を発表」
(http：//www.peopledaily.co.jp/j/1999/02/08/newfiles/a1150.htmlをもとに)

大陸の反応	香港特別行政区最終裁判所が1月29日に香港人が大陸部で生んだ子女の居留権事件について行った判決は、大陸の法曹界で極めて大きい関心を集めた。珠海で開催中の澳門(マカオ)特別行政区準備委員会政務・法律グループ会議に出席した一部の大陸部の法律専門家と法曹界の関係者は今日この会議で、座談会を開いた。これらの法律専門家のほとんどは香港特別行政区基本法の起草と香港特別行政区の準備委員会、予備委員会の成立準備活動に参加したことがある。彼らは、同事件の判決によって、香港で居留権を所持する香港人の子供が急増し、香港社会の各方面の負担が重くなり、香港全体と長期の利益が損われることになる、としている。特に人々	
異議のポイ		最終裁判所が、全人代と

ント	を憤慨させるのは、同判決の中で、特別区の裁判所が全国人民代表大会及びその常務委員会の立法を審査し、それを無効にすることができるという関連内容は、基本法の規定に違反し、全国人民代表大会及びその常務委員会の地位、しいては「一国二制度」に対する挑発である。	常務委員会の立法を審査し、無効にする権限に言及した点に憤慨している。「憤慨」という表現が独特。
	座談会に出席した専門家は次のように語った。	
返還後の中央政府の自己評価	特別区が設立されて一年近く、中央政府はしっかりと「一国二制度」の方針を貫き、基本法に順守して事を運び、特別区の高度な自治権の範囲内の事務に介入せず、董建華氏をはじめとする特別区政府の活動を全力あげて支持してきた。これは誰もが認めるところであり、香港は勿論、国際社会に幅広く評価されている。従って、我々は最終裁判所の裁判官の自分勝手に全国人民代表大会とその常務委員会の権力に挑発するという行動を認めない、基本法の権威は必ず守らなければならない。	

1999年2月9日　人民日報
「最終裁判所判決と基本法の立法意図は逆行する－香港基本法委員会委員鄔維庸が表明」

全人代常委鄔維庸	新華社香港2月8日電。全人代常務委員会香港基本法委員会委員、鄔維庸が前日、香港特別行政区最終裁判所が香港人の大陸子女の居留権に対して下した判決は、当初の基本法立法意図に反する、と表明した。	中国側の考えを代表？
	鄔維庸は6日、香港電台のテレビ番組「香港家書」の番組中で、特区最終裁判所が香港人大陸子女の居留権判決について、関連問題への自分の見解を論じた。彼は番組中に基本法起草当時の事情を振り返り、かつ率直に次のように述べた。「この判決を見る限り、感慨と憂慮を禁じえない。」	
基本法の特徴	鄔維庸は次のように表明した。香港基本法の特徴は、できるだけ大原則を制定し、細部は定めず、立法の意向と精神をもって導き、立法の解釈と部分的補充をもって、具体的細部とあいまいな部分を解決していくものであり、よって基本法は決してコモンローの法律条例として扱ってはならない。もし基本法の条文を単独で取り出し、字面からその含意を推敲するのであれば、すぐに問題が生じるであろう。	
判決の影響	鄔維庸は言う。基本法起草時、香港特区の人口が秩序正しく増えるようにコントロールすることは、香港の安定した繁栄を維持する一重要要因であった。このたびの判決は、明確に当時の立法意図に逆行し、香港の社会負担を大いに増したばかりでなく、多くの社会問題を引き起こし、社会矛盾を激化させるに到った。正に香港特区が経済の衰退に直面し、失業率がピークに達した時に、このたびの判決は香港に負担を与え、おそらく経済復興を遅らせ、そのうえ香港の将来に悪	

最終裁判所の地位	影響を与えるだろう。 　鄔維庸はさらに指摘した。「一国二制度」下の香港特区最終裁判所は後にも先にも唯一の最高司法機関であり、それ自身をイギリスの枢密院とすることはできない。このたびの判決は客観的には最終裁判所を無上の地位に押し上げたようだが、それでは極端な話をすれば、最終裁判所は以後全人代や常務委員会の行いや決定を審査できるのか、それ自体基本法違反であろう。	最終裁判所と全人代との上下関係を重視している。非常に中国の権力構造を重視したものの見方ではないか？

1999年2月27日　裁判所の声明

澄清のきっかけ	これは本裁判所で一致した決定である。 　本裁判所は1999年1月29日にこれらの上訴案件に裁決を下した。入境處長が1999年2月24日に提出した動議通知書は、本裁判所に判決文の中の全国人民大会と全人代常務委員会に関する部分をはっきりさせる（澄清）ことを求めている。動議通知書提出の理由は、当該部分が重大な憲法性の問題につながり、広範な公共的重要性を有しているからである。	動議通知書（the motion）政府が裁判所に判決の説明を求めた要望書
澄清のわけ	この申請は本裁判所に例外的な過程を求めるものである。判決後、判決文は社会と法律専門家の評論を受けた。状況によって、裁判所は後のケースにもその判決を再考することは有り得る。しかしこの状況は例外的なものである。 　動議通知書が示している判決文の一部に対して、多くの異なる解釈がなされ、大きな議論を呼んでいる。この状況と、適当な司法権力の行使の限界を考慮することで、我々は例外的な措置を採る事にし、本裁判所が有する司法管轄権に基づいて以下の声明を発する。	例外的な措置だとしている。
基本法解釈権	特区裁判所の司法権限は基本法に由来する。基本法158条第1項によれば、基本法の解釈権は全人代常務委員会に属している。特区裁判所が案件を審理する際、158条第2項と158条第3項によって基本法解釈の権限が全人代常務委員会から与えられているのである。 　1999年1月29日の判決において、我々が述べたのは、基本法を実施し解釈する権限は基本法の条文に由来し、上述の条文を含む基本法条文を受けているのである。	「基本法の解釈権は全人代に属している」 「裁判所は全人代から権利を与えられている」という説明
特区裁判所の権限	1999年1月29日の判決は常務委員会が158条によって解釈する権限に疑問を呈するものではなく、特区の裁判所は従わねばならないだろう。裁判所はその権限に疑問を持てない事を認める。裁判所の判決においても、全人代または常務委員会が基本法条文とその手続きに従ってとったあらゆる行為の権限に疑問を持たない。我々はまたこの権限に疑問を持つものではないことを認める。	「裁判所は全人代の権限に挑戦しない」

1999年5月19日　明報
「香港政府は全人代に解釈を求め、居留権対象子女は20万に減少」

行政会議	行政会議は昨日、正式に全人代常務委員会に、基本法第22条および24条の解釈を要請した。出生時に父母が香港居住7年未満の香港人の大陸の子女は居留権を取得できない、と制限することによって、香港居留権資格対象者は、終審裁判所が裁決した後の167万5000人から大幅に減少し、20万人以下になった。現在毎日150人が単程証を割り当てられ、その他の人々と一緒に順番を待っている。このペースでは彼らの最大待ち時間は11年になると思われる。行政長官董建華はこの措置を「迫られて致し方なく」とる決定としている。しかし彼はこの方法を「必ず経るべき」で「正しい」と言い、決して香港の法治と司法の独立に影響を及ぼさない、と強調している。	
全人代へ解釈要請		出生時親がまだ香港永久性居民でない児童－167万
		出生時親がすでになっていた児童－20万以下
董建華		つまり如何に新移民の子女が多いかを示している。
李柱銘	しかし、法曹界の一部と立法会議員は政府の措置に強く批判し、民主党党首の李柱銘は怒りを表し「全くお粗末な法治」と評した。 …	
	行政長官が解釈の要求をすることにより、（最終裁判所ではなく）高等裁判所の判決が回復することになるだろう。	
非嫡出子	しかし政府は、最終裁判所が下した非嫡出子を嫡出子と同じく居留権を持つという判断に関しては同意しており、解釈を求めないと見られる。	
対象児童数	政府は仮に順調に「三つの関門を越えれば」、つまり国務院の同意を得る、全人代常務委員長が会議日程に組み込む、そして全人代常務委員会が解釈し、香港政府と意見の一致を見れば、居留権の資格を持って来港する大陸の子女の数は、当初の167万人から20万人以下になる。	解釈の手順 1、国務院の同意 2、全人代常務委員会の会議 3、全人代常務委員会の解釈 4、香港政府との一致
入境枠	しかし政府は、今のところ一日150人の単程証入境枠を変更する意味はない、と表明している。上述の20万人はその他の人々と共に、その中には最終裁判所の判決以前に資格を持っていた10万人も含むが、入境の順番を待つことになる	
	現在一日150人の入境枠中、75が香港人の子女への割り当てになっている。もしこの方式を保てば、上述の30万人は11年かかってやっと香港への入境が叶うことになる。仮に150人の枠をすべてこの子女に充てても、5年半かかる。	
	しかし保安長官のイップがはっきりと明言しているのは、香港居留権を持っている人を優先的に入境させるので、一旦全人代常務委員会が基本法の解釈に同意すれば、香港政府はその入境割合を検討することも可能であるということ。彼女は配偶者、父母など子女以外の単程証取得者が影響を避けることは無理だろうと強調している。	
大陸に解釈依頼のわけ	董建華は記者会見で、政府は決定前に、基本法の改正や解釈など複数の可能性について検討したと説明した。しかし各案を比較すると、全人代が解釈するのが「より明確で」「よ	根本的な意味よりも、速

解釈内容	り速く」問題を解決できると認識した、とのこと。 政府は国務院と全人代常務委員会に対し、基本法の関係条文について以下の点を解釈するよう要請する。 ●96年準備委員会を通過した香港永久性居民の定義は、基本法の立法原意を正確に反映しているかを明確にする。 ●基本法第22条(4)を明確にし、単程証制度を新たに確立する。 ●基本法第24法(2)を明確にし、香港人が大陸でうけた子女は、出生時に必ず父母のいずれかが、すでに連続して7年香港に居住している場合、居留権を有する。	さ、明確さを優先させた、という董建華 解釈の内容は香港側が細かく指定する。解釈と言うよりも認定と言う感じ。 単程証制度は保持する。

1999 6月27日　明報
「全人代が基本法を解釈、居留権人数は160万から17万に」

全人代の解釈	全人代常務委員会は昨日、居留権に関わる基本法の解釈を通過させた。これによって特区政府は居留権申請に関する制限を再び行使できることになる。つまり出生時に父か母が必ず香港永久性居民である場合に限って、居留権証明を大陸で申請することと限定された。今年1月29日の最終裁判所の裁定が次々と物議をかもしたが、最終的に17万人の香港人の嫡出子、非嫡出子と、3,700人の双程証携行者か密入境をした「特赦」移民が資格者として残ったことになる。	
最終裁判決 居留権対象児童	1月29日の居留権案件に関する裁定では、香港人の大陸子女は父母が出生時に永久性居民かどうかは問わないが、居留権証明と単程証が必ず連結しなくてはならない、とした。政府はこの裁決に基づいて、資格を持って来港するあらたな新移民の数は160万人と計算した。しかし全人代の解釈後は一気に143万人減り、17万人のみとなった。	
董建華	董「問題は円満に解決」 行政会議は昨日午前に特別会議を召集し、全人代常務委員会の解釈について討議した。午後、董建華行政長官が記者会見で以下のように表明した。「香港市民の長期的利益に関わり、各界の人々の高い関心を呼んだ一大事が、ついに完全に合法的で合憲な状況下で円満な解決に到った。」	中国にとって都合の良い解釈が、今後も北京によってされるとすれば、香港にとって大きなダメージとなる。
解釈要請	董建華はさらに続けて、法治の維持と司法の独立は香港政府の重要任務であり香港が成功するための土台である。香港政府は今回の「逼迫して致し方ない」状況下で国務院の協力を仰ぎ、全人代常務委員会に基本法条文の解釈を要請した。今後互いの承諾なくしてこのようなことはないし、法解釈の機会を設けるために承諾を交わすこともない、と述べた。	董の説明はそのための牽制球。
新規定	非嫡出子も来港可能 董建華は、政府は今週水曜日に立法会に1項の規定の決議	基本法24条の曖昧な部分

特赦児童	案を提出することを表明した。 （1）香港人が香港域外でもうけた子女は、出生時その父母のどちらかが永久性居民である時に限り、居留権を持つ。 （2）非嫡出子も居留権を申請できる。 　しかし3,700人にのぼる香港人の大陸子女は例外的措置を受ける。董建華の説明では全人代常務委員会の昨日の解釈は最終裁判所の1月の裁定には影響を及ぼさない。そのため香港政府は97年7月1日から今年1月29日までの期間に香港にいて、この期間内に入境管理局長に対し居留の権利を申し出た大陸子女に関しては、最終裁判所の判決に従って、永久性居民の身分を確認した後、身分証を取得できるようにする。	をはっきりさせた規定。 この特例措置は注目に値する。児童移民が救われた。
大量密航の恐れ	3,700人「特赦」を獲得 　入境管理局長の李少光氏の説明では、この3,700名の内、900人はすでに身分が確認され身分証が発行された。その他の900人は香港にいるが、李局長はくれぐれも明日入境管理局に殺到して身分証を要求しないよう、入境管理局がもれなく手続きについての通知をだすことを注意した。 　その他の1,800人はすでに大陸に帰っている。李局長は彼らが密航することがないよう、大陸で安全に居留権証を申請するよう訴えた。しかし入境管理局は大陸の公安部と協議し、たとえば一日150人の単程証所持者の入境枠以外に或いは他の合法的道筋でこれらの対象者が速やかに入境できるようにする予定だ。保安長官の葉劉淑儀はまだ協議が行われていないうえ、これらの人々がどれくらいの時間で入境できるかについては現段階では説明できないことを認めた。	「特赦」児童3,700人の内訳 900－すでに身分証発行済 900－在香港、未発行 1,800－在大陸 結局密入境した児童は特別に扱われることになった。 結果的に言えば思い切って密航して良かったことになった。
最終審後の児童移民	李局長によれば、1月29日より後に入境管理局で居留権があることを申し出た大陸の子女は、約2,400人、彼らは訴訟を控えており、入境管理局はしばらく送還しない予定である。	
梁愛詩	法務長官の梁愛詩は以下のように話した。全人代常務委員会の解釈は即時発効され、香港裁判所の判決は以後これによるものでなければならず、またそうすることを信じている。なぜなら最終裁判所は2月26日に判決文を説明した際、全人代常務委員会の解釈権に疑問はない、と確認しているからだ。	

判決要約

ン・カーリン・ケース　判決要約

　ン・カーリン・ケースの原告は不法児童移民の諸背景の中で4タイプを代表する5人である。5人の背景は以下である。

　a）チェン・ライワー（張麗華；Cheung LaiWah）は、父は中国人で1967年に香港に来て、ライワーが生まれた1989年にはすでに香港永久性居民であった。しかし母はライワー誕生の翌日に、父と結婚していない状態で亡くなった。ライワーは1995年に双程証で香港入境し、そのまま超過滞在している。いくつかの決定への異議が出されているが、第一は入境處長による8月9日の命令で、居留権の行使の前に立証しなければならないというものだ。

　b）ン・カーリン（呉嘉玲；Ng KaLing）とン・タンタン（呉丹丹；Ng TanTan）は、父が中国人で1976年に香港に来て、姉妹が生まれた1987年と1989年にはすでに香港永久性居民であった。姉妹は1997年7月1日、返還の日に入境管理ポイント以外を通って入境した。姉妹には入境處長から8月7日に香港上陸権の拒否が決定され、異議を唱えている。

　c）ツェイ・クエンナン（徐權能；Tsui KuenNang）は、父が1962年に香港に来て、クエンナンが生まれた1978年にはすでに香港永久性居民であった。彼は1997年7月1日、返還の日に入境管理ポイント以外を通って入境した。姉妹には入境處長から8月7日に香港上陸権の拒否が決定され、異議を唱えている。

　d）イェーン・ニーニ（楊妮妮；Yeung NiNi）は、父が1979年に香港に来て、ニーニが生まれた1987年には香港永久性居民であった。ニーニは97年1月8日に入境管理ポイント以外を通って入境し、翌日両親が入境處に自首した。5月20日の香港からの強制退去命令と、ニーニが居留権の立証をしていないという入境處長の決定に異議を唱えている。

ン・カーリン・ケース　第1審

　第一審の判決は、97年9月に4日間の審問の後に、97年10月9日、キース（Keith）判事によって下された。結果は原告側の敗訴である。判決文（1997 A.L. Nos. 68, 70, 71 and 73）によると、判断は次のような分析を経た。

305

1）導入（Introduction）
　争点は2つである。ひとつは政府が講じた措置の合法性である。香港返還前は居留権を持たなかった香港人の大陸子女が返還後は香港の居留権をもつことになり、香港居住を望む。政府は秩序ある入境を望み、入境を断念させるためのいくつかの措置を講じたからである。もうひとつはそれらの措置を規定した臨時立法会の正当性である。

2）大陸から香港への移民（Immigration to Hong Kong from Mainland China）
　中国から香港への入境は同時に中国からの出境であり、中国政府によって管理されてきた。単程証の発行も、入境枠の設定も中国サイドによる。とはいえ中国から香港への恒常的な入境者数は世界の中でも最高値であり、さらに66,000の未成年者と95,000人の配偶者が香港入境を待っている。

3）立証（Establishing the Facts）
　原告側の弁護士はデニス・チャン（Denis Chang）の主張はこのようなものである。居留権を取得できる児童について、基本法24条では制限のない究極的な言い方をしている以上、血統により居留権を要求する児童は、誰でも立証を後回しにしても香港入境を認められるべきである。
　これに対しキース判事は反論を唱える。基本法24条にはいろいろな居留権資格が示されているが、どのように居留権を証明するかについては示されていない。24条に効力を持たせるようにするのは立法府の責任である。そして権利の立証と24条の両立は可能である。立証の期間中、居留権を奪われているとは言えない。立証のための期間は居留権を与えようと努めている期間なのだ。さもなければ誰でも証明なしに香港入境ができることになる。際限ない入境という結果を呼ぶことについて、基本法起草者の考えが充分及んでいたとは思えない。(p.13-15)

4）出境許可の必要性
　入境處側のジェフリー・マ弁護士の主張は、中国法に依拠している。中国からの移民が出境の許可を求める中国法を無視するのは間違っているし、中国法が香港への人口流入を制限するものである以上、香港が入境させるための法を制定するのは矛盾である、というものだ。
　これに対しキース判事は、基本法24条(3)の「香港以外で生まれた永久性居民の子供に香港居留権がある」という条文の実施は、結局中国の手の中にあり、「香港の高度の自治」は侵されているとした。さらに重要な根拠として、基本法22条の以下の部分（22

条(4)とする）を示した。

> For entry into the Hong Kong Special Administrative Region, people from other parts of China must apply for approval. Among them, the number of persons who enter the Region for the purpose of settlement shall be determined by the competent authorities of the Central People's Government after consulting the government of the Region. （24条第4パラグラフ）

キース判事は、最初の文章では誰から許可を得るのかについては書いていないが、2番目の文章でははっきりしており、中国中央政府が香港政府の受け入れ能力に見合った数を決めることを指しているとする。もし22条(4)が24条によって香港居留権を持つ人に適用されるのであれば、入境（修正第3）条令によって中国出境許可が必要だというのはおそらく香港の高度の自治の侵害ではあるが、22条(4)によって明白に認められていることになる。ということは22条(4)によって香港居留権の行使が単程証の発行にかかっていることになる。

キース判事はさらに重要な疑問として、では基本法22条(4)は、24条に保証された居留権を持つ人に適用されるだろうか、という疑問を上げ、定住のために香港に行く人（persons who enter the Region for the purpose of settlement）に注釈がない以上、このなかに香港居留権をもつひとも含まれると判断した。

この疑問に対して、原告側のチャン弁護士は、基本法の中で22条(4)が第2章「中央政府と香港特区政府との関係（Relationship between the Central Authorities and the Hong Kong Special Administrative Region)」のなかにあり、24条が第3章「住民の基本的な権利と義務（Fundamental Rights and Duties of the Residents)」にある以上、権利に関しては24条が優先されるべきだと主張した。しかし判事は別の章にあることで二つの条項が関係を持たないとは言えないとした。

結局キース判事は二条項の関係について、まず基本法が土台とした中英共同声明の下の部分を引く。

> Entry into the Hong Kong Special Administrative Region of persons from other parts of China shall continue to be regulated in accordance with the present practice.

キース判事はここから2つのことが言えるとした。ひとつは2つの条項が関係を持っていること。もう一つは共同声明の時点から、居留権要求者が先に単程証を取得することが求められることで首尾一貫しているということである。(p.17-21)

5）居留権の立証と行使

入境條例によって、大陸に住む香港居留希望者は中国で手続きをしなければならない。居留権の証明のために彼らは有効な旅券つまり単程証を、香港の入境處長が発行した居留権証明書を貼り付けるために持っていなければならない。実際居留希望者の入境には二つの制限ができる。一つは誕生時に少なくとも親の一方が香港永久性居民であったこと。もう一つは居留権の行使以前に単程証を取得しなければならないことである。(p.6-11)

6）出入境の自由
　原告側のチャン弁護士は、第3号条例が基本法31条に二つの点で違反していると主張した。一つは香港居留権を持つ人は31条によって香港入境の権利がある。ところが第3号条例では居留権の立証ができるまでは入境が妨げられる。もう一つは原告が香港にいる以上、第3号条例に従って居留権の立証をしようとすれば、意に反して香港から出境する必要がある。それは香港に残る権利（right to remain）の侵害である、というものである。
　これに対してキース判事は、原告は居留権が立証された上で、入境や残留の権利を行使すべきだとして、同調できないとした。(p.23-24)

7）恣意的な入境拒否の禁止
　原告側のチャン弁護士は、人権法8条(4)には香港居留権を持つ者は恣意的な入境拒否を受けないとしているにもかかわらず、第3号条例が課す入境条件は、二つの点で恣意的だとする。一つは居留権を立証するまでは身分が保留されていること。他の永久性居民にはないことであるから、差別を受けることになる。もう一つは血統によって居留権を行使しようとする者の中でも、中国に住んでいる者だけは、身分を証明するまでは香港入境が許されないのは差別にあたる、というものである。
　キース判事はこれには賛同しない。確かに他の永久性居民には、第3号条例の2AA(1)に相当するような条項はない。しかし中国にすむ居留権要求者は立証によって居留権が与えられるのであるから、恣意的に香港入境する権利を剥奪されているわけではない。第3号条例を通じて基本法22条(4)が実施され、権利の延期が起きているのである。

8）遡及効（Retrospectivity）
　第3号条例は1997年7月10日に発効されたが、§1(2)では以下のように規定し、7月1日に溯って効力を持つとする。

　This Ordinance (other than section 4 in relation to the addition of the new section 2AG [to the Immigration Ordinance] and section 5) shall be deemed to have come into operation on 1 July 1997.

第3号条例の遡及効への異議の第一の理由は、それによって、基本法24条(4)で香港居留権を持つものが、7月1日以降、無条件に香港居留権を奪われることである。7月1日から10日までの間に行使された香港居留権は、有効なものとみなされなかったことになる。

キース判事はこの点について、居留権の行使は基本法22条(4)によってそもそも制限を受けており、基本法は7月1日に発効している、したがってそれらの制限を実行する条項が遅れて効力を持つことが、非合法な制限であるとは言えない、として却下した (p.26)。

第3号条例の遡及性への異議のもう一つの理由は、国際人権条約15条(1)との不一致である。15条(1)は香港人権法12条(1)に以下のように適用されている。

> No one shall be held guilty of any criminal offence on account of any act or omission which did not constitute a criminal offence, under Hong Kong or international law, at the time when it was committed.

この条項では、行為がなされたときに法的に犯罪でなかった事を理由に有罪とすることを禁じている。原告側の主張はこうである。第3号条例は、遡及法が適用されるとは思わずに行なった試みに適用するから、7月1日から10日の間の犯罪ではなかった行為を犯罪にする効力を持っている。原告は単に入境處の許可を持たずに香港上陸しただけである、というものだ。

キース判事はこの議論に関してはこう述べ反論する。上の仮説では、行為をしたときに犯罪でなかった場合はその行為を告発する可能性がある立法を、香港人権法12条(1)が禁じるということになる。しかし12条(1)の解釈はそうではなく、行為を行ったとき有罪ではなかったものを根拠に「人を告発」してはならないという意味である (p.27)。つまり告発しない限り、遡及効は有効だとした。

9) 親子関係

原告の一人であるチュン・ライワーには他の原告児童にはない問題がある。血縁関係で香港居留権を得られるかどうかである。なぜなら両親が結婚しないまま母が死んでしまったからだ。彼女が居留権の根拠とする父親と彼女の間にはそれゆえ法的関係がないのである。

原告側は次のような順序で主張した。まず親子関係に関して、第2号条例の§5には次のようにある。

The relationship of parent and child is taken to exist as follows-

(a) of a mother and child, between a woman and a child born to the mother in or out of wedlock;

(b) of a father and child, between a man and a child born to him in wedlock or, if out of wedlock, between a father and a child subsequently legitimated by the marriage of his parents;

(c) …

この定義は明らかに1981年英国国籍法の以下の部分から発想されているという。

For the purposes of this Act-

(a) the relationship of mother and child shall be taken to exist between a woman and any child (legitimate or illegitimate) born to her; but

(b) …the relationship of father and child shall be taken to exist only between a man and any legitimate child born to him; …

一方、基本法160条は、英国国籍法の香港への採用に関して以下のように述べている。

Upon the establishment of the Hong Kong Special Administrative Region, the laws previously in force in Hong Kong shall be adopted as laws of the Region except for those which the Standing Committee of the National People's Congress declares to be in contravention of this Law. Of any laws are later discovered to be in contravention of this Law, they shall be amended or cease to have force in accordance with the procedure as prescribed by this Law.

この160条に従って、全人代常務委員会が1997年2月23日に決議したのは、あらゆる英国国籍法の香港への適用条項は基本法違反とし、香港の法律に採用しないということだ。よって原告側弁護士の主張は、親子関係に関して、第2号条例は事実上英国国籍法の複製であり、香港特区の法としては採用できないはずだというものだ。

この主張に対し判事は二つの点で否定した。ひとつは第2号条例は英国国籍法の適応ではなく、国籍法の中の確かな定義を採用したのである。もう一つは全人代の決議は返還前の香港の法に適用するのであり、第2号条例二は適用しないからである。第2号条例は返還の日から発効している。結果として、入境法は確かに基本法24条(4)を侵害し、婚外子であるという理由で本当の子供への居留権の継承を妨げていると布告する。この布告にしたがって、チェン・ライワーが居留権証を申請した場合、入境處長は婚外子を理由に拒否しないものとする。入境法の条文の読み方については、判決から14日以内に異議が提出されなければ以下のように読み替えることとする。

…of a father and child, between a man and a child born to him in wedlock

or out of wedlock…

10) 結論

　判事は以上の理由から、チェン・ライワーのケースに対して行った布告を除いて、訴えを却下した。

　第1審の結果ではチェン・ライワーが非嫡出子の差別を受けなくなったものの、五人ともが中国に戻り入境条例に記されたとおりの手続きを踏まない限り居留権は行使できないこととなった。原告は控訴し、入境處側もチェン・ライワーの扱いを不服として、この件に関しては控訴したので、全体の論争は弟2審に移る。

ン・カーリン・ケース　第2審

　第2審の判決は、98年3月に3日間の審問の後に、三人の判事、チャン高等裁判所首席判事（Chan, CJHC）、ナザレス（Nazareth）、モルティマ（Mortimer）によって、98年4月2日に下された。結果は四つの原告の内、二人が勝訴し、二人が敗訴である。判決文（CACV203, 216, 217, 218/1997）によると中心的争点を三つに絞った上で、三判事はそれぞれ個別に問題を分析した。

　争点としたのは、(1)第3号条例の合憲性（the constitutionality of the No.3 Ordinance）、(2)第3号条例の遡及法の有効性（the validity of the retrospective provision in the No.3 Ordinance）、(3)第2号条例の中の永久性居民男性の婚外子に関する部分の有効性（the validity of that part of the No.2 Ordinance which affects the illegitimate children of male Hong Kong permanent residents)、である（p.7）。その他に臨時立法会の合法性も争点として上げているが、上の三つの問題の結論によって裁決できれば検討は必要ないだろうとした。以下、争点毎に三判事の判断を見ていく。

(1) 第3号条例の合憲性について

　チャン高等裁判所首席判事は第3号条例を合憲とした。チャン判事は第3号条例について三つの面に疑問が投げかけられるとした。一つは居留権証明書の取得のみが居留権行使の唯一の道であること。二つめは居留権証明書は中国にいないと申請できないこと。三つめはさらに単程証を取得しなければならないことである（p.13）。居留権証明書に関しては、入境處長の承認を示すものであって、児童自身の権利を立証するための唯一の手段という原告側の捉え方はできないとする。仮に香港でも手続きをすることになれば、

地理的状況から容易に児童が香港に押し寄せることも予想されるから、居留権証明書の中国での申請を要求することは居留権の制限や付与ではないとした（p.13-17）。単程証要件に関しては、入境處側のマ弁護士が香港は中国の一部である以上中国の出入境法を尊重しなければならないと主張したが、チャン判事は香港の居留権は香港基本法によるべきであるとして明確に否定した。香港の入境處は身分の立証によって居留権を確認することで充分なはずで、香港外地域の旅券を求めるのは行き過ぎではないかと述べた（p.17-20）。結局第3号条例は、中国の出入境法にも適っているが、香港基本法22(4)にも適っている。第3号条例の内容は基本法24(3)を実現するための手順を示しており、基本法と矛盾しない（p.24-25）。

　ナザレス判事は、チャン首席判事に理由も結論も同じであるとした（p.46）。

　モーティマ判事もチャン、ナザレス両判事に理由、結論とも同意した（p.67）。

(2) 第3号条例の遡及法の有効性について

　チャン首席判事は、遡及法を無効とした。児童側のチャン弁護士は、第3号条例に遡及効を持たせるべきではないという。第3号条例成立の前に香港に入境してきた児童が、入境してくる時点ではまだ第3号条例はなく、従って第3号条例に指定されているような書類も存在していなかったからである。また第3号条例の遡及効によって、法律制定前に入境してきた子女までが入境法違反という罪を犯したことになり、入境處から処罰される可能性もあり、国際人権規約第15条違反であるというものだ（p.26-27）。

　一方入境處側のマ弁護士は、遡及効を禁じる推定がある一方で、立法府が遡及法を制定することもできるとした。第3号条例の目的は入境の手順を強調することであり、犯罪行為を作ることではないとした。

　チャン判事はより原則的な立場をとって以下のように述べた。よほどはっきりと明確で具体的な条項がない限り、基本法が一方で与えているものを、他方で奪うことはできないであろうとした。居留権の実体を与える条項は、それを奪う条項よりも必要であり、22条(4)の文言もまた、はっきりせず、明確でも具体的でもないものである（p.31）。22条(1)が、24条(3)による居留権の実体を実現させるものでない以上、7月1日以降の居留権に条件をつける効果はなく、遡及効を正当化しない。これは明らかに24条(3)によって権利を得た人に影響を及ぼす違反である。遡及法を違憲とする（p.33）。結局チャン判事は、第1審のキース判事の香港人権法12条(1)の解釈には賛同できないとし、児童側のチャン弁護士の解釈に同意した（p.34-35）。

　またチャン判事は、入境處が原告に居留権を許すことで今後に悪影響があるのではないかと懸念していることにも触れたうえで、中国にいる居留権申請者の環境、例えば香

港入境枠などが変わらないい限り悪影響はないとした (p.33-34)。

ナザレス判事は、遡及法を有効とした。基本法22条(4)が中国の他の地域から香港に入境する人の居留権の制限も保留も容認しており、22条(4)は7月1日に発効する。ゆえにこの日に香港に入境した人の居留権もこの法の対象となる。香港特区の立法機関に立法権を与えるのも7月1日であるから、必要な補足条項を作る権利も発生している。よって遡及条項も22条(4)によって容認され、違憲でない (p.52-53)。

モーティマ判事はナザレス判事のアプローチに賛成し、遡及法を作る必要性を完全に閉ざすことはできないとした。第3号条例の遡及性が無効とは考えられないとした (p.68)。

(3) 第2号条例の永久性居民男性の婚外子に関する部分の有効性について

チャン首席判事は、キース判事に賛同し、基本法24条(3)の明快な表現に対し、第2号条例の児童の区別は違憲であるとした。第2号条例は24条(3)が意味するところに付け足しているのではなく、条項の対象者を狭めようとする者である。したがって一部の資格者から権利を奪う者で24(3)に違反しているとした (p.37-39)。

ちなみに入境處側の主張は、基本法24条(3)は父子関係について沈黙しているので、婚外子を排除した第2号条例付則1、パラグラフ1(2)(b)の条項は基本法違反ではないというものである。しかしチャン判事は基本法の沈黙は逆に婚外子であるかどうかに関する法律ではないことを示しているとした (p.35-36)。

ナザレス判事は、チャン首席判事の結論と理由に同意した (p.46)。

モーティマ判事は、第1審のキース判事、チャン判事、ナザレス判事に同意した。特にキース判事が指摘した、「基本法24条(3)は誕生 (birth) が重要なのであって地位 (status) ではない」とする指摘に賛同した (p.70)。

(4) 結論

以上の三判事の判断をふまえて、最後にチャン首席判事が法廷としての結論を述べる。

(1)については、全員一致で入境 (修正第3号) 条例は合憲である。

(2)の遡及法については、判断が分かれ、チャン首席判事が無効、ナザレス判事とモーティマ判事が有効とした。多数決によって7月1日まで第3号条例の遡及効が認められた。したがって7月1日より前に入境したチェン・ライワーとイェーン・ニーニには適用されず、7月1日以降に入境したン・カーリンとン・タンタン、ツゥイ・クェンナンには適用されると判断された。これによって前者の2人は送還されずに勝訴となり、後者の二組三人は送還令が効力を持ち、敗訴となった。

(3)については、全員一致で入境（修正第2号）條例に記されている父と子の関係の定義は違憲である。したがって婚外子であるチェン・ライワーにも居留権が認められた。

この裁定に対して入境處側が上訴し、最終審で争うこととなった。

ン・カーリン・ケース　最終審

最終審は99年1月に4日間の審理を行い、99年1月29日に下された。この判決は、1997年7月から始まった不法児童移民問題、居留権騒動の一つのピークとして捉えるべきであろう。この判決を境に居留権問題が次の段階に移っていくと思われるからである。判決は5人の判事によって下された。李首席判事（Chief Justice Li）、リットン判事（Litton）、チン判事（Ching）、ボカリー判事（Bokhary）、アンソニー・メイソン卿（Anthony Mason）である。

判決は児童側の全面的勝訴で、被告である四人は送還されないこととなった。第1審、弟2審では入境法の吟味に重点が置かれていたが、本最終審では基本法の解釈が争点の中心に据えられた。香港内で最終審理が行われることが基本法に盛られていることに鑑みたためである。児童が勝利した決定は大胆な基本法の解釈がなされて実現したものであり、基本法の解釈権が果たして香港の最終裁判所はあるかどうかがひとつの争点にもなったのである。返還後香港の一国二制度下における解釈権への判断を初めて下したものとしても、本判決はひとつの記念碑とされるであろう。

判決文（FACV No. 14, 15, 16 of 1998）は、全員一致したものとしてまとめられた。91ページに及ぶ長文である。判決文によれば、以下の分析判断が行われた。

1) 本裁判の特徴

判決文は次のように始まる。

> Throughout history, residents in Hong Kong have had family ties in the rest of China. Since the Mainland began her open door policy, resulting in strong links with Hong Kong, these family ties have very much grown. By 1 July 1997, when the People's Republic of China resumed the exercise of sovereignty over Hong Kong, a number of Chinese nationals born on the Mainland have at least one parent who is a Hong Kong permanent resident with the right of abode here.
>
> We are concerned in this appeal with their status as permanent residents

of and their right of abode in Hong Kong. Questions involving the proper interpretation of the Basic Law are before us for the first time. These are questions of momentous importance for both the future of the people involved as well as the development of constitutional jurisprudence in the new order. (p.3-4)

最初のパラグラフで述べているように、この裁判案件が中国と香港の密接な歴史的人的つながりから発したものであるとしている。二つめのパラグラフではこの問題に基本法の適当な解釈が必要であり、香港の裁判所にとって最初であり、憲法学上重要であると位置づけた。

2）争点

判事はこの裁判の争点を以下の5つであるとしている（p.30-32）。
(1) 最終裁判所が判決に際して関係する基本法条項の解釈権があるかどうか、または基本法158条に基づいて全人代常務委員会のそれら条項の解釈を求める義務があるかどうか（照会問題）。
(2) 入境手続きを決めている第3号条例は合憲か、もしそうでなければ第3号条例のどこまでが違憲か（第3号条例合憲性問題）。
(3) 第3号条例の§1(2)の遡及法は7月1日に遡及して適用するとしているが、合憲かどうか（遡及効問題）。
(4) 第2号条例の付則1(2)(b)は合憲かどうか。この条項では、婚外子に対しては父子関係が認められるのは両親の結婚によってのみである（婚外子問題）。
(5) 臨時立法会は合法的に構成された機関かどうか（臨時立法会問題）。もしそうでなければ臨時立法会によって制定された第3号条例は違憲となる。

3）基本法解釈について

最初に基本法解釈にあたって、二つのことが重要であるとした。(1)香港における憲法の司法権 (constitutional jurisdiction) であり、(2)基本法解釈への取り組み方である (p.33)。

(1)については、以下のように、判事ははっきりと香港の裁判所には全人代または常務委員会が制定した法の合法性を判断する権限があるとした。

What has been controversial is the jurisdiction of the courts of the Region to examine whether any legislative acts of the National People's Congress or its Standing Committee … are consistent with the Basic Law and to declare them to be invalid if found to be inconsistent. In our view, the courts of the Region to have this jurisdiction and indeed the duty to declare invalidity if inconsistency if found. … (p.34)

上の裁判所の権限の根拠は中国憲法31条であるとした。31条では香港特区内の制度は具体的な状況に応じて全人代を通じて法律で定められる、としている。

(2)については、以下のように、裁判所は憲法解釈の際考慮しなければならないこととして、憲法の目的と、文脈から言葉を解釈すること、であるとした。

… So, in ascertaining the true meaning of the instrument, the courts must consider the purpose of the instrument and its relevant provisions as well as the language of its text in the light of the context, context being of particular importance in the interpretation of a constitutional instrument. (p.40)

ここでの憲法の目的、つまり基本法の目的については、基本法第3章の条項が重要であると指摘し、住民の自由の保証であるとした。その部分は以下である。

… What is set out in ChapterⅢ, after the definition of the class, are the constitutional guarantees for the freedoms that lie at the heart of Hong Kong's separate system. The courts should give a generous interpretation to the provisions in ChapterⅢ that contain these constitutional guarantees in order to give to Hong Kong residents the full measure of fundamental rights and freedoms so constitutionally guaranteed. (p.41)

4）照会問題

判事は本裁判に関わる基本法条項の解釈を全人代常務委員会に照会しなくても良いと結論づけた。基本法の解釈権は基本法158条に規定されている。規定では、香港自治に関わる条項は香港内の裁判所が解釈し（158条(2)）、中国中央政府が管理する事務に関わる条項、中国中央と香港との関係に関わる解釈の場合、解釈が判決の結果に関わる場合は全人代常務委員会の解釈を最終裁判所が求める（158条(3)）となっている。ではこの裁判のように複数の法が関わる場合、法の性質が香港の対外関係とも域内問題とも判然としない場合はどうするのか。判事は全人代に解釈を求めるかどうかの判断に独自の基準を定めた。

判事の基準では、二つの条件を満たす時にのみ全人代への解釈依頼を行うとした。一つめの条件は条項の内容で、「中国中央政府が管轄する事務」か「中国中央と香港特区との関係」に関するものであること。もう一つの条件は「条項の解釈が判決に影響を及ぼすこと」である。対象条項がひとつであれば、上の条件に照らしてみる。対象条項が

複数であれば、中でも最も重要な条項を同様に照らしてみる (p.46-48)。判事としては全人代への解釈要求の範囲を努めて狭めている。

結局判事は本裁判の中心となる条項を基本法24条とし、これを上の方法で判断すると、全人代への解釈要求は必要ないとした (p.53-54)。

5）第3号条例の合憲性問題

第3号条例の合憲性を問うとき重要な疑問は、22条(4)が24条(3)で定める居留権に影響するかどうかである。判事は、基本法22条(4)を以下のように解釈した。中国政府に許可を得なければならない「中国の他の地区から香港に入境する人」というのは、香港居留権を持っていない中国人のことで、この人々に出境許可を下すのは中国政府の責任である。しかし24条(3)に居留権を保証された人々はすでに香港の永久性居民であり、上記のカテゴリーには入らないから、22条(4)と24条(3)の間に抵触はなく、22条(3)が香港の高度の自治を侵すこともないとした (p.58-59)。

これまでの議論に関して、判事はマ弁護士と第1審のキース判事が引用した、基本法と中英共同声明の関連性については、はっきりと否定した。理由は二つあり、一つは二つの文書の関連性を指し示す根拠がないこと。二つめは、以下の基本法18条(2)である。

National laws shall not be applied in the Hong Kong Special Administrative Region except for those listed in Annex Ⅲ to this Law. The laws listed therein shall be applied locally by way of promulgation of legislation by the Region.

最初の文章で付則Ⅲに上げた法律以外の中国法は香港では適用しないとしており、この条項に関して判事は「中国法の適用を制限するこの条項は『一国二制度』原則を履行する上で不可欠なものだ」としている。さらにもし入境處側のマ弁護士の主張が正しければ、「中国法適用のための裏口を作ることになる」として退けた (p.60-61)。

以上2点の指摘から、中国法は中国では有効だが、基本法に定められた権利を制限することはできない。したがって単程証の取得を義務づけた点において、第3号条例を違憲とした (p.61)。違憲部分を指摘し、第3号条例の条文に削除すべき部分があると指摘した (p.64-67)。

しかし判事は第3号条例の全体の計画は、単程証取得の要件を除けば、違憲とは言えないとした。入境處長に対し居留権審査を要求し、結果を待つまでの間は中国で待機する点についても合憲であるとした (p.61-62)。

ただしこの計画を運用するためには安全装置ともいえる三つの仕組みが必要であるとした。一つは法例構造の問題として、裁判所は理に適った合理性を条文に盛り込んでいくこと。例えば入境處長は居留権証明書の申請に関する方法を官報で公表していくなど

である。二つめは入境處長が居留權に関する決定を不法に遅らせたら、本人は中国にいても、香港の裁判所で公法による救済を求めることが可能なこと。三つめは最大の安全装置として、入境處長が居留權を却下した場合、申請者は入境審裁處（Immigration Tribunal）への直訴ができる法制度を作ること。この制度では入境處長は却下の理由を述べねばならず、審裁處は居留權資格について最終的な判断を下す（p.63-64）。

6）遡及効問題

　判事は遡及法を違法とした。児童側のチャン弁護士の主張は、第3号条例によれば、居留權証明書なしでは大陸子女は居留權を確立されず、居留權は行使できない。上陸、在留の権利がないとみなされるので、結果として入境している児童は一種の犯罪を侵したとみなされる。よって発効を7月1日まで遡るとする第3号条例の遡及法部分は、入境児童本人に犯罪という認識がない時点まで遡及して犯罪行為を追求することになり、国際人権規約15条(1)に照らして違反となる、というものであった。判事もこれに同調し、遡及法は国際人権規約を香港に適用するとした基本法39条違反であり、第3号条例の遡及法を違憲とした。続いて第3号条例から遡及の条項、1条(2)を取り除いた（p.69-72）。

7）婚外子問題

　判事は第1審と第2審を支持して、婚外子を除外する条項を違憲とした。判事は永久性居民を区別する条項の解釈にあたって、基本法条項の文脈を重視する姿勢をとった。基本法には国際人権規約の理念を受け入れる39条も含まれている。そうして基本法と国際人権規約の文脈からは二つの原則が見出せるとした。一つは平等の原則で、もう一つは家族を社会の基本単位とする考えである（p.73）。

　ここで仮に、婚外子を父子関係において他と区別する条項を認めると、法の原則である平等も家族の統一も達成できないことになる。したがって判事は婚外子を除外した条項を違憲として、第1審、第2審の判断に同調した（p.74-75,78）。

8）臨時立法会問題

　判事は臨時立法会が合憲であると判断した。臨時立法会はこの裁判の中心的問題である第3号条例を規定した立法組織である。

　この問題を提起したのは児童側のダイクス弁護士（Dykes SC）で、臨時立法会は基本法によって成立した合法的な立法組織ではないと主張した。臨時立法会が合憲でなければ、臨時立法会によって成立した法、第3号条例の中の遡及法も無効であると主張し

た。一方、入境處側のマ弁護士は臨時立法会は全人代の決定に基づいて組織され、合法的であると主張した。(p.78-85)

9）結論

　本裁判案件に関して中国全人代常務委員会への基本法解釈請求は必要ない。香港域内問題として本裁判所が判断し、判決を下す。

　中国からの出境許可である単程証を所持しないと香港の入境権が得られないとする香港の入境條例は違憲である。ただし香港入境處が居留権証明書を発効する制度は維持する。

　7月1日に溯って効力を持つとする入境條例も破棄する。

　婚外子の父子関係を認め、結婚した夫婦からの嫡出子を区別しない。

　以上の判断に基づいて、原告全員の香港居留権を認める。

ラウ・コンユン・ケース　判決要約

　原告のタイプについては以下である。原告である大陸子女が成人である場合が多い。入境の時期は、入境法が修正された1997年7月10日以降であり、1）、2）のケースのような、不法入境や密航による入境ではなく、双程証を取得して旅行者として香港入境し、そのまま大陸に帰らず超過滞在している場合が多い。法律援護署に提出された資料を見る限り、福建省出身者が多いということである。

　ラウ・コンユン・ケースの原告たちについては以下である。

　原告は第1審では18名、2審で17名、最終審時点では16名である。彼らは全員中国大陸の生まれで、双程証で香港に入境し、超過滞在している。香港永久性居民の子女であることを証明する何らかの書類を持っている。

　彼らは入境處に拘留され、入境處長から入境條例に基づいて送還命令が発せられている。大陸子女たちは送還命令の撤回と拘留の中止を求めて提訴した。提訴したのは、ン・カーリン・ケースの最終裁判所判決のわずか2週間後であった。

ラウ・コンユン・ケース　第1審

　第一審の判決は、99年3月に2日間の審問の後に、99年3月30日、イョーン（Yeung）判事によって下された。結果は原告側の敗訴である。判決文（HCAL 20 and 21/99）によると判断は次のような分析を経た。

　原告である子女側のダイクス（Dykes）弁護士の主張は以下(1)から(4)の4点である。それぞれの点について判事が判断を下している。その上で判事は原告側の主張を受け入れた場合に起こる結果について予測しており、(5)で列挙する。

(1) 原告の権利

　原告側の主張は、まず基本法24条によって原告たちに居留権があるのは動かし難い事実であるとする。たとえ入境の仕方が入境條例通りでなく間違っていても、居留権を持つ者を送還するのは違憲であるというものだ（p.15）。

　これに対し判事は、「居留権がある」という主張に基づいた議論では、土台がない。第3号條例によって、居留権証明書のみが居留権を行使できるとしている。居留権証明書がないために入境處員は機械的に送還命令を下した。仮に入境處長が、原告たちが居

留権証明書を持っていなくても居留権を容認したら、入境處長は法に背くことになりその容認は無効となる。必ず居留権を先に取得しなければならないとした（p.17-19）。

(2) 誕生時期要件

ダイクス弁護士の主張は、香港への入境方法を規定する第3号条例の条文は、両親が永久性居民になる前に生まれた子供には適用しないから、それらの子供は入境計画の対象外となっている、したがって入境方法の制限からも除外されているはずだというものだ（p.16）。

これに対して判事は、受け入れられない提案だとした。もしダイクス氏の提案が正しければ、原告のような人々には法的身分の確立方法がないことになる。現代の立法、特に国籍と出入境の立法においては、法的身分の確立が普通である、と指摘した。従って、ダイクス氏の法解釈は適当ではないとした。ン・カーリン・ケースの判決において、第3号条例が発効した7月10日より前であれば、居留権証明書のみが居留権を証明する唯一の手段ではないと判断された。しかし7月10日以後については、第3号条例に規定された入境方法通りに、居留権証明書を必要とする。判事は居留権証明書取得の必要性を再度確認した（p.20-21）。

(3) 居留権申請方法

ダイクス弁護士は以下のように述べた。1999年1月のン・カーリン・ケース最終裁判決で、大陸在住の居留権申請者の申請方法が違憲であると判断された後、入境處長が新たな申請方法を設けないのは、法定上の任務を遂行していないことになる。申請者を法的取り決めのない大陸に送還するのは間違いであり、申請者は香港で、居留権を保留として、申請させるべきである（p.16）。

これに対して入境處長側のマ弁護士は、入境處長には香港内から出された居留権証明書申請を受け取る権限がないとした。

判事も以下のように原告のこの主張には同意できないとした。ン・カーリン・ケースの第1審、第2審判決の中でもすでに不法入境した子女たちをそのまま香港に留めて入境申請することは現実的でないと判断している。最終審でもこの見方への反対はなかった。最終審判決で当初の入境方法を変更するようにとされてから、入境處長は効果的な代替案を示していない。そのため申請者たちは居留権証明書を取れないままでいる。居留権証明書を持たない以上、香港永久性居民の大陸子女としての居留権を立証することはできず、基本法下での居留権はないことになる。当然不法入境と不法滞在の権利もなく、結局入境方法が明確でないということが、合法性と法律条文に影響することはない。以

上のように、判事は香港での居留権申請はできないと判断した（p.21-26）。

(4) 送還命令

ダイクス弁護士は、申請者が強制送還によって大陸に戻されれば、申請者の憲法上の権利は、大陸当局の態度によって行使が遅れるか、却下される。それは理不尽（unreasonable）なことであり、正当な政府の行為ではないとして、強制送還への異議を唱えた（p.17）。また申請者たちが香港に合法的に来ることの難しさについて、大陸当局の汚職を含めた不正行為の申し立てもあり、20年間申請したが成功しなかったという証言も提出した（p.26）。

これに対し判事は以下のように述べた。長年申請が通過しなかったことには深く同情するが、永久性居民の権利が生じたのは1997年7月1日からであり、また取得が難しいのは居留権証明書ではなく、中国からの出境許可である単程証である。ちなみに居留権証明書の発行数は、1997年7月1日から1999年2月28日までの間に、5万通以上であり、1万6,000件が審査中であることを述べ、1999年1月の最終裁判所判決の後、政府と入境處は新たな入境方法を検討中であり、現段階ではまだ推測することも批判することもできないとした。その上で、入境處長の送還命令が理不尽であるかどうかについては疑問だとした。香港居留権を立証できない者や滞在条件を違反して超過滞在している者への送還命令は、役人の公的利益への配慮からすれば理不尽ではないと述べた（p.26-28）。

(5) 原告勝訴の場合の予測

判事はさらに本裁判結果から引き起こされることについて次のように予測した。香港と中国南部との距離的近接から、あらゆるニュースがすぐに伝わっていく。そのため原告たちが勝訴、つまり居留権証明書を持たないまま居留権を行使できることとなった場合、次のような事態が想定されるとした。

1) 大量の人々が大陸から香港に双程証でやってきて、そのまま帰らず自ら「香港永久性居民の子女である」と主張するだろう。
2) 超過滞在者を減らすために、双程証そのものの発行を減らすであろう。それによって違反の意志のない人と旅行業者が困ることになる。
3) 居留権証明書を取得する権利のある人々が、少しでも早く香港に来るために順番を待たずに不法入境してくるだろう。

すぐに起こることは、大陸から大量、不確定、未計画、統制不可の移民が入ってくることであり、社会はおそらくそれに対応できず、特に教育、医療、住宅、福祉の面で重過ぎる負担となるだろう。

原告が香港永久性居民であるならば、彼らの利益と香港の利益は繋がるはずである。原告が居留権証明書なしで香港滞在を続けるということは、上のような事態を招くことに繋がるので、無視すべきではない、とした（p.28-30）。

(6) 結論

居留権は居留権証明書によって証明される。原告は不法入境者が不法滞在者であり、法に則って居留権を証明していない。ゆえに入境處長の拘留と送還命令は違法ではない。

基本法24条(3)、香港以外で永久性居民の子として生まれた中国籍の子供も香港永久性居民であるという条項は守られる。しかし必ず先に居留権証明書を取得しなければならない。申請中はもちろん双程証で香港訪問はできるが、必ず大陸に帰国しなけれならない。してはならないのは、不法入境と不法滞在であり、これは香港居住ができなくなるばかりか、罪を犯すことになる。

原告の訴えは却下する（p.31-33）。

ラウ・コンユン・ケース　第2審

弟2審は99年5月に3日間の審問の後、99年6月11日に判決を下した。判事は主席判事のパトリック・チャン（Patrick Chan）、ナザレス判事（G. P. Nazareth VP）、バリー・モーティマ判事（Barry Mortimer VP）の3人であり、結果は全員一致で、大陸子女の訴えを認め、入境處長の送還命令と留置の決定が破棄され、控訴した彼らは直ちに釈放された。判決文（CACV 108 and 109/99）によると、判断は次のようになされた。判断に関しても3判事の意見が分かれた個所はないと思われるので、チャン主任判事の判断を記す。

上訴人の資格（Appellants' claims）
送還命令の根拠（Basis for the removal orders）

主な争点（Main contentions）
原告側のリー弁護士は、三つの論点を挙げている。中心となる第1の論点は、入境處長が、原告たちの主張と証拠を検証しないまま、送還命令を出し拘留するのは合法的であるか、ということである。つまりリー弁護士は入境處長の職務は次の三点を留意するべきだとしている。1）送還命令を出す前に、香港居留権を主張し、証拠を提出している原告たちの身分を検証するべきである。2）1999年12月の最終裁判所判決後は、大陸

住民にとって合法的で適用可能な居留権証明書申請方法がない。したがって入境處長は、原告たちが居留権証明書を持っていないことを送還理由にするのではなく、原告たちの実態を考慮するべきである。3）先の最終裁判所判決によって、居留権の行使はどの条項にも従属しないことが確認された。入境處長には居留権資格があるかどうかを検証する務めがある（p.6-7）。

第２の論点は、入境處長は入境條例の条文に頼ることはできないというものだ。理由は二つある。一つは原告が入境條例の対象外となっているというものである。入境條例に規定された入境の方法は、親の一方が香港永久性居民になった後に生まれた大陸子女を対象としていた。しかしその誕生時期要件についての規定は、1999年12月の最終裁判所判決で違憲とされたから、入境スキームの土台全部がなくなったことになる。よって入境處長は入境方法の規定を根拠にする事はできない。最終裁判所は違憲部分が法の中で分離できるかどうかという問題は扱わなかった。最終裁判所は入境條例を保持することなく、身分の立証義務の全てを無効としたのである。理由の二つめは、原告のほとんどは親が永久性居民になる前に生まれており、入境条例の対象者ではない。いわば入境条例が制定される前に入境してきた大陸子女と同じポジションにいることになる。彼らは永久性居民であるから、最終裁判所判決によって身分の立証義務は適用しないから、香港に入境し残留する権利がある（p.7-8）。

第三の論点は、原告は送還されないはずであるというものである。理由は三つある。一つは原告が身分の立証や主張が不適当でも、永久性居民であることには変わりがないから、入境處長は原告が送還の対象となる材料がない限り送還できないはずであるというものだ。二つめに原告が永久性居民であることを証明できる以上、それを検証せずに送還はできないというものだ。残留の権利は生来のものであり、入境處長の決定を待つために香港にいるわけではないとする。三つめは最終裁判所判決の後、入境處長はまだ原告たちに居留権証明書の申請方法を指定していない。したがって居留権証明書の取得していないことを理由に送還はできないはずだというものだ。

これに対し、入境處長側のマ弁護士は、最終裁判所判決によって居留権証明書だけが身分の立証方法であると確認されたから、もし入境處長が他の方法で身分の立証を試みれば違法となると反論した。さらに最終裁判所判決によって修正された入境条例は原告たちにも適用されるとした。つまり原告たちは、身分の立証なくして居留権はないという主張である。新たな入境方法の調整については、第１審判事も認めた通り、複雑で難しいものになるため時間がかかるだろう、仮のものを作るのも無理であろうとした（p.9-10）。

オリジナル・スキーム（Original scheme）

入境計画における最終裁判決の影響（Effect of CFA decisions on the scheme）

　最終裁判所判決によって、香港永久性居民を明記した基本法24条は、中国からの出境許可を求める22条(4)によって制限されないとされ、居留権行使の前に単程証取得を義務付ける条項は破棄された。大陸子女の誕生時期要件についても、親が永久性居民になった後に生まれた者に限るのは違憲であるとされた。しかし入境手順の他の部分については支持された。

　支持された部分は以下である。

1）立法会が永久性居民の証明方法を決めるのは正当である。
2）第3号条例で定められた大陸子女の入境計画は、単程証の要求を別とすれば、(a)居留権要求者が居留権証明書を入境處長から取得する事、(b)永久性居民の立証は居留権証明書のみによる、の2点について合憲である。
3）申請の期間と、入境處長の証明書発行拒否への抗議期間は大陸にいなければならない、とする条文は合憲である。
4）入境處長は公平で正当に入境計画を実施しなければならず、要求者には防衛措置を用意しなければならない。

大陸住人が申請可能なスキーム（Any applicable scheme for Mainland residents）

　最終裁判所判決によって、入境条例の一部が削除され、一連の入境計画の中に穴ができ、それを運用していくための難しい課題が入境處長に課された。また永久性居民の身分は居留権証明書によってのみ証明されることになった。居留権を主張する者は誰でも入境處長に居留権証明書を申請できるが、指定された以外の方法では受け付けない。ただし大陸の出入境許可申請が居留権証明書申請になるという部分は、削除されたので、新たな方法を入境處長が発表するまで、大陸の申請者には有効な申請方法がないのである。まだ入境處長はこの部分を解決していない。

香港での申請可能性（Possibility of application in Hong Kong）

　香港に一時的に滞在している者が香港で居留権の申請ができるかどうかがはっきりしていない。ン・カーリン・ケースの最終裁判決でも、大陸住人は大陸でのみ居留権証明書を申請できるという第3号条例の入境方法への反論はなかったようである。単程証の取得義務は違法であるとされたのに、香港にいる者が香港で居留権証明書申請ができる

かどうかは依然として不明である。はっきりした規定がない限り、香港で居留権を申請しようとする者は絶えないだろう。

入境條例１Ｂ部（スキーム部分）の原告への適用（Whether Part 1B of Ordinance applies to appellants）

基本法は97年7月1日から発効し、第3号条例も同じ日から適用するとした。1999年12月の最終裁判所判決前は、親が永久性居民になる前に生まれた者は対象外で申請できなかった。しかしその判決が、対象者を誕生時期によって区別する事を違憲とした。

原告側は冒頭の第2の論点としてこの点を指摘しており、最終裁判決は第3号条例の付則1のなかの誕生時期要件を削除しただけではなく、全体を原告に不適用としている。これに対し判事は賛同できないとした。ン・カーリン・ケースの最終裁判決では、確かに第3号条例の中の違憲部分を削除したが、合憲と判断された部分は残された。合憲部分である入境方法は、したがって入境處長が実施することであり、原告たちは従わねばならない、とした。

原告側はまた、原告たちに居留権がある以上、最終裁判決に優先して、すでに入境と残留の権利が与えられており、第3号条例の入境方法は原告に適用しないと主張したが、判事は、原告たちにはまだ居留権はなく、残留の権利もなく、入境制限の対象となるとした（p.17-21）。

入境處長の職務（Duty of the Director）

判事は入境處長の職務に就いて次のように判断した。基本的に入境處長は少なくとも次のようなステップで職務を遂行するべきである。1）申請書をうけとる。2）申請書がきちんと指定された方法で提出されたことを確認する。3）申請者が永久性居民の大陸子女であることを確認する。4）条件が満たされれば居留権証明書を発行する。

ただしそれらの申請を公平に合法的合理的に処理する方法の創出は難しいであろうとした。もしきちんと機能し包括的な方法があるのであれば、万人が申請してしまう危険性を考えても、入境處長は入境条例に沿わない申請は却下できるであろうとした。

しかし最終裁判決によって、大陸住民が居留権証明書を申請する決まったやり方がなくなってしまい、その後有効な申請方法ができていない。原告側は、申請者が何がしかの証拠をもって永久性居民であることを証明できれば、入境處長は検討する義務があると主張した。

判事の判断はこうである。つまるところ、入境處長の職務とは、申請を受け取り、綿密に調べ、要求の妥当性を判断し、妥当であれば居留権証明書を発行する事である。そ

れを止める条項は見当たらない。申請者が申請できる新規定が制定されていない以上、申請者が提出する資料を入境處長が受け取らず、居留権証明書の取得のみにこだわるのは間違いである。こうして原告側の主張が受け入れられた（p.21-24）。

身分立証中のあらゆる権利（Any right pending verification）
原告側のリー弁護士はこう主張した。原告たちは自らが永久性居民であるという証拠をもっている以上、彼らには香港への入境、残留、強制送還されない権利がある。
しかし判事はこれには同調せず、居留権の行使と居留権の立証は同一視するべきでないとした。居留権申請をすることによって居留権を獲得するわけではないというのは、入境条例にも明記されており（第3号条例：§2AA(2)；§2AB(5)）、居留権の申請中、身分の立証中は入境、残留などの永久性居民の諸権利はないものであるとした。もし入境處長が申請中の者の香港への残留を許したら、他の多くの者に対して、入境が合法であろうとなかろうと、本当の申請者であろうとなかろうと、香港残留を促す事になり、居留権証明書のスキームも秩序正しい入境計画もダメージを受けるだろうと危険性を示した。

本件の送還命令（Removal orders in this case）
判事は以上の理由から、以下の二点が結論となる。
1）入境處長は居留権証明書の取得を強要し、申請者が提出した証拠を検証することなく、送還令を発してはならない。
2）申請が通るまでは申請者には残留の権利はなく、入境制限の対象である。
入境處長が原告たちに送還令を発したのは、原告たちが居留権証明書を取得していないことから、香港残留の権利がないと判断されたからである。もし入境處長が提出された証拠を検証していないことを間違いとするならば、送還令の土台は崩れる。したがって送還令は取り消され、原告たちを釈放するべきである。

原告への他の救援措置（Other relief sought by appellants）

結論（Conclusion）
原告への送還令は破棄し、拘留は解かれるものとする。
判事は次のように続けた。原告に対する批判は、入境方法の空白をついてその間に入境を果たしたことであり、大陸で順序を待たなかったことである。その一方原告のほとんどは、入境の許可を10年から25年も待っている。そして最終的には我々の社会の一員

となる。しかし彼らの道徳的な判決を出すつもりはなく、裁判所の本意ではない。また原告たちも同情を求めているのではない。法の庇護を求めているのである。入境處長の送還命令が法に則っていなければ、破棄されるべきであるし、反対に原告たちに残留資格がなければ送還の対象となるであろう。

最後に判事は以下のように締めくくった。居留権問題は香港に前例のない論争を起こし、不幸な事に社会に分裂をもたらし、残念ながらまだ終わりそうもない。社会を大きく傷付ける事がないよう願うものである。

以下の項目は省略する

Nazareth

導入 Introductory

永久性居民の本来の権利 Permanent resident's inherent rights

最終裁判所決定の影響 Effect of the CFA decisions

入境處長通知 The Director's Notice

空白期間－ン・カーリン・ケース判決後 The interregnum- what the Court held in Ng Ka Ling

入境條例1B部（スキーム部分）の原告への適用 Whether Part 1B applies to appellants

入境處長の職務 Duty of the Director

送還と拘留命令 Removal and detention orders

他の救援措置 Other relief sought

Mortimer

本件 The issue

反論の要約 The opposing submissions summarized

関連条項 The relevant statutory provisions

現状 The present position

結論 Conclusion

前提に関する原告側弁護士の提案 Ms Li's submission on precedent fact

入境處長通知 The Director's Notice under s.2AB(2)(a)

その他 The Orders

ラウ・コンユン・ケース　最終審

　判事は主席判事がアンドリュー・リー（Andrew Li）、ヘンリー・リットン判事（Henry Litton PJ）、チャールス・チン判事（Charles Ching PJ）、ケマル・ボカリー判事（Kemal Bokhary PJ）、アンソニー・メイソン（Anthony Mason）であり、ン・カーリン・ケースの最終審と同じ判事構成である。99年12月3日に下された。

　判決は判事の多数決により、入境處長の訴えを認め、大陸子女側の敗訴であった。判決文（FACV Nos. 10 and 11 of 1999）によると以下のような分析を経て判断された。

(1) ン・カーリン・ケース判決の評価

　1999年1月29日のン・カーリン・ケースへの最終裁判所の判断は、第2号条例と第3号条例の二つのポイント、子女が生まれた時期と、入境方法に対してである。時期に関しては生まれた時期による区別は違憲であるとした。入境方法に関しても違憲であるとして以下の判断をした。居留権は核心的な憲法上の権利である。単程証以外の方法は合憲であるが、入境處長は平等で合理的な運用をしなければならない。特に判事は第3号条例の中の居留権証明書申請に関する二つのことを却下した。1）申請は中国の出入境事務所を通さなければならないこと。2）中国からの出境許可である単程証の申請は香港の居留権証明書の申請も兼ねること（p.8-13）。

　判決のあと、判決を踏まえて改められた方法では、上の1）と2）を無効としたために、実際に大陸では入境方法が機能しなかった。そのため香港の入境處長は大陸からの居留権証明書申請を受け取ることができなかった。

(2) 全人代解釈の経緯

　1999年5月20日、董建華が国務院にレポート「基本法の関係條例の実行に関わる問題の解決において中央政府の助けを求める（seeking the assistance of the Council People's Government in resoling the problems encountered in the implementation of the relevant provisions of the Basic Law）」を提出した。国務院は喬のスピーチと董のレポートを考慮して（Motion）を全人代常務委員会に提出した。1999年6月22日に全人代法制工作委員会の喬暁陽がドラフトの状態であった解釈を説明した。6月26日、全人代は解釈を採択した。（p.23-25）

(3) 全人代解釈

北京週報に全文掲載された解釈文を以下に引用する。（一部表現を本稿で使うものに変えた）

　1999年6月26日、第9期全国人民代表大会常務委員会第10回会議は「中華人民共和国香港特別行政区基本法」第22条第4段と第24条第2段第(3)項に関する全人代の解釈を採択した。解釈は次の通り。

　1、「中華人民共和国香港特別行政区基本法」第22条第4段の「中国のその他の地区の人は香港特別行政区に入る場合、認可の手続きを取らなければならない」という規定は、香港の永久性居民が大陸部で生んだ中国籍の子女を含む各省・自治区・直轄市の人は香港特別行政区に入ることを要求する理由が何かを問わず、いずれも国の関係法律、行政、法規の規定に基づいて、その所在地区の関係機関に申請し、認可手続きをとらなければならず、しかも関係機関が発行した有効証明書を持参してはじめて香港特別行政区に入ることができるということを指すものである。香港の永久性居民が大陸部で生んだ中国籍の子女を含む各省・自治区・直轄市の人は香港特別行政区に入る場合、もしも国の関係法律、行政法規の規定に基づいて相応な認可手続きをとらないならば、非合法である。

　2、「中華人民共和国香港特別行政区基本法」第24条第2段の前3項の規定によると、香港特別行政区の永久性居民は次のものである。(1)香港特別行政区成立以前または以後に香港で生まれた中国公民、(2)香港特別行政区成立以前または以後に香港に通常連続7年以上居住する中国公民、(3)第(1)、(2)項に記されている住民の、香港以外で生まれた中国籍の子女。

　そのうち、第(3)項の「第(1)、(2)項に記されている住民の、香港以外で生まれた中国籍の子女」という規定は、本人が香港特別行政区成立以前または以後に生まれたのを問わず、生まれた時、その父母の双方または一方が「中華人民共和国香港特別行政区基本法」第24条第2段第(1)項または第(2)項の規定条件にかなった人でなければならないことを指している。この解釈が明らかにした立法原意および「中華人民共和国香港特別行政区基本法」第24条第2段のその他の各項の立法原意は、すでに1996年8月10日の全国人民代表大会香港特別行政区準備委員会第4回総会で採択された「『中華人民共和国香港特別行政区基本法』第24条第2段の実施に関する意見」の中で具現されている。

　本解釈の公布後、香港特別行政区裁判所は「中華人民共和国香港特別行政区基本法」の関係条項を引用する時、本解釈を基準とすべきである。(『北京週報』1999,28：5-6)

(4) 全人代解釈への評価

解釈文のなかには、裁判所に対して三つの点が提起されている。一つは全人代常務委員会の権限、二つめに解釈の効果、三つめに解釈が有効になる日についてである (p.27-28)。

その上で判事たちは、1999年6月22日になされた全人代常務委員会の解釈による結論に合意した (p.93)。解釈の内容は以下のように要約された。

1) 全人代常務委員会は基本法158条によって解釈権を持つ。
2) 基本法22条(4)と、香港の裁判所が追従するべき基本法24条(2)(3)の解釈は、有効で拘束力を持つ。
3) 解釈の効果は、
   (a) 基本法22条(4)によって、基本法24条(2)(3)の人々も含めて、全ての省、自治区、直轄市からあらゆる目的で香港に入境する人々は、住所がある地域の当局に対し、香港入境前に、中国の関係法規に従って許可を申請し、当局が発行した有効な文書を所持しなければならない。
   (b) 基本法24条(2)(3)のもとでの永久性居民の資格を得るためには、誕生時に、両親の一方か両方が基本法24条(2)(1)か24条(2)(2)によって永久性居民でなければならない。
4) 解釈は1997年7月1日から有効である。(p.39-40)

解釈後の入境方法の運用においては、元の入境方法の中で次の3つが強調されたことになる。1) 居留権証明書が添付された単程証のみによって居留権の行使ができる。2) 大陸の住民は中国の出入境管理事務處を通してのみ居留権証明書を申請できる。3) 居留権があるという理由だけで審裁所には送還の無効を訴えられない (p.44-46)。

(5) 結論

四対一の多数決で入境處長の訴えを認めた。入境處長は17人の原告への送還命令を取り消すかどうか、入境處長の送還決定への異議を唱える者が原告の17人の中にいる場合の法的手続きについて、決定を入境處長に任せた。

以下は、最終審判決文原文の構成

The applicants
Director's position following outcome of this appeal
The scheme introduced in July 1997: the original scheme

The Court's judgements on the challenge to the scheme
The position after the judgements: the modified scheme
The removal orders
The events leading to the Interpretation
The Interpretation
The issues on the Interpretation
Article 67(4) of Chinese Constitution
Article 158 of the Basic Law
The power of the Standing Committee
THE EFFECT OF THE INTERPRETATION   Clause 1   Clause 2
The applicable date
Summary of views on Interpretation
The resulting position
The new Schedule 1 and the new Notice
The operation of the original scheme
The making of removal orders
The removal orders against the 17 applicants
The Court of Appeal's judgments
Orders
The application for relief under Order 53 r.3
The Director's power of removal
The Court of Appeal
Discipline of law
Conclusion
The power to make an Interpretation and its binding effect
The actual effect of the interpretation
The challenge to the Director's decisions

児童移民関係年表

1980.10.23	タッチベースポリシーが終わる。すべての中国からの不法移民は送還される。
1982	単程証制度が始まる。中国からの移入民をコントロールし始める。不法移民の雇用は禁止され、誰もが身分証明書を携帯することが義務づけられる。
1985.7.1	香港特別行政区基本法起草委員会が正式に発足。香港委員23人を含む59人構成。
1987	香港で身分証（IDカード）の携帯が義務づけられる。
1990.4.4	香港特別行政区基本法、中国第7期全人代第3回会議で可決。基本法の制定日。
1992年～1996年	1,241人の児童移民が入境處に自首。(SCMP, 97/7/9)
1996. 1～12月	540人が自首。(SCMP, 97/7/4)
	1996年の統計處の調査では、320,600人の大陸子女がいる。(HKS, 99/2/3)
1996.5.15	「中国国籍法香港での解釈」が全人代を通過。
1997. 1～6月	1,472人の不法児童移民が入境處に自首。(SCMP, 97/7/4)
1997. 1～5月	8,614人の不法移民が逮捕され、8,486人が送還された。(同上)
	返還時に約4000人の不法児童移民が香港にいて、60,000人の子供が香港の親との同居を待っていると見られる。(同上)
1997.4.13	中国香港マカオ弁公室のスポークスマン、香港住民の国籍と居住権問題の政策を発表。香港居留権を持つ者を6カテゴリーに定めた。
1997.4.末	董建華、広東省政府を訪問。不法児童移民の流入阻止への協力を求める。(SCMP, 97/7/3)
1997.6.31～7.1	パッテン政庁より、臨時立法会 (Provisional Legislative Council) に対し、第3号入境條例 (Immigration Amendment No.3 Ordinance) を強化し、基本法の中で、大陸の子供が香港の両親とともに香港で暮らす権利を与える法案が残され、深夜の会議で通過した。
1997.7.3	入境處長、葉劉淑儀は湾仔の入境事務大楼で座り込みをしていた500人の親と密航してきた子に対し、「返還前は送還されるはずの1000人に関しては、事実上の恩赦はしないが、案件を審査する間、香港

に住むことはできる」とした。(HKS, 97/7/4)

1997.7.3〜4	約1,000名の不法児童移民が入境處で居留権の申請をした。(『經濟日報』、97/7/5)
1997.7.5	Police Commissioner Eddie Hui Ki-onは「返還以後、大陸児童の大量入境の兆候はない」と述べた。(SCMP, 97/7/6)
	天安門事件の反乱者で香港に入境していた者で、香港に残っていた4名に香港永久性居民が認められた。7年居住の原則とおりに。(HKS, 970705)
	61名の無証明者が湾仔の人民入境事務處に自首。内3名の不法入境者は拘束され、送還を待つ。その他の者については、基本法委員の譚惠珠は特区政府には法改正の権利がある。秩序をもって香港居留権を行使するように手配することを表明した。(『文匯報』、97/7/6)
	1997.7.7までの2週間に、広州で香港への不法入境を企てて逮捕された人数は、12人の子供を含む300人以上。(SCMP, 97/7/9)
1997.7.8	行政会議が入境條例の改定を審議。大陸に住む香港住人の子供の問題を解決するため。法案は「1997年入境（修訂）（第5号）条例草案（Immigration（Amendment）（No.5）Bill 1997）」。居留権証明書（Certificate of Entitlement；居權證）を持たない不法移住児童を送還する権利を、入境處長に付与し、特区政府は不法入境者を特赦することはできなくなる。(『經濟日報』、97/7/9)
	「居權證」取得資格のある児童は大陸に66,000人いると見られる。(『經濟日報』、97/7/9)
	香港大学社会科学研究センターこの日の調査で、538人の内78,3％が、香港人の大陸の子供は、大陸で資格証を取得してから入境すべきだとの考えであることがわかった。(SCMP, 97/7/10；『經濟日報』、97/7/10)
1997.7.9	1997年6月3日から8日の間に、自首した不法児童移民は424人。(SCMP, 97/7/9)
	臨時立法会において、7時間の議論の末、一日三読で法案が可決された（45対6）。(SCMP, 97/7/10)
	新入境法は7月1日に溯って適用される。
	政府は大陸の当局に対し、One-way Permit の児童への発行を一日66通から90通に増加させるよう（一日150通のほかに）、交渉を目指

している。そうすることによって、66,000人の大陸の児童は約2年以内に香港に入境できる。(SCMP, 97/7/10)

法案によって、424人の子供を含む、1000人以上の大陸中国人が送還される。(HKS, 970710)

すでに2,000人の不児移が香港に入境しており、居留権を要求している。(SCMP, 97/7/10)

境界部隊によれば、6月23日から7月7日までの間に300人以上の大陸中国人が香港に不法入境しようとして逮捕された。(SCMP, 97/7/10)

1997.7.10	31家族が新たに通過した入境條例と戦うため、法律援助を探った。(『經濟日報』、97/7/11) 少なくとも10人の弁護士が、法律援助を得られなかったときには、無料で従事すると表明している。(SCMP, 97/7/11)
1997.7.11	32人の児童が法律援助を得られることになった。(HKS, 97/7/12)
1997.7.12	少なくとも100人の弁護士が自発的に大陸生まれの児童の香港での居留権獲得に助言した。
1997.7.13	臨立会の議長、范徐麗泰が、不児移の政府に対する訴訟は税金の無駄使いでは、と提起した。(HKS, 97/7/14)
1997.7.14	300人以上の不児移が法律援護署で援助申請をした。(『明報』、97/7/15)
1997.7.15	広東省公安局が大陸生まれの児童は、香港居留権を付与する新たな措置のもとで、故郷で単程証を申請するよう求める指示を発した。(SCMP, 97/7/16)
1997.7.16	葉入境處局長が、北京で公安部出入管理局と討議。児童入境枠を66人から99人に増やし、あわせて居留権証明書を発行する問題について。(『文匯報』、97/7/16) 葉處長は、来月には新たな措置での児童移民が500人来るだろうと述べた。(HKS, 97/7/17) 公安部長は香港への児童移民枠の増加を保留した。(SCMP, 97/7/17)
1997.7.20	Concern Group for Family Reunion of New Immigrants (Tsuen Wan) が単程証を個人ではなく家庭に発行すべきだと訴えた。(SCMP, 97/7/21) 去年学校通学が認められた大陸の子供は約15,000人。(SCMP, 97/7/

21）

1997.7.21	第一審法廷判事，Brain Keith が５つのテストケースについて８月15日までに審判が下るとした。(*HKS*, 97/7/22)
1997.7.22	１月から４月、香港は一日平均で99人にしか単程証を認可していなかったことがわかった。
	Security panel から多すぎた去年の発行分との調整のため。1993年に75から105に数字を上げて以来最も低い数字。
	1993年には一日90人、94年は105人、95年は125人。
	去年の大陸からの移住民は一日平均で168人、全部で61,179人。
	議員と関係団体は、中国が21人を特定しない人に、45人を子供に割り当てることに同意したことに気づいた。(HKS, 97/7/23)
1997.8.16	中国公安部出入境管理部が発行した居留権証明書を持った、最初の児童350人が、香港に入境した。
	７、８月にはすでに4,539人がすでに資格をもって来港した。(『文匯報』、97/9/18)
1997.9.18	居留権証明書のない児童（不法児童移民）の法廷での争いが第一審法廷で開始。
	案件は４ケース。１、チェン・ライワー（張麗華）７才、非嫡出子。95年双程証で入境、超過滞在。２、ツイ・クエンナン（徐權能）19才。７月１日不法入境。３、ン・カーリン（呉嘉玲）とン・タンタン（呉丹丹）９才と８才の姉妹。７月１日不法入境。香港上陸権を拒否されている。４、イョーン・ニーニ（楊妮妮）10才。97年１月に不法入境。
	判事はブライアン・キース、児童の弁護士は張健利、政府側は馬。
1997.10.9	無証明児童の裁判の第一審法廷で裁定が下る。新入境條例は違法ではない。基本法22条を根拠として。ただし非嫡出子を差別するのは違法とした。判事はブライアン・キース。
1997.10.14	政府、第一審法廷の非嫡出子への裁定を不服として、上訴を決定、発表。
1997.11.9	政府、３ケースに対し示談を申し出て、送還命令の解除と引き換えに審理の取り下げを要求した。
1997.11.14	法律援助を断られた、出生後に親が香港永久性居民になった児童81人の裁判が弁護士の無料奉仕で持続されることになる。

1998.3.末	約17,000人の大陸子女が修正入境法に則って香港入境を果たした。(律政司長の98/6/13のスピーチ)
1998.4.3	児童4ケースに対する上訴法廷での判決が下される。非嫡出子は差別しない。返還（97/7/1）以前に入境した児童は送還しない。結果として2ケース勝訴、2ケース敗訴。判事は陳兆愷（パトリック・チャン）、ジェラルド・ナザレス、バリー・モーティマー。
1998.7.26	ン・カーリン・ケース原告の一人、ツゥイ・クエンナン20才が単程証を取得し来港。正式に居留権を獲得した。上訴法廷で敗訴した後、6月に大陸の汕尾に戻っていた。
1999.1.12	主任判事のチャールズ・チンが、移民法をばかげていると言った。子が産まれた時点で、親が永久性居民になっているかどうか、生まれた瞬間が返還の後かどうかで、家族は分割されてしまう。
1999.1.29	画期的な判決、香港永久性居民を親に持つ大陸の子供は、嫡子でも非嫡子でも、香港に来て住む法的権利がある。97.7.10に制定した法、子供は香港に来る前に居留権証明書を取得しなければならないという法は遡及的効力はない。よってその日以前に到着している子供は香港に残ることができる。判事は李國能（Andrew Li）。
1999.1.末	香港は、過去17ヵ月間に居留権制度で入境した43,000人の大陸子女を社会に吸収した。（*SCMP*, 99/1/30）
1999.2.1	湾仔の入境大楼の前に5時半から列ができ、8時には200人になっていた。しかしここでは何も受け付けず、大陸で手続きするようにとアナウンスするのみ。特設カウンターで質問に答えた。入境處長、李少光が北京で Beijing immigration chief, Xu Ganlou と会談。どうやって秩序をもって香港に移民を入れるか。最終的結論は出ず。（*HKS*, 99/2/11）
1999.2.2	40万人を4年で香港に入境させるように中港の高官協議で決定。（*HKS*, 99/2/3）中港が協力して、先日の裁定で対象となる香港親の非嫡子の調査を行うと発表。議長は陳方安生。三つの焦点、1）最終裁判所の裁定とその含みへの批判的査定、2）秩序ある入境への良いメカニズムの監督、3）様々な行政サービスへの膨らむ需要に対するプラニング。（*SCMP*, 99/2/3）
1999.2.4	Hong Kong Council of Social Service が政府に対し、移民の潜在

的な不満を和らげ、移民との間の差を減らすためにより多くの財源の要求をした。(*SCMP*, 99/2/5)

董建華、最終裁判所の判決は香港の未来にマイナスの影響をもたらす可能性が大きく、まじめに処理しなければならない、と表明した。(『北京週報』、99/3/23)

約200名の居留権要求者が政府総部外に座り込み。

1999.2.5	陳方安生が大量の児童移民の流入に対応するための委員会を作り、初会合を開く。メンバーは超部局の局長クラス。
1999.2月.初	17名の超過滞在者が送還令を受ける。
1999.2.7	双程証 を持って入境した大陸子女が出した、大陸に帰ることなく香港の居留権を与えよ、という嘆願が政府から却下される。(*SCMP*, 99/2/8)
1999.2.8	全人代香港代表議員が香港政府に全人代への基本法解釈を頼むよう進言。中国寄り二紙も判決批判記事を載せる。
1999.2.10	董建華、司法長官の梁愛詩を北京に送り、最終審の裁定に関して協議する、と発表。
1999.2.12	董建華、司法長官の梁愛詩を北京に送り、中央の関係部門、大陸の法律専門家、国務院香港澳門事務弁公室、全人代常務委員会法律委員会と協議。(『北京週報』、99/3/23)
1999.2.22	大陸出身者への居留権に関する最終裁判所の裁定にかんして、全人代の香港代表議員27人が話し合い。 四つの対処を提案。1)全人代の常務委員会を招待し、基本法の解釈をする。2)基本法を修正する。3)最終裁判所に居留権に関する裁定の再準備を頼む。4)行政運用上の措置を講じて余りにも多くの大陸人が余りにも早く香港に入るのを防ぐ。(*HKS*, 99/2/23)
1999.2.24	入境處長、動議通知書を出し、最終裁判所に判決文中の全人代と常務委員会の部分について説明を求めた。
1999.2.26	最終裁判所は入境處の動議通知書に対し、再度判決文を出した。(『明報』、99/2/27、『北京週報』、99/3/23) 政府に対し、判決内容を説明（澄清、clarify）した。その際、全人代常務委員会の基本法解釈権についても確認した。 なおこれに先立って、弁護士協会は最終裁判所に動議書を却下するよう要求した。

1999.2.27	全人代常務委員会法制委員会スポークスマン記者会見。全人代の基本法解釈権、香港裁判所はそれに従わねばならない、などとした判決文を評価。(『北京週報』、99/3/23)
1999.3.30	ラウ・コンユン (Lau Kong Yung) ケース、第1審判決。97年7月10日以後、超過滞在または不法入境した場合は、大陸に返って居留権証明書を申請しなければならない。17人は敗訴。
1999.4.1	高等裁判所、司法命令を出す。入境處長が大陸人が居留権を争う上訴ケースの判決前は、100名の超過滞在者と不法入境者の送還を禁じた。
1999.4月〜3月	政府、大陸子女の数の調査を行う。ここでは嫡出子と非嫡出子の比を9.4:1とした。(Monitor's report)
1999.5.4〜5.6	政務司長、陳方安生が北京を訪問。朱鎔基総理に会う。
1999.5.6	政府が調査報告を発表。167万人の大陸子女に居留権資格があると指摘した。
1999.5.9〜5.11	律政司長、梁愛詩と保安局長、葉劉淑儀が北京訪問。全人代常務委員会の基本法解釈と修正の順序を了解する。
1999.5.18	行政会議は正式に全人代常務委員会に基本法第22条を24条の解釈要請を決定した。 董建華が記者会見して明らかに。解釈の内容も発表。
1999.5.20	行政長官、正式に国務院に、基本法解釈に関する報告書を提出。
1999.6.11	ラウ・コンユン・ケース、控訴審で第一審を覆し、17人の送還を止める。政府は最終審に上訴する。
1999.6.25	政府統計處、大陸子女の数の調査結果を発表。香港永久性居民資格を持つ大陸子女の数を160万人以上とした。全体の3分の2以上を非嫡出子とした結果。
1999.6.26	全人代常務委員会、居留権に関わる基本法の解釈を通過した。 午前、行政会議が召集され、全人代の解釈を討論した。 午後、董建華が記者会見を行い、「円満な解決に到った」ことを表明。 居留権対象者は17万人に。さらに3,700人が「特赦」を受ける。 返還からこの解釈までの間に香港の居留権を要求したのは、47,000人 (*SCMP*, 2000/7/15) 解釈から2000年7月までに入境したのは20,000人。(*SCMP*, 2000/7/

	15)
1999.6.30	政府が立法会に決議案を提出し、入境條例を修正し、全人代常務委員会の解釈を盛り込んだ。
1999.12.3	最終裁判所、ラウ・コンユン・ケース17人の居留権要求裁判の判決において、上訴を棄却。
	李國能主席判事は、全人代常務委員会はいつでも基本法を解釈でき、香港裁判所は必ず従わねばならない、と判断した。上のケースが終わったので、ン・シウタン（Ng Siu Tung）ケースが始まる。
同日	最終裁判所での判決後、セントラル政府総部の前に2,000名が集まり、警官隊と衝突。不法児童移民問題では最大規模で、警官が政府総部で人を去らせたのは初めて。
2000.6.26	全人代基本法解釈一周年に、居留権要求関係者、学生組織などがデモ行進、座り込みなどで抗議した。97年月からこの時期までに行われた集会及びデモは、保安局の資料によれば6,045回。そのうち3回の集会と2回のデモの申請が拒絶されたが、3つについては主催者と警察の話し合いと計画変更によって許可を得た。(『明報』、00/6/27)
2000.6.30	ン・シウタン・ケース、第一審で移民の敗訴。
2000.8.2	居留権要求者、入境處に放火。二人（梁錦光高級入境事務主任）が死亡、負傷者二十数人。
2000.12.11	ン・シウタン・ケース、第2審で移民の敗訴。
2002.1.10	ン・シウタン・ケース、最終審でも移民の敗訴。

索　引

人名

ア行
イアン・ラム・ソウフン　　215

カ行
何喜華　　211, 217, 222
→「社区組織協会」「施麗珊」も参照
甘浩望（フランコ・メラ神父）　　42, 225, 227
許家屯　　74
許崇徳　　168
江沢民　　9, 13, 17
呉建璠　　168

サ行
サッチャー首相（マーガレット・サッチャー）　　62, 66, 73, 74, 88
ジェフリー・マ　　197
肖蔚云　　168
鐘士元　　15
邵天任　　168
施麗珊　　111
→「社区組織協会」「何喜華」も参照
銭其琛　　9

タ行
ダグラス・ハード　　89

譚耀宗　　104
チャールズ皇太子　　9, 15
趙紫陽　　74
張萬年　　9
陳弘毅　　183, 184
陳文敏（ヨハネス・チャン）　　29, 183
陳方安生（アンソン・チャン）　　15, 16, 156
デイビット・ウィルソン　　88
デニス・チャン弁護士　　196
湯家驊（ロニー・トン）　　170, 222
→「大律師公會」も参照
董建華　　9, 15, 156, 158, 166, 171, 174, 195, 224
鄧小平　　13, 17, 71, 74, 92

ナ行
ニハル・ウィックラマ　　214

ハ行
パーシー・クラドック　　74
パッテン総督（クリストファー・パッテン）　　9, 15, 94, 98, 156
パム・ベーカー　　214, 218
范徐麗泰　　15, 190, 195
ブライアン・ダットン　　9
ブレア首相（トニー・ブレア）　　9

マ行
マクレホース　　74

ヤ行
ヤシュ・ガイ　　182, 183
葉國華　　104
葉劉淑儀（レジーナ・イップ）　　143, 144, 158, 161

ラ行
李國能（アンドリュー・リー）　　15, 16
→「最終裁判所」も参照
李柱銘（マーティン・リー）　　104, 170, 175
李鵬　　9, 15
梁愛詩　　169
ローレンス・リー　　215
ロビン・クック　　63

地名

ア行
アフリカ　　　　　　54, 101
アメリカ　　　　　　95, 134
インド　53〜55, 61, 80, 100
インドネシア　　　　　67
ウガンダ　　　　　　　54
オーストラリア　53, 80, 95

カ行
カナダ　　　　　　　80, 95
広東省　117, 124, 130, 133, 141, 147, 160, 162, 193, 220, 221
ケニア　　　　　　　　54

サ行
ジブラルタル　　　　　64

シンガポール　　　　　95
新圳　110, 119, 126〜128, 160
スリランカ　　　　　　100
泉州　　　　　　　　　135

タ行
タイ　　　　　　　　　67
タンガニーカ　　　　　54
東南アジア　　　　　67, 80

ナ行
西インド諸島　　　　　53
ニュージーランド　　53, 95
ネパール　　　　　　　67

ハ行
パキスタン　　　　53, 54, 100
バングラディシュ　　　101
ビルマ　　　　　　　　67
フィリピン　　　　67, 80, 135
フォークランド　　　　64
福建省　117, 130, 133, 193
北京　161, 163, 164, 168, 170, 175
ポルトガル　　　　　　80

マ行
マカオ　　　　　　　　80
マレーシア　　　　　61, 67
閩南　　　　　　　　　135
モンゴル　　　　　　　67

＊「香港」「イギリス」「中国」については、次ページ以降を参照のこと。

# 事項

事項

1962年移民法　53
1968年移民法　54
1971年移民法　54
1981年国籍法　59, 62
1981年国籍法と香港　62, 63
BC（英国市民）　59, 60, 81, 89, 101, 112
BC取得　97
BDTC（英国属領市民）　59, 60, 61, 63, 77, 79, 81, 82, 101
BN (O)（英国国民（海外））　76, 79, 82, 101
BOC（英国海外市民）　59, 61, 77, 101
CI (Certificates of Identity)（身元証明）　70, 73, 100
CUKC（連合王国および植民地市民）　51, 54, 81, 82, 101
DI (Document of Identity)（身元文書）　71, 73, 100
EC→欧州共同体
NGO　107, 111, 121, 187
SARパスポート　100

ア行

アジア系アフリカ人　54
アムステルダム条約　58
イギリス　58, 84
イギリス（移民先）　95, 134
イギリス外務省　74
イギリス国民（UK national）　64
イギリス（連合王国）政府　75, 113
イギリスの国籍制度史研究　30
イギリス労働党　74
石獅　136
移住先　95
移住促進要因　133
移住伝説　134
一国二制度　11, 13, 14, 17, 18, 23, 69, 104, 113, 150, 167, 182, 184, 186, 187, 202, 203, 205, 209, 235, 241
移動の自由　83
移民観　135
移民研究　37, 122, 133
移民社会　44
移民政策　119, 147, 159
移民動機　122, 148
移民ブーム　40, 41, 237
移民への批判　224
移民法（1962年）　53
移民法（1968年）　54
移民法（1971年）　54
移民流入に伴う懸念　53
苛立ち　222
受け入れ責任　211

永久性居民　93, 106, 157, 201
英国海外市民→BOC
英国海外領（Overseas Territories）　63
英国国教会　215
英国国籍（香港）法（1990年）　91, 97
英国国籍（香港）法（1997年）　102
英国国籍（香港）令（1986年）　76, 77
英国国籍選抜計画　89, 97
英国国籍法（1981年）　59
英国国民（海外）→（BN (O)）
英国市民→BC
英国臣民　51, 81
英国籍　65
英国属領　59, 65
英国属領市民→BDTC
英国保護民　51
永住民　154
英連邦移民法（1962年）　53
英連邦市民　51
エスニック・マイノリティ　101
沿海地　138
欧州共同体（EC）　56, 58, 88
欧州経済共同体（EEC）　56

オープンドア・ポリシー		広東人	133		174〜176, 178〜182, 185,
	163, 164, 178	寛免政策	226		201, 206, 210〜212
→「ン・カーリン・ケース判決」も参照		キーパーソン	104	居留権委員会	225
		犠牲者	222, 224	居留権抗議者	223
汚職	125, 162, 190	記念碑的な判決	201	居留権裁判ケース	191〜195
お見合い斡旋会社	140	基本法（香港基本法）	16		
		〜19, 23〜25, 27, 77, 79,		居留権証	159
カ行		92, 109, 112, 113, 149,		居留権証明書	161, 178, 199, 200
海域	138	151, 154, 155, 169〜188,			
改革開放	17, 71	193, 195〜209, 211, 213		居留権申請	220
回郷証 (Home Visit Permit)		〜216, 222, 228〜230,		居留権の根拠	153
	68, 82, 85, 137, 147	234		居留権問題	22, 108, 210
→「港澳同胞」も参照		基本法158条	169, 177, 204, 206	居留権要求者	223
外国の居住権	123			キリスト教の教会	215
解釈→全人代解釈		基本法18条	206	空間的流動性	237
→基本法解釈		基本法22条	93, 164, 171, 173, 177, 197, 200, 206	クォータ制→定数枠制	
回流移民	97, 243			グランドパレンタル・コネクション	54
華僑華人	133	基本法24条	93, 106, 109, 164, 171, 173, 177, 200, 206		
華僑華人研究	133			苦力貿易	134
華僑の国籍	67			グローバル都市	239
華人系移民	122, 133	基本法39条	207	警察	223, 224
学聯	224, 225	基本法解釈案	163〜164	経費（移民に関する）	172
家族	122, 123, 138, 148, 193, 201, 243	基本法解釈権	163, 169, 170, 185, 204	結婚	139, 140, 143
				結婚状況	219
家族間移動	123	基本法序言	23	結節点	237
画期的な判決	178, 208, 215	基本法の解釈	171	血統主義	50, 62, 66, 81, 83, 94, 101
		基本法の再解釈	150		
カテゴリー別割当て	141	基本法の精神	171, 203, 207, 208	憲政危機	183〜184
過渡期	102			憲法の遵守	184
カトリック香港管区	215	教育問題	212	公安部出入境管理局	161
広東省	117, 124, 130, 133, 141, 147, 160, 162, 193, 220, 221	僑郷	136, 138	港澳同胞	68, 85, 147
		居住7年	73, 78, 93, 94, 171	→「回郷証」も参照	
		居留権	22, 77, 82, 109, 111, 113, 131, 149, 153, 157〜158, 163〜168, 172,	港人治港	14, 17, 104, 235
広東省公安庁	161			行街紙	107, 110
広東省政府	68, 82, 85, 185			抗議デモ	224

事項索引　345

合憲性　198, 199, 200, 202, 206	司法の独立　184, 228, 229	照会問題　163, 202, 206
肯定派　183	市民権なき英国臣民　51	小人蛇　21, 26, 107, 109, 110, ～112, 211
高度自治　14, 17	事務弁護士　190	→「蛇童」「不法児童移民」も参照
合法移民枠　158	社会価値　235	
合法的期待　227	社会憲章（EC）　58	情報公開　186
高齢化社会　217	社区組織協会　107, 111, 112, 144, 210, 213, 217, 222, 224	上陸権　73, 82
国際人権規約　207		植民地　45～47
国籍選抜計画　100	→「何喜華」「施麗珊」も参照	新移民　120, 121, 123, 211
国籍地図　80		新移民問題　105
国籍付与の原則　62, 66, 81, 83	ジャスティス　214	人権　222～224, 228, 235
	蛇頭　110, 125, 128, 139, 148	人権団体　152, 187, 209, 222, 223, 228～230
国務院　171	→「密入境」も参照	
コモンウェルス　51, 53, 57, 58, 80, 101	蛇童　21, 107, 108	人権派弁護士　218
	→「小人蛇」「不法児童移民」も参照	人権問題　209
婚外子→非嫡出子		人口コントロール　159
	自由　207, 208	人口流入　118～120
サ行	自由移動（EC）　57	深圳　110, 119, 126～128, 160
再解釈→全人代再解釈	自由移動（イギリス）　56	
最終裁判所　168～170, 178	自由な社会　195	深圳公安局　221
→「終審権」も参照	自由に関する条項　155	新香港のありかた　151
再説明　163	自由の保障　203	精神的支柱　225
裁量権　163	重婚　141, 148	生地主義　50, 62, 83, 94, 101, 194
示威行動　222	→「包二奶」「妾」も参照	
自己主張　229		潜在的児童移民　142
自首　107, 109, 110, 112, 142	終審権　14, 17	泉州　135
子女→大陸子女	→「最終裁判所」も参照	全人代　27, 94, 164, 171～175, 186, 206, 210
失望感　222	住宅問題　212	
児童移民の出現　21	住民調査→世論調査	全人代の解釈　27, 150, 163, 164, 173, 177, 178, 185
児童移民問題　21, 106, 163	就労　131	
児童移民問題研究　29, 231	出生時（誕生時）　171, 174, 196	全人代常務委員会　164
児童移民問題の呼称　22		専門委員会　156
児童入境枠　161	出生率　217	総合住戸統計調査　218
司法権　14, 17	循環移民　243	双程証　109, 119, 124, 125, 131
司法長官　163	妾　32, 139	

346

遡及効	198, 202, 206
遡及法	196, 198, 201
属人的権利	82, 148
属地的権利	148
即捕即解	160, 211

タ行

太空人	98, 123, 243
逮捕	224, 225
大陸「妻」	141
大陸子女	27, 129〜133, 143〜146, 152, 153, 156〜158, 165, 172, 187〜189, 210〜215, 217, 227
→「不法児童移民」「蛇童」「小人蛇」も参照	
大陸子女数	27, 142, 145, 172, 184, 186, 217
大陸子女数見積もり	144, 146, 163
大陸子女調査	217〜222
大陸人	120
→「新移民」も参照	
大律師會(Bar Association)	
→香港大律師公會	
大量密航	212
大量流入	119, 216
タッチベース政策(ポリシー)	71, 72, 119, 123, 126, 131
タム・ンガーイン・ケース	194
単程証(One-way Entry Permit)	71, 73, 109, 123, 124, 171, 178, 199, 200
チャイナタウン(中国人街)	

	55, 129, 134
チャン・カングァ・ケース	192
中英関係	88
中英共同声明	11, 23, 75, 77, 90, 197
中英交渉	73〜76, 151, 182
中華人民共和国憲法(1982年)	68〜69
中国共産党	70
中国公民	67, 99, 145
中国国籍	101
中国国籍法(1980年)	67, 77, 99
中国国民政府	67
中国清朝	66
中国人民解放軍	10, 19
中国政府(中央人民政府、中国中央政府)	16〜18, 75, 113, 114, 147, 161, 167, 186
中国送還	162
中国の法律専門家	27, 163, 167, 168, 183
中国と香港の間の往来	70
中国と香港の関係	93
中国と香港の境界	117, 128, 147
中国と香港の分離システム	203, 207
中国と香港の隷属関係	18
中国と香港の歴史的紐帯	201
中国と香港に分かれた別居家族	27, 139, 141

超過滞在→不法滞在	
澄清(clarification)	163, 169, 174, 183, 184
直轄植民地(Crown Colony)	59
チョン・フンユェン・ケース	194
偸渡→密入境	
冷たい視線	211
定数枠制(クォータ制)	119, 123, 141
定数割り当て制度	119, 141
嫡出子	144, 219
徹夜集会	227
手引き料	129
デモ	222
デモ行進	224
天安門事件	88, 92, 112
天主教正義和平委員会	131, 224, 225
電話調査	159, 212
統一旅券	57
動議通知書	169
特赦	107, 108, 110, 142, 212
特別委員会	166

ナ行

難民	119
難民潮	55, 119
二重国籍(ダブル「ナショナリティ」)	67, 77, 83, 147
入境條例	153, 156, 157, 196, 198, 200〜202, 206
入境處	21, 42, 73, 107, 108,

事項索引　347

110, 111, 126, 142, 156, 159, 162, 200
入境處長　162, 200
入境定数枠　147
入境手続き　196, 199, 227
入境方法　199, 200
入境枠　70, 73, 82, 120, 123, 124, 158
認可手続き　173

ハ行

パスポート　57, 63, 89, 98, 99, 101, 159
パトリアル　54
番客嬸　135
判決批判　168
判決文　177, 178, 180, 196, 198, 201, 206
非嫡出子（婚外子）　141, 144, 164, 196, 198, 199, 201, 202, 206, 207, 218～220
避難場所　119
批判的メッセージ　187
批判派　183
ヒューマンライツ・モニター　218, 219, 221
閩南　135
閩南人　136
不安材料　103
不安要因　107
不確定要因　113
不調和（返還前後の）　20, 24
福建省　117, 130, 133, 193

福建人　133～137, 230
不法移民（不法入境者）　71, 108
不法児童移民　21, 22, 106, 111, 123, 127, 130, 132, 143, 179, 212, 213
→「大陸子女」「蛇童」「小人蛇」も参照
不法滞在（超過滞在）　109, 120, 125, 131
付与原則　50, 94
フロー型の移民社会　8, 45, 240, 243
分離システム　203, 207
北京　161, 163, 164, 168, 170, 175
別居家族（中港）　27, 139, 141
返還式典　8～17, 151
返還特集記事　103, 104
ボイコット　19
放火　222, 224
包二奶　139, 140, 148, 243
法制維持　14, 16, 17
法曹界　17, 28, 152, 168, 170, 175, 187, 208, 210, 222, 228, 229, 235
法治　170, 171, 182, 186, 187, 222, 223, 228, 235, 240, 242
法廷弁護士　190
暴動　222
法律援助署　43, 188～191, 228
香港（英国国籍）令（1986

年）　79
香港永久性居民　77～79, 82, 109, 153
香港永久性居民の定義　172
香港基本法→基本法
香港居留権→居留権
香港社会研究　34
香港住民　97, 114, 211
香港人口　118, 159
香港政府　166, 169, 171, 172, 185, 194, 211, 222
香港政府宣誓式典　15
香港政府統計處　172, 192, 217
香港像　8, 13, 24, 146, 223
香港大学社会科学研究センター　212
香港大律師公會（Bar Association）　170, 183, 189, 190, 209, 214, 222
香港内部　8, 152
香港返還研究　35, 236
香港法（1985年）　76, 79
香港法曹界→法曹会
香港律師會　189, 190
香港と中国の間の往来　70
香港と中国の関係　93
香港と中国の境界　117, 128, 147
香港と中国の隷属関係　18
香港と中国の歴史的紐帯　201
香港と中国に分かれた別居家族　139, 141

香港のあり方 151	民主建港連盟 166, 215	流入移民の数 164
香港の移民研究 38	民主党 19, 175	旅券同盟 57
香港の価値観 150	→「李柱銘」も参照	臨時立法會 19, 156, 202, 207
香港の自己主張 8, 187	モラル 140	→「范徐麗泰」も参照
香港の社会性質 133	問題の推移（児童移民問題の） 22	歴史的紐帯（香港と中国の） 201
香港の主権 74	問題の捉え方 151	
香港の制度の研究 31, 236		連合王国および植民地市民 →CUKC
香港の独立性 170, 175, 208	ヤ行	
	豊かさ 223	廉政公署 105
マ行	預委會 94, 98	老夫幼妻 140
マーストリヒト条約 58	世論 54, 167, 185, 212, 213, 215, 221	ローマ条約 56
密航 111	世論調査 43, 104, 167, 212, 213, 215	ン・カーリン・ケース 130, 149, 163, 164, 182, 188, 192, 195～209
→「蛇頭」も参照		
密航にかかる費用 127		
密航のシルクロード 129	ラ行	ン・カーリン・ケース判決 27, 130, 132, 168, 172, 179, 216
密入境（偸渡） 108, 110, 119, 125～129, 132, 139	ラウ・コンユン・ケース 164, 175～184, 192, 210, 225, 227, 228	→「オープンドアポリシー」も参照
密入境のルート 126		
密入国事件 129, 134	落葉帰根 140	ン・シウタン・ケース 132, 193, 225, 227
身元証明（Certificates of Identity）→CI	ランダム回答法 218	
	流出移民 95, 97	ン・シウタン・ケース判決 131
身元文書（Document of Identity）→DI	流入移民 118	
民意調査→世論調査		

著者略歴

愛　みち子（あい　みちこ）

東京生まれ
東京大学大学院総合文化研究科博士課程修了　学術博士
共立女子大学・短期大学　非常勤講師
メールアドレス　hkmigration@gmail.com

香港返還と移民問題

2009年2月22日　初版発行

著　者　愛　み　ち　子
発行者　石　坂　叡　志
製版印刷　富士リプロ㈱
発行所　汲　古　書　院
102-0072 東京都千代田区飯田橋2-5-4
電話03(3265)9764　FAX03(3222)1845

Ⓒ2009　ISBN978-4-7629-2860-4　C3022